KB059682

CEO사피엔스의 탄생

변화혁신, 전략수립, 의사결정의 3종 신기

CEO
사피엔스
의
탄생

김선규 지음

어른의시간

경영을 전공하지 않은 사람이 경영전략에 대한 책을 썼으니 의아하게 생각할 수도 있을 것이다. 나는 대학교로 옮기기 전에 미국과 한국의 기업체에 근무한 경력이 있어서 기업경영에 많은 관심이 있었다. 그리고 울산대학교에서 산업대학원장을 하면서 CEO 교육과정인 테크노CEO 과정을 3년간 직접 운영하면서 대한민국 최고 명강사들과 저명인사들을 초빙하여 강연을 많이 들었을 뿐만 아니라 직접 강연을 하기도 했다. 특히 테크노CEO 과정에서 많은 CEO들과 의견 교환을 할 수 있었으며 그들이 무엇을 필요로 하는지에 대해서도 알 수 있었다. 사업을 하는 많은 분들이 경영을 전공하지 않은 분들이라는 것을 알았고 그들은 CEO 교육과정에 참석하고 싶어도 시간이 없어서 못하는 분들이 많은 것을 알게 되었다. 그래서 그런 분들을 위한 적절한 책의 필요성을 느끼게 되었다.

지금 CEO들에게 가장 필요한 것이 무엇인가 생각해보니 변화혁신, 전략수립, 의사결정 세 단어가 떠올랐다. 지금까지 세 주제를 각각 다룬 책은 있으나 한 권에 다룬 책은 없다. 그리고 변화혁신, 전략수립, 의사결정은 서로 밀접하게 연관되어 있어서 통합적으로 다루는 것이 훨씬 도움이 된다. 그래서 세 주제를 한 권의 책에서 유기적으로 다루기로 하였다. 따라서 CEO를 포함하는 리더들이 이 책을 읽으면 경영의 중요한 요소인 혁신, 전략과 의사결정에 관한 지식을 습득해 기업 경영에 많은 도움을 줄 것이며 개인 또한 각자의 삶을 더 충실하게 이끌어 갈 수 있을 것으로 기대된다.

오늘날 CEO에게 가장 필요한 것은 현실에 안주하지 않는 변화혁신이라고 생각한다. 세상이 너무나도 빠르게 달라지기 때문이다. 또한 기업을 운영하기 위한 전략을 잘 수립해야 한다. 기업경영은 전쟁을 수행하는 것과 비슷하다. 전쟁에서 승리하려면 전략을 잘 수립해야 하며 CEO는 전략을 수립할 수 있는 능력이 있어야 한다. 동시에 전략수립과 전략 수행과정에서 바른 의사결정이 요구된다. 올바른 의사결정을 할 수 있는 능력은 CEO가 가져야 할 가장 중요한 자질이다. CEO는 겉으로는 화려해 보이지만 험난한 길을 걷고 있으며 정말 고독한 존재이다. 어떤 결정을 하는가에 따라 회사의 사활이 걸리기 때문이다. 다른 것은 부하 직원에게 맡겨도 되지만 의사결정은 다른 사람이 대신해 줄 수 없고 CEO 스스로 해야 한다.

이 의사결정은 때로는 통찰력에 의한 직관에 의해, 때로는 자료 분석에 의해, 때로는 이 둘을 조합하여 할 수 있다.

이 책에서 전하려고 하는 변화혁신, 전략수립, 의사결정 세 가지의 메시지는 꼭 비즈니스에만 적용되는 것이 아니다. 개인의 삶에도 모두 적용되는 말이다. 여기에서 말하는 CEO는 좁은 의미로는 회사의 대표를 뜻하나 넓은 의미로는 주변의 두세 사람에게 영향을 주는 모든 사람을 뜻하기 때문이다. 나는 이렇게 주변에 영향을 주며 이 책에서 말하는 3종 신기를 실행하는 사람들을 CEO사피엔스라고 부르고자 한다. 이 책에서는 어려운 경영이론은 다루지 않는다. 마치 강연을 듣는 것과 같이 쉽게 여러 기업의 사례를 들고 있는데 CEO뿐 아니라 일반인들에게도 변화혁신, 전략, 의사결정의 중요성을 전하기 위해서이다.

이전에 테크노CEO를 수강한 한 CEO는 이렇게 말했다.

"제가 리더 아닙니까? 저는 리더십 다 압니다."

그분의 말도 맞는 말이다. 하지만 문제는 많은 사람들이 알고는 있지만 실행을 안 한다는 것이다. 전략 없이 회사를 경영하는 CEO들이 많고 전략 없이 그저 되는 대로 살아가는 일반인들이 너무나 많다. 성경이나 불경을 읽는 사람들의 경우를 생각해보자. 매일 듣고 보는 구절이지만 어느 날 가슴에 딱 와닿는 때가 있다. 깨달음을 얻게 되는 때가 있는 것이다. 이 깨달음은 회사의 경영 방식이 될 수도 있고 개인의 삶의 지표가 될 수도 있다. 하지만 평생 한 번의 깨달음도 없이 지내는 사람도 있다.

이 책을 접하는 분들 중에 '이미 다 알고 있다'고 말하는 분도 있을 것이다. 그러나 여러분들이 이 책을 읽고 하나라도 깨닫고 실행할 수 있다면 그리고 이 주제들의 중요성을 인식하고 자기만의 경영철학 및 삶의 철학을 수립하는 계기가 된다면 이 책을 쓴 목적은 달성했다고 생각한다. 또한 이 책의 내용은 어린 나이에 홀로 미국에 가서 세계적인 CEO가 되겠다는 큰 꿈을 안고 오늘도 고군분투하는 내 아들에게 들려주고 싶은 이야기이기도 하다.

오늘날은 과거에 경험하지 못했던 어려운 기업환경이 전개되고 있다. 변화혁신하고 새로운 전략을 수립하고 바른 의사결정을 하지 않으면 살아남을 수 없다. 개인도 매일매일 변화하는 삶을 살고 있다. 전략을 짜서 삶에서 매 순간 바른 의사결정을 해야 하는 분석적 사고방식이 개인에게도 필요한데 전통적으로 볼 때 한국인은 이런 부분이 상대적으로 취약하다. 변하지 않으려는 것이 인간의 속성이지만, 여러분은 이를 극복하기를 소망한다.

이 책이 나오기까지 여러 사람들의 도움이 수반되었다. 먼저 이 책의 출간을 허락한 한국출판마케팅연구소 한기호 소장, 또한 산적한 업무에도 불구하고 훌륭히 편집을 해준 오선이 편집장에게 감사를 드린다.

그리고 고려대와 울산과기원에서 인간공학 및 디자인을 전공하고 현재 브랜드 마케팅 전문가로 활동하면서 소비자 중심 디자인의 개념을 소개한 딸 서현이와 코넬대를 졸업하고 월마트 · 샘스클럽의 센서리 평가 그룹 팀장 및 바이어를 거쳐 지금은 시카고 부스 경영대학원에서 MBA를 하고 있는 아들 종현이 전략부분의 자료를 제공해준 덕분에 글을 완성하는 데 큰 도움이 되어 감사하다는 말을 전한다.

또한 많은 자문과 편달을 준 리더코칭경영컨설팅의 정철화 회장, 비즈니스포럼의 박대순 대표, 국방대학교 김진호 교수, 코글로닷컴의 이금룡 회장, 인천초은고의 김시운 교장, 그리고 이 책을 집필하는 데 많은 조언을 해준 전 SERI CEO전략사업 이동철 그룹장, 이 책을 추천해 준 정근모 전 과기처 장관, 손욱 전 농심회장, 민계식 전 현대중공업 회장, 이금룡 코글로닷컴 회장에게 감사드린다.

2016년 8월
김선규

차례

1장 CEO의 자질

2장 CEO에게 필요한 세 가지

1 변화혁신

1장

CEO의 자질

전쟁을 승리로
이끄는 원칙

일반적으로 CEO는 Chief Executive Officer 즉 회사의 대표를 뜻한다. 그러나 이는 좁은 의미의 CEO이고 넓은 의미의 CEO는 다른 사람을 리드하는 모든 사람들을 뜻할 수 있다. 회사의 대리도, 실험실을 운영하는 교수도, 교회의 교역자도, 가정의 어머니도 모두 CEO이다. 즉 주변의 두세 사람에게 영향력을 미치는 사람이 모두 CEO란 뜻이다. 이 책에는 주로 기업의 CEO에게 도움이 되는 내용을 담고 있으나 이 내용은 개인에게도 그대로 적용할 수 있다.

전쟁에서 이기는 법칙

기업에서의 CEO는 그 기업 자체라고 해도 과언이 아니며 군사를 이끄는 장군과 같은 역할을 한다. 오늘날의 기업 환경은 치열한 전쟁터나 다름없어서 기업은 매일매일 보이지 않는 전쟁을 치르고 있으며 CEO는 이 전쟁에서 이겨야 할 의무가 있다. 전쟁에서는 경쟁 상대를 이기고 승리해야 하는 반면, 기업은 경쟁업체를 누르고 이윤을 내야 한다. 군사적인 전쟁과 기업 간 경쟁의 차이는 분명하다. 전쟁의 희생물은 인간인 반면에 비즈니스 전쟁의 희생물은 매출액, 이윤과 일자리이다. 이 차이를 제외하면 기업 경영과 전쟁은 매우 비슷하다고 할 수 있다. 전쟁에서 장군이 승리로 이끌 수 있는 자질을 갖추어야 한다면 기업의 CEO는 현업에서 수익을 내고 동시에 미래를 위해 설계와 혁신을 할 수 있는 역량과 자질을 갖추어야 한다.

나폴레옹Napoleon의 참모장 앙트안 앙리 조미니Antoine-Henri Jomini는 "뛰어난 이론과 위대한 개성을 함께 갖춘 인물이라면 훌륭한 명장이 될 수 있다"라고 말했다. 즉 명장이 되려면 기본적으로 인간이 가져야 할 고귀한 자질을 갖추어야 하고 그 위에 전략을 수립할 수 있고 올바른 의사결정을 할 수 있는 실력과 능력이 있어야 한다는 말이다. 이는 CEO가 갖추어야 할 자질과 매우 유사하다.

전쟁에서 승리하기 위해서는 몇 가지 법칙이 있다. 시대나 장소에 상관없이 전쟁의 승리 법칙은 보편적으로 유효하며, 그러한 법칙에 입각하여 싸운 장군은 승리를 거두었다. 따라서 CEO는 전쟁을 승리로 이끄는 명장들의 필승 전법을 연구하고 배울 필요가 있다.

전쟁을 승리로 이끄는 명장들은 어떤 전법을 사용했을까? 그들은 지도력을 최대한 발휘했다. 부하들이 움직여야 전투에서 이길 수 있기 때문이다. 그들은 목적은 유지하되 계획을 조정했다. 궁극적인 목표는 전쟁에서 승리하는 것이지만 상황에 따라 계획을 변경하여 현실에 적응하는 지혜가 있었다. 누구나 보유하고 있는 병력은 제한되어 있으므로 적의 가장 취약한 부위를 집중적으로 공격하여 전력을 최대한 활용했다. 즉 결정적인 포인트에 전력을 집중한 것이다. 명장은 공격하는 입장에서 기동력을 유지했는데 방어에만 치중해서는 절대로 전쟁에서 승리할 수 없기 때문이다. 주도권을 쥐고 상대를 들었다 놨다 해야 승리할 수 있다. 그리고 병사들의 희생을 최소화하기 위해 저항이 가장 적은 코스를 택했으며 방어를 확고히 했다. 또한 전원에게 임무를 맡겼다. 전쟁은 한두 사람이 하는 것이 아니기 때문에 모든 병력이 자기 임무를 맡아 수행해야 전쟁에서 이길 수 있다.

비즈니스에 적용하는 전략

이러한 명장들의 전법은 비즈니스에 그대로 적용할 수 있다. 미국 기업들이 왜 유능한 CEO를 천문학적인 급여를 주면서 데려올까? CEO의 지도력에 따라 기업의 생사가 좌우되기 때문이다. 전쟁에서의 싸움은 장군과 장군과의 싸움이다. 보다 유능한 장군은 승리를 거두고 능력이 떨어지는 장군은 패할 수밖에 없다. 회사 간의 경쟁도

CEO와 CEO 간의 경쟁이다. CEO가 적극적이고 과감한 모험을 감행하여 위기를 극복한 예는 많다.

최근 세계 최대 소프트웨어 기업인 마이크로소프트Microsoft는 전문직 연결 플랫폼platform인 링크드인Linkedin을, 마이크로소프트가 단행했던 역대 인수 합병 중 최대 규모의 금액인 262억 달러를 지불하고 인수했다. 빌 게이츠Bill Gates, 스티브 발머Steve Ballmer에 이어 세 번째 CEO인 사티아 나델라Satya Nadella가 마이크로소프트의 생산성과 비즈니스 프로세스를 혁신하겠다는 야심 찬 의지로 인수를 주도했는데, 이는 CEO이기 때문에 할 수 있는 모험이다.

비즈니스 전쟁에서는 적응력과 기동력이 앞선 회사가 승리한다. 비즈니스 세계에서는 도전자가 중앙을 돌파하는 공격적인 작전을 구사하여 리더의 위치에 있는 기업을 밀어낸 예가 많이 있다. 적의 저항이 가장 적은 장소에서 싸우는 대표적 전법이 소규모 전력을 투입하여 적을 기습 공격하는 게릴라전인데 이때 주도권은 언제나 게릴라의 편에 있다. 미국이 베트남 전쟁에서 패망한 이유도 게릴라전에서 주도권을 차지할 수 없었기 때문이다.

샘 월튼Sam Walton은 미국에서 비교적 낙후한 주의 하나로 꼽히는 아칸소Arkansa의 작은 도시인 뉴포트Newport 주변의 저항이 적은 곳에서 마치 게릴라전을 치르듯이 작은 가게를 열었는데 이 점포가 지금은 세계 최대의 유통 소매업체인 월마트Wal-Mart, 샘스클럽Sam's Club이 되었다. 전쟁에서 병력이 많다고 꼭 승리하지 않는 것과 마찬가지로 비즈니스에서 직원이 많다고 반드시 이기는 것이 아니다. 뛰어난 CEO와 정예부대와 같은 직원이 있으면 그 기업은 경쟁업체를 이길 수 있다.

　여기에서 말하는 전쟁을 승리로 이끄는 원칙은 개인에게도 적용이 가능하다. 개인도 인생을 살아가면서 목표관리를 철저히 그리고 융통성 있게 해야 하며, 때로는 인생의 위기를 극복하기 위해 과감한 모험을 할 필요가 있다. 어느 사회에서나 살아갈 수 있는 적응력과 인생이라는 전쟁터에서 승리할 수 있는 역량을 배양해야 한다. 개인이 가지고 있는 능력을 잘할 수 있는 분야에서 극대화해 각자가 삶의 주도권을 쥐고 살아야 한다.

CEO가 지녀야 할
기본적 자질

리더의 생각이나 자세에 따라 조직은 달라진다. 따라서 CEO가 갖추어야 할 자질이 매우 중요하다. 이 책에서 일관되게 말하고 있는 것 중의 하나가 "기업은 사람이다"라는 것이다. 인간이야말로 중요한 요소이다. 기업을 경영하는 것은 사람을 움직이는 것인데 어떻게 하면 사람을 움직일 수 있을까?

선두에서 모범을 보여라

리더는 조직의 선두에 있는 사람으로서, 선두에서 모범을 보여야 한다. 이러한 자세는 우리가 잘 아는 이순신 장군에게서 찾아볼 수 있다. 이순신 장군은 해전 시 전함의 함교bridge에서 처음부터 끝까지 전투를 지휘했고, 마지막 해전에서 적의 유탄에 맞아 세상을 떠났다. 함교는 트여 있는 곳이어서 총탄이 날아오면 막을 재간이 없다. 그러한 위험 상황에서도 이순신 장군은 항상 전투의 선두에 나섰으며, 이로 인해 두려움에 떨던 부하들도 용기를 얻어 전투에 용감하게 참여했다. 메이지 유신부터 태평양 전쟁 패전까지 엘리트 양성학교였던 일본 해군학교의 첫 번째 가르침은 '지휘관 선두'였다. 어려운 상황에서는 지휘관이 선두에 서야 한다는 뜻이다. 러시아와 일본의 발틱 Baltic 함대 전쟁시 발틱 함대의 사령관인 도고 헤이하치로는 전함의 사령관실로 들어가지 않고 함교에서 5시간이나 선 채로 전쟁을 이끌었다. 그는 폭발력이 큰 포탄을 사용하여 해전을 승리로 이끌었는데 일본인들은 그를 동양의 넬슨Nelson이라고 부르기도 한다.

　나도 해군 장교로 근무하던 시절 전함 브리지에서 배를 몰거나 당직 사관 근무를 한 경험이 있는데 추운 겨울에는 여간 고생이 아니었다. 브리지는 전함의 전방과 함 전체를 바라볼 수 있는 높은 곳에 위치해 있고 완전히 트여 있어서 겨우 비만 피할 정도였다. 이순신 장군과 도고 사령관은 이러한 불편함과 위험을 감수하면서 선두에서 부하들에게 용기를 준 것이다. 진정한 장군은 부하를 명령으로 밀어붙이는 것이 아니라 부하를 스스로 움직이게 한다. 기업의 CEO도 이와 같은 자질이 필요하다. '아들은 아버지의 등을 보고 자란다'는 말이 있듯이 부하는 상사의 등을 보고 일한다. 어떤 사람은 사람을 움직이기 위해 이론을 공부한다고 하는데 사람은 이론으로 움직이지 않는다. 다른 사람을 움직이고 싶으면 자신이 먼저 움직여야 한다.

한국의 국가대표 팀에서도 예를 찾을 수 있다. 한국 양궁 대표팀은 1984년 미국 로스앤젤레스 올림픽 이후 2012년 런던 올림픽까지 무려 28년간 세계 최정상으로 군림하고 있다. 이 결과가 단순히 선수들이 열심히 훈련을 했기 때문만은 아니다. 1988년부터 국가대표 코치를 맡았던 전 양궁 국가대표 서거원 감독은 2004년 아테네 올림픽 때 양궁 남자대표팀 감독을 맡고 있었다. 그는 한 일화를 들려주었다.

2004년 아테네 올림픽을 두 달 앞서 서거원 감독은 한국 양궁 남녀 대표팀 6명을 아테네 근처에 있는 코린트 운하로 데려갔다. 그곳은 폭 45m, 깊이 120m, 길이 6km가 넘는 좁고 긴 운하이다. 폭이 좁아서 운하 벽이 상할까 봐 배들은 모두 예인선이 끌고 간다. 에게 해에서 불어오는 바람이 거센 이곳의 다리 위에는 줄 길이 95m의 번지 점프대가 있다. 다리 위에서 절벽을 보면 오금이 저리는 높이다. 서거원 감독는 선수단 전원에게 이곳에서 번지 점프를 하라고 했다. 까마득한 높이, 조금만 삐끗해도 몸이 절벽에 부딪힐 같은 좁은 폭, 서 있기도 힘든 거센 바람에 선수들은 누구 하나 선뜻 나서지 못했다. 서거원 감독은 이때 "너희만 번지 점프를 시키려고 이 먼 곳까지 데려온 줄 아느냐. 나부터 뛰어내리겠다"라고 하며 95m 절벽에서 몸을 날렸다. 그도 죽을 것 같은 공포를 느꼈지만 지도자가 솔선수범해야 한다는 생각에 두려움을 이기고 뛰어내린 것이다. 그 뒤로 박성현 선수를 비롯한 남녀 선수들이 뒤를 이어 줄줄이 뛰어내렸다. 감독이 움직이니 선수들이 따라 움직인 것이다.

CEO가 직원들에게 "생산성을 높이자. 고객을 소중히 하자"는 말만 해서는 되지 않는다. 일 년에 단합대회 몇 번하고 저녁에 회식 몇 번 한다고 되는 것이 아니다. CEO가 솔선수범해야 한다. 부하들은 CEO가 진정으로 실천하는지 아니면 말만 하는지 지켜보고 있다.

가정에서도 비슷한 예를 찾을 수 있다. 예를 들어 어머니들은 흔히 자녀들에게 공부하라고 몰아붙이지만 자녀가 스스로 공부하게 끔 만들어야 한다. 자녀에게는 공부하라고 하고 자신은 TV를 봐서야 되겠는가? 어머니도 그 시간에 독서를 하는 등 솔선수범해야 한다. 그처럼 진실한 태도로 자식을 대하면 자식도 진실한 마음으로 대하게 된다.

교수도 마찬가지이다. 이공계에서는 대부분 실험을 해서 논문을 쓴다. 물론 일부 실험을 하지 않고 이론적인 연구를 하여 논문을 쓰는 경우도 가끔 있지만 이는 매우 드문 경우이다. 따라서 대학원생들이 교수의 수족과 같은 역할을 한다. 대학원생들이 실험을 하고 그 결과로 교수는 대학원생들과 공저로 논문을 학술지에 게재한다. 나는 삶에서도 이러한 실천을 해 왔다. 대학원생 시절 미국에서 공부하면서 나는 토요일, 일요일을 가리지 않고 실험실에서 시간을 보냈다. 당시 미국 학생들은 금요일 밤 이후에 실험실에 나오는 학생이 없었다. 그처럼 남이 놀 때 열심히 했기 때문에 나는 4~5년, 길게는 6~7년이 걸린다는 박사학위를 2년 10개월 만에 취득할 수 있었다. 이후 울산대학교에서 학생을 지도하게 되었을 때도 나는 학생들에게 강요하지 않고 토요일에도 학교에 나갔다. 그러자 대학원생들도 자발적으로 나와서 더 많은 실험을 하고 연구과제를 해결해 나갈 수 있었다. 덕분에 학생들은 빠른 시간에 연구를 마칠 수 있으며 많은 논문을 쓸 수 있었다.

내면에 갖추어야 할 자질

CEO가 내면에 갖추어야 할 자질로는 어떤 것들이 있는지 알아보자.

CEO는 직원들을 자발적으로 일하게끔 만들어야 한다. 그럼 직원들은 언제 자발적으로 일할까? 그건 직원들의 행복과 정비례한다. 그러므로 직원을 행복하게 만들어 주어야 자발적으로 일하는 분위기가 조성된다. 행복 창출을 위해서는 재래적인 관료적이고 보수적인 문화로는 안 되고, 창조적이고 긍정적인 문화가 필요하다. 즉 변화혁신을 해야 한다는 뜻이다.

내가 아는 한 기업에 서로 다른 분위기의 두 부서가 있다. 한쪽 부서의 팀장은 자기의 권위만 주장한다. 아랫사람이 좋은 의견을 제시해도 "네가 뭘 아느냐? 내가 경력이 많으니 내 말을 따르라"라고 한다. 일이 밀려 토요일에 근무할 필요가 있을 때에도 "내일 출근해"라고 명령한다. 자기보다 먼저 부하 직원이 퇴근하면 눈살을 찌푸리고, 휴가를 신청하면 마치 선심이나 쓰는 태도로 결재한다. 이러니 밑에 있는 사람이 일할 마음이 들겠는가? 반면에 다른 부서의 팀장은 부하 직원의 의견을 먼저 묻고 나중에 자기의 의견을 말한다. 휴일에 일을 시킬 때에도 "내일 이러한 일을 할 필요가 있는데 나올 수 있겠냐?"라고 의견을 먼저 묻는다. 6시면 무조건 직원을 퇴근시키고 자신은 나갔다가 다시 들어와 필요한 일을 하고 나간다고 한다.

요즈음 젊은 세대가 구직 때 가장 바라는 것이 무엇일까? 높은 연봉이 아니다. 연봉은 타 회사보다 좀 적더라도 정시 출근해서 집중해서 일하고 6시에 퇴근할 수 있는 직장을 가장 선호한다.

내가 재미과학자 유치 프로그램으로 미국에서 돌아와 처음 근무한 곳은 기아산업(현 기아자동차)이었다. 당시 가장 놀랐던 것은 직원들의 퇴근시간이었다. 담당 이사가 퇴근을 안 하면 부장은 이사가 올 때까지 퇴근 못하고 밑의 직원도 퇴근을 못했다. 밤 10시나 11시가 되어야 퇴근하고 다음 날 아침 8시까지 출근한다. 나는 미국 엑손Exxon에서 근무할 때 플렉스 타임flextime 스케줄에 따라 일을 했다. 즉 아침에 몇 시에 출근하든 8시간만 일하면 되는데 오전 10시에서 오후 2시까지의 핵심 시간core time은 지켜야 하는 스케줄이었다. 이런 환경에서 일하던 나에게는 기아자동차의 업무 환경이 신기하게만 느껴졌다. 지금은 이런 풍토가 많이 없어졌다고 하는데 여전히 남아 있는 것이 현실이다.

젊은 세대는 상사와의 수직 관계가 아니라 수평적 관계를 선호한다. 아직도 많은 박사학위 소지자들이 대학 교수를 선호하는데 그 이유는 대학교의 수평적 문화가 그들에게 매력적으로 보이기 때문이다. 최근 기사에서도 종종 접하는데 어렵게 취업에 성공한 많은 신입사원들이 얼마 지나지 않아서 사표를 내는 경우가 많다고 한다. 대부분이 상사와의 문제가 가장 큰 원인이었다.

미국에서 관리혁신으로 성공한 회사인 고어W.L.Gore&Associates의 회사 조직은 상사나 부하가 없는 완전 수평 조직이어서, 모두가 '동료Associate'로 불린다. 이 회사에는 직위도, 서열도, 권위도, 보스도, 관리자도, 피고용인도, 표준화된 고정 업무도, 지시도 없다. 이 회사는 미국에서 '일하고 싶은 기업' 100대 리스트에 18년 동안 들었는데, 2015년에는 17위를 하였다. 2015년 회사 수익은 31억 달러에 이른다.

CEO는 혁신하는 사람을 격려하고 칭찬해야 한다. 무언가 바꿔 보려는 생각을 가지고 있는 젊은이들이 많이 있다. 그러나 직장 생활을 오래 한 사람들은 변화를 원하지 않는다. 나는 이들을 '타성에 젖어 있는 사람들'이라고 부른다. 이들은 무언가 바꿔 보려는 사람들을 칭찬은커녕 아예 막는 경우가 허다하다. 이때 혁신은 무모해서는 안 되고 창의적인 아이디어가 바탕에 깔려 있어야 한다. 소통이 없으면 벽이 생기고 공감대가 형성되지 않으며 공감대가 없으면 창의적일 수 없다. 긍정적인 기업문화에서는 모든 사람이 자기의 의견을 말할 수 있다. 바보 같은 아이디어도 핀잔을 주지 않기 때문이다.

소통이 창의로 이어진 한 예를 보자. 1989년 3월 엑손의 유조선 발데즈호Valdez가 알래스카에서 좌초해 대량의 기름이 유출된 적이 있었다. 엑손 내부에서 대책회의가 열렸는데 한 직원이 '바다표범을 알래스카에 풀자'는 아이디어를 냈다. 바다표범이 기름을 먹으면 기름 유출 문제가 해결될 것이라고 했다. 책임자가 한국 사람이었으면 "헛소리 말라"고 핀잔을 주었을지 모르지만 당시 책임자는 이 아이디어에 귀를 기울였다. '기름을 먹는다'는 개념에 주목하여 기름을 먹는 박테리아를 생각해 낸 것이다. 박테리아의 종류는 무수히 많다. 원유는 탄소 원자를 가진 각종 탄화수소의 혼합물이다. 기름 유출 사고가 발생하면 탄화수소가 지닌 독성으로 인해 사망하는 생물체가 많다. 그런데 일부 박테리아는 원유의 탄화수소를 분해해 이산화탄소와 물로 변환시킨다. 이때 이 같은 박테리아를 대규모의 해상 유출 기름 제거에 최초로 활용하게 되었다.

CEO는 자신이 모든 책임을 진다는 자세로 업무에 임해야 한다. 『사장의 일』 저자 하마구치 비즈니스뱅크 회장은 사장의 책임감은 무한대라고 말한다. 천재지변도 책임으로 떠안는 극단적인 책임감만이 성공한 사장을 만든다고 말하고 있다. 자신이 책임을 지지 않고 다른 사람, 외부 요인을 탓하면 회사는 바뀔 기회를 잃어버리고 쇠퇴할 수밖에 없다. 사장과 사원이 서로 탓을 하기 때문에 회사

전체가 책임지지 않는 집단이 되는 것이다. 책임회피의 문화는 전염병 같은 것이어서, 그 회사는 미래가 없다.

CEO는 순수함을 지녀야 한다. 마쓰시다 전기 산업(현 파나소닉 Panasonic)을 창업한 마쓰시다 고노스게는 "사람이 성공하기 위해 단 하나의 자질이 필요하다면 그것은 순수함이다"라고 말했다. 마쓰시다는 초등학교 4년 학력이 전부이다. 열 살 때 오사카의 한 회사에 수습사원으로 들어가서 자전거 가게, 전등회사 등에서 근무한 후 마쓰시다 전기 산업을 창업했다. 마쓰시다는 신입사원의 말을 듣고도 "좋은 이야기를 해 줘서 고맙다"라는 말을 했다고 한다. 사실 CEO가 신입사원의 말을 듣기는 쉽지 않다. 직급이 올라갈수록 오만해지기 쉽기 때문이다. 그래서 '성공했다'고 느끼는 순간이 가장 위험한 순간이다. 사장은 자신을 과신해 독선적으로 변하게 되며, 남의 이야기를 듣지 않고 배우지 않고 실천하려 들지 않는다. 즉 타성에 젖게 되는 것이다. 겸허함과 순수함을 잃어버리면 사물을 제대로 바라볼 수 없다. 종교인도 처음에는 순수하던 사람이 명성을 얻게 되면 자만심에 빠져서 독선적으로 변하는 것을 종종 볼 수 있다. 성공하는 사람은 초심을 잃지 않고 순수하고 겸허한 마음을 유지하고 있는 사람이다. 그래서 나도 미국에서 공부하는 아들에게 중학교 3학년 때 처음 미국에 가던 그때의 "초심을 잃지 마라"고 늘 강조한다. 그러면 아무리 어려운 일이 있어도 극복할 수 있다는 의미이다.

순수해지려면 옳은 것을 행해야 하고 마음속에 신념이 있어야 하며 지속적으로 실행할 수 있어야 한다. 회사는 사장의 소유물일 수 있지만 모든 직원의 공유물이기도 하다. 사장이 회사를 소유물로 생각하면 중장기적 파국을 맞기 쉽다.

CEO는 꾸지람보다 부하에게 힘을 주어야 한다. 강압적으로 움직이려 하면 움직이는 척만 한다. 마음에서 우러나와 움직이게 해야 한다. 나를 돌아보니 나 자신도 은연중에 아랫사람을 강압적으로 움직이게 하려는 태도가 있다는 것을 최근에 와서야 깨달았다. 아마도 해군 간부 후보생 훈련 과정Officer's Candidate School에서 나도 모르게 몸에 익은 것이라고 생각된다. 당시 해군 간부 후보생들은 해군 사관학교 교정 내의 허름한 막사에서 취침을 했는데 진해의 3월과 4월은 해양성 기후의 영향으로 매우 싸늘하고 추웠다. 처음 입교 시 추운 날씨에 모포 한 장 덥고 식사는 직각 식사로 1분 30초 만에 해야 한다. 씹기는커녕 그냥 삼키지 않으면 밥을 다 못 먹는다. 잠은 10시에 취침, 12시에 비상소집한 다음 팬티 하나로 밤새 연병장 진흙탕에서 훈련을 한다. 춥고 배고프고 졸린 후보생 교육 기간은 4개월이었다. 인격적으로 모욕적인 언사는 다반사이고 체벌도 매일같이 이어졌다. 그러다 보니 둔한 사람들도 움직이게 되는 것이다. 이때 강렬한 훈련이 몸에 배어 여전히 남아 있었던 모양이다. 그렇다고 혹독한 훈련이 부정적인 면만 있는 것이 아니다. 긍정적인 면도 있다. 소위 '안 되면 될 때까지'의 정신을 배운 것이다. 유학 시절 어려운 일이 많이 닥쳤지만 훈련으로 단련된 정신이 큰 힘을 발휘한 것은 부정할 수 없다.

요즈음 TV에서 군대 체험 프로그램이 인기가 있는 이유도 어려운 훈련을 통해 협동심을 배우고 나약함을 버리고 힘든 일도 해내겠다는 마음을 먹으면 할 수 있다는 긍정의 힘을 보여 주기 때문일 것이다. 물론 일부 군대 내에서 일어나는 가혹행위가 화제가 될 때가 있다. 이것은 단위 소대의 소대장이 개별 소대원과 상담만 잘하면 방지할 수 있는 문제라고 생각한다.

CEO는 덕망이 있어야 한다. CEO는 덕망으로 부하에게 의욕적으로 일을 하게 해야 한다. 이 덕목은 노력하면 쌓을 수 있다. 많은 독서를 통해서 스스로 수련하는 노력이 따라야 한다.

CEO는 친절하되 엄격해야 한다. 고객, 직원, 돈의 순으로 소중히 하는 회사가 성공한다. 상대를 인간적으로 대하고 친절함을 가져야 한다. 그렇다고 친절한 것과 성격이 약한 것을 혼동하면 안 된다. 잘한 일은 칭찬하되 잘못된 일은 명확히 지적해야 한다. 친절함과 엄격함은 동전의 양면과 같은 것이다. 그 예로 이순신 장군은 부하들에게 인간적인 따뜻한 면을 보이고 격려하는 자세를 보였으나 탈주병은 전 부하들이 보는 가운데 목을 쳤다.

위에서 열거한 자질이 바로 CEO가 가져야 할 기본적 자질이다. 이는 기본적으로 내면에 갖추어야 할 자질이라는 뜻이며 기본적 자질을 갖추기 위해서는 인성 교육이 필수적이다. 이런 기본적 자질 위에 요구되는 것이 바로 기술적 자질이다.

CEO가 지녀야 할 기술적 자질

CEO에게 요구되는 일반적 자질은 무엇일까. 그건 혁신할 수 있는 능력이 있어야 하고, 통찰력이 있어서 바른 전략을 세울 수 있어야 하고, 리더십이 있어야 하며, 바른 의사결정 능력이 있어야 한다. 이 중에서 CEO가 가져야 할 기술적 자질은 혁신할 수 있는 능력, 바른 전략을 수립할 수 있는 능력과 바른 의사결정을 할 수 있는 능력이다. 이것은 이 책에서 전하려는 주된 메시지이기도 하다.

소통으로 얻는 창의적인 아이디어

혁신을 하려면 창의성이 뒷받침 되어야 한다. 창의적 사고는 직관이 아닌 과학이다. 많은 사람들이 창의성을 어느 순간 떠오르는 직관이라고 생각하며, 어떤 일을 해결하기 위해 몰입하는 과정에서 우연하게 발생하는 행운이라고 생각하는데 이는 잘못된 것이다. 창의성은 노력을 기울일 때 얻을 수 있다.

창의성의 기원을 살펴보면 창의성에 대한 관심은 기원전부터 시작하여 그리스로마 시대, 르네상스 시대를 거치고 계몽주의 철학의 발전과 함께 1700년대까지 서양에서 발전했다. 그리고 20세기 중반 미국에서 창의성이 현대적 개념으로 태동하였는데, 동양은 음양의 조화를 강조하였고 서양은 개인적 차이를 중시하였다. 창의성은 다른 어떤 학문보다 오랜 발전을 거듭한 학문적 그리고 과학적 주제이다. 따라서 창의성을 새로운 경쟁우위의 원천으로 관리해야 한다.

그러면 창의적 아이디어는 어떻게 얻을 수 있을까? 바로 소통이다. 다른 사람들의 의견을 듣고 그들의 모든 의견을 하나로 용융溶融시키면 거기에서 새로운 것을 끄집어 낼 수 있다. 따라서 창의적이 되려면 경청하는 태도를 가져야 한다. 자기 말만 쉴 틈 없이 하고는 상대방이 얘기하면 다른 곳을 쳐다보고 주의를 기울이지 않는 사람은 좋은 말을 해줘도 무시하는 경향이 있다. 이렇게 해서는 창의적이 될 수 없다. 창의적이 되려면 다른 사람과 소통하며 상대의 장점을 배워야 한다.

미국에서 가장 인기 있었던 토크쇼를 진행했던 오프라 윈프리Oprah Winfrey를 보자. 그녀는 상대방의 말을 들을 때 손을 앞으로 모으고 시선은 상대를 향해 경청하는 자세를 취한다.

미국에서 소통을 잘하기로 유명한 회사인 고어는 듀폰Du Pont에 다니던 화학 기술자인 빌 고어Bill Gore에 의해 창립되었다. 그는 대기업의 권위주의와 상하관계 때문에 창의성이 꽃피지 못한다고 생각했다. 1957년경 고어는 사람들이 조직과 관계에 구애받지 않고 자유롭게 대화를 나누는 유일한 순간은 회사의 동료들끼리 카풀car pool을 할 때란 사실을 발견했다. 상사와 부하가 함께 출퇴근하며 창의적이고 생산적인 대화를 하고, 새로운 에너지와 아이디어도 넘쳐나는 것을 보았다. 또한 회사가 위기에 처해서 태스크포스task force를 가동시킬 때에도 규칙과 관계에서 벗어나 의미 있는 논의를 하는 것도 보았다. 고어는 왜 카풀을 해야만, 혹은 위기가 닥쳐야만 자유롭고 생산적인 대화를 할까 하고 생각하다가, 직급과 직함의 상하관계를 없애면 매일매일 대화의 에너지가 넘치는 조직을 만들 수 있겠다고 생각하기에 이르렀다.

1958년 빌 고어는 이 생각을 실천으로 옮기고자, 듀폰을 사직하고 그의 부인과 함께 고어를 설립했다. 한 동료가 좋은 아이디어를 제시하면, 이에 동조하는 동료들과 팀을 만든다. 팀 전체가 보스이다. 최고재무책임자CFO나 최고기술책임자CTO도 없다. 그런 직함을 부여하면 그 사람을 상자 안에 가두게 된다고 생각하기 때문이다. 그 사람의 능력에 불필요한 한계를 지우거나 불가피하게 권위나 통제를 불러일으킨다고 보았다. 그래서 이 회사에는 대신 '재무적 성공에 집중적으로 헌신하는 동료'가 있다.

이 회사가 조화롭게, 부드럽게 일을 한다고 볼 수는 없다. 관점과 생각이 처음에는 매우 다르기 때문이다. 그래서 역동적인 팀 회의를 보면, 아이디어를 놓고 싸우는 것처럼 보인다고도 한다. 외부 사람이 보면 매우 비효율적으로 보일 수 있고 실제로 결정에 이르는 데 시간이 더 오래 걸린다. 그러나 궁극적으로 따져보면, 이 시스템이 훨씬 더 효율적이고 창조적이라고 이들은 주장한다. 더 많은 상호 이해와 합의consensus를 통해 진정한 하나의 팀으로 뭉치면, 훨씬 더 많이 헌신하고 훨씬 빨리 움직인다고 말한다. 유연한 팀을 기반으로 일하기 때문에 신선한 아이디어가 나온다는 것이다. 소통으로 직원들의 창의력을 극대화한 기업인 고어는 우리 기업도 배워야 할 점이 많다.

중국의 공자에서도 예를 찾을 수 있다. '공자천주孔子穿珠'라는 고사성어의 유래를 살펴보자. 공자가 상당히 진귀한 구슬을 선물 받았는데, 구슬을 꿰는 방법을 몰라 실로 꿰려고 아무리 노력해도 안 되었다. 고민에 빠져 길을 가다가 마침 뽕밭에서 뽕잎 따는 아낙네에게 물어보니, '찬찬히 생각해보라'는 대답을 들었다. 공자는 허탕을 쳤다고 생각하다가 이내 깨달았다. '찬찬히 밀(密)'은 '꿀 밀(蜜)'과 발음이 같았다. 그러니까 아낙네는 꿀을 생각해 보라고 말한 것이다. 공자는 꿀을 구해 구슬의 반대편 구멍에 바르고 개미 한 마리를 구해 허리에 실을 묶고 구술의 한쪽 구멍에 넣었다. 그랬더니 꿀 냄새를 맡은 개미가 구멍을 빠져나와 구슬에 실을 꿸 수 있었다.

이 고사 성어는 사람은 끊임없이 배워야 하며 자기보다 못한 사람에게도 묻고 배워야 한다는 교훈을 준다. 또한 조언을 구할 때는 이질적인 타인에게 구해야 창의적인 답변을 얻을 수 있다는 것을 알려준다.

관리혁신으로 크게 성공한 고어의 CEO 테리 켈리Terri Kelly는 최고의 혁신은, 그리고 가장 가치 있는 혁신은 '다른 관점'과 '독특한 시각'에서 나온다고 말한다. 다양한 시각으로 구성된 팀이 적극적으로 도전하는 과정에서 혁신과 창조가 나온다는 것이다. 예를 들어 고어의 의료사업 부문에서도 전문 의료 지식을 갖고 있는 동료보다는, 관련 지식이 없는 동료들로부터 깜짝 놀랄 만한 아이디어가 훨씬 많이 나오고 큰 수익으로 연결된다고 한다. 그녀는 고어와 같은 환경과 조직은 많은 아이디어와 에너지가 생기며 이는 비즈니스 성공의 핵심이라고 말한다.

'공자천주' 고사 성어는 이질적인 사람의 생각이 도움이 된다는 것을 보여주는 좋은 예이다. 그리고 공자의 소통하는 능력 또한 보여준다. CEO는 소통하는 능력이 있어야 한다. 모르면 물어야 하는데 묻는 것을 창피해 하는 사람이 의외로 많다. 한국인은 대체로 소통 능력이 서양인보다 떨어진다. 그런 환경에서 자라났기 때문이다. 말하지 않아도 알아서 하라는 정서가 팽배한 곳이 한국이다.

이순신 장군도 소통하는 능력이 뛰어났음에 틀림없다. 그가 울돌목의 해류를 어떻게 알았겠는가? 어부와 소통했기 때문이다. 지금 같으면 직책이 지역 사령관 정도 될 텐데 그런 위치의 장군이 미천한 어부와 소통한다는 것은 대단한 일이 아닐 수 없다.

다시 창의력으로 돌아와서 쉬운 예를 들어보자. 두 사람이 볼펜을 디자인 해 달라는 부탁을 받았다고 하자. 한 사람은 절에 들어가서 1,000장의 디자인을 하고 그중에서 한 장을 뽑았다. 이 디자인은 이미 나와 있을 확률이 크다. 다른 사람은 나와 있는 모든 볼펜을 수집하여 분류하였다. 그리고 부탁한 사람에게 어떤 목적으로 볼펜을 사용할 것인지 물었다. 그러자 의뢰자에게 맞는 디자인을 찾을 수 있었다. 이처럼 창조적 생각은 후천적 연마로 가능하다.

21세기는 창의력과 아이디어로 승부하는 창의력 중심의 사회이다. 그래서 양보다 질을, 지식보다는 지혜를, 매뉴얼보다는 창의성을, 대량생산된 제품보다는 맞춤형 제품을 필요로 한다.

미국에서 핫도그 가게를 운영하는 사람은 독창적인 아이디어로 성공을 거두었다. 그는 손님이 한꺼번에 몰리는 시간에 일일이 거스름돈을 내주는 것이 고민이었다. 거스름돈을 내주기 위해서는 일회용 비닐장갑을 껴야 하는데 시간이 걸리고 불편했기 때문이다. 고민하던 그는 계산대에 1달러 지폐와 동전이 가득한 바구니를 놓고 손님이 알아서 거스름돈을 가져가도록 했다. 처음에는 속이는 손님이 없나 걱정했는데 고객들은 정직하게 행동했고 매출은 올라갔다.

이처럼 상상력을 동원하여 이 세상에 없는 새로운 것을 만든 몇 가지 예를 살펴보자. 코카콜라Coca Cola의 로고logo를 디자인한 사람은 전문 디자이너가 아니고 루트유리회사Root Glass Co.의 현장에서 일하는 감독foreman인 얼 빈Earl Bean과 클라이드 에드워즈Clyde Edwards 였다. 그들은 스위스에서 온 이민자들로, 코카콜라 사의 병 디자인의 공모에 로고를 낸 것이 지금까지 쓰이고 있다. 또한 전신electric telegraph과 모스 부호를 발명한 새뮤얼 모스Samuel Morse는 초상화를 그리는 미술가였다. 비행기를 발명한 라이트Wright 형제는 비행기 엔지니어가 아니라 자전거와 모터 수리공이었으며 볼펜을 처음 발명한 사람은 미국의 법률가인 존 라우드John Loud였고 현대에 쓰이는 볼펜을 처음 발명한 사람은 헝거리의 신문기자인 라슬로 비로Laszlo Biro였다. 캘리포니아를 방문 중인 한 오스트리아 여행자로부터 그의 나라에서는 대나무로 만든 후프를 아이들이 체육관에서 돌린다는 말을 들은 리처드 키너Richard Knerr와 아더 멜린Arthur Melin은 플라스틱 훌라후프Hula Hoop를 미국에서 최초로 만들었다.

심리학자들에 따르면 인간은 잠재력의 일부만 사용하고 있다고 한다. 계발되지 않은 채 잠자고 있는 우리의 잠재력을 깨우자. 직장인은 상사의 명령과 지시에만 따르는 사람과 일을 스스로 찾아서 하는 사람으로 나눌 수 있다. 일을 찾아서 하는 사람은 항상 문제의식을 갖고, 하는 일을 개선하고, 향상시키는 사람이다. 이런 사람들이 상사의 지시에만 따르는 사람들보다 생산성이 높은 것은 당연한 일이다.

아이디어를 실현하는 상황과 패턴

이 세상의 기발한 아이디어들은 어디서 나올까? 2011년 빌 게이츠는 스티븐 존슨Steven Johnson의 저서 『탁월한 아이디어는 어디에서 오는가?(원제 Where Good Ideas Come From: The Natural History of Innovation)』를 읽고 그의 블로그에서 어떤 사람들은 순간적인 아이디어로 뛰어난 혁신을 이룬다고 말하지만, 우리가 지금까지 겪은 것들을 돌이켜 보면 그것은 우리가 오랫동안 고심하던 끝에 새로운 형태로 나오게 되는 것들이라고 말했다.

예를 들어 마이크로소프트를 창업하겠다는 결정은 통찰력에 의한 순간적인 결정에 따른 것이 아니었다. 초기 PC 산업의 점진적인 개발이 이를 가능케 한 것이다. 고등학교 다닐 때 폴 알렌Paul Allen과 함께 대형 컴퓨터에 접근할 수 있었다는 사실과 사람들이 미래에 컴퓨터를 많이 이용할 것이라는 예측 덕분에 창업을 했다. 지금 빌 게이츠 재단에서는 지구촌 건강, 국제개발, 농업, 공업, 과학 연구, 공공 정책 등의 다양한 분야에서 개발한 좋은 아이디어를 얻어 건강, 개발, 교육 등의 일을 하고 있다. 혁신의 분위기를 조성하는 문화적 환경이 중요하다. 도시적 환경과 기술이 사람과 아이디어를 연결하여 혁신을 가능케 하는 발견과 발명을 잠재적으로 촉진시킨다. 이러한 혁신을 가능하게 하는 상황과 패턴이 있다.

첫 번째는 아이디어를 발굴한 만한 상황에 접근 가능해야 한다. 1870년대에 프랑스 의사인 스테판 타르니에Stephan Tarnier는 파리의 동물원에서 병아리 인큐베이터를 보고 아이디어를 얻어 병원의 미숙아를 위한 인큐베이터를 제작했다. 19세기 초 영국의 수학자이며 철학자, 발명가, 기계공학자인 찰스 배비지Charles Babbage는 1822년 다항식 함수를 계산할 수 있는 차분기관Difference Engine이라는 기구를 설계하였다. 이는 세계에서 최초로 프로그램이 가능한 컴퓨터 개념이다. 배비지는 기계식 컴퓨터를 최초로 개발한 인물로 평가받고 있으며, 그의 개발 이후 더욱 복잡한 형태의 기계식 컴퓨터들이 등장했다. 19세기 당시 예산과 기술의 부족으로 완성되지 못한 배비지의 기계식 계산기의 일부는 런던 과학박물관에 소장되어 있다. 1991년, 배비지가 설계한 차분기관이 완성되었으며 성공적으로 작동하였다. 이는 19세기 당시 배비지의 설계가 유효했음을 입증했다. 배비지는 또한 1837년에 기계적 범용 컴퓨터의 설계인 해석기관 Analytical Engine을 처음으로 발표하였으며, 설계는 1871년 그가 죽기 전까지 계속되었다. 해석기관은 뛰어난 생각이었지만 수많은 기계적 기어나 스위치가 필요해 당시에는 접근 가능성이 없었다. 그러나 약 100년 후 진공관과 집적회로가 나와 제작이 가능해졌다.

두 번째는 리퀴드 네트워크liquid networks의 중요성이다. 세계 최대 기업용 소프트웨어 업체 SAP가 하나하우스HanaHaus 카페를 오픈했다. 이곳은 직원들의 편의 시설로 제공되는 복지프로그램으로, 신사업 진출을 의미하는 것은 아니었다. 그러나 하나하우스는 누구나 커피를 마시며 아이디어를 나누고, 기술에 대한 열정으로 키보드를 두

드리는 풍경을 연출하는 커뮤니티 장소로, 제2의 구글이나 페이스북을 꿈꾸는 창업가들이 SAP 엔지니어나 컨설턴트와 회의도 하고 조언도 구하는 공간으로 디자인됐다.

17세기경 유럽에 커피가 전파되면서 커피하우스가 생기고, 여기서 사람들이 서로 얘기와 아이디어를 나누는 가운데 작은 발명들이 시작되었다. 그로 인해 르네상스가 꽃을 피웠고 카페에서 인공위성이라는 역사적 사건에 대해 얘기를 나누다가 GPS 개발로 이어졌다. 리퀴드liquid는 물, 커피, 맥주, 와인 등의 액체를 말한다. 물은 계속적인 움직임을 의미하고, 이 흐름이 조직화될 때 쓰나미와 같은 하나의 강력한 힘을 이룰 수도 있는 액체의 특성처럼, 커피하우스가 제공하는 개인의 열정에 아이디어를 함께 나눌 수 있는 동료와 기술이 있다면, 이는 상당히 빠르게 진화하며, 이런 유기적인 네트워크에 적극 동참하는 사람들은 더 빠르게 변화에 대응하게 된다. 그것이 바로 리퀴드 네트워크인 것이다.

마이크로소프트 캠퍼스의 빌딩99도 그 한 예이다. 협업과 창조성을 최적화하기 위해 방들은 융통성 있게 일터와 회의실로 변경이 가능하고 영감이 떠오르면 아이디어를 스케치하기 위해 벽에는 화이트보드가 가득하다.

세 번째는 오랜 기간에 걸쳐서 얻을 수 있는 예감이다. 18세기 과학자인 존슨 프리스틀리Johnson Priestly는 식물이 산소를 내뿜는다는 사실을 발견하는 데 무려 20년이 걸렸다.

또 다른 것은 우연한 발견serendipity이다. 꿈, 명상하며 하는 산책, 오래하는 샤워, 여러 책과 신문을 읽으면서 번득이는 아이디어를 얻을 수 있다. 마이크로소프트에서는 1년에 한두 차례 1주일 동안 일상에서 벗어나는 '생각주간Think Week'을 시행하고 있는데 많은 사람들이 이 기간을 마이크로소프트 직원들이 아무것도 안하고 쉬는 과정 즉 비우는 과정이라고 생각하는데 이는 잘못 알고 있는 것이다. 생각주간에 참여한 사람들은 집중적으로 책과 논문을 읽고 서로 의견을 교환한다. 그러면서 다른 사람과 아이디어와 영감을 교류하는 것이다. 종종 타인의 아이디어에서 좋은 아이디어를 얻을 수 있다.

창의적 사고에 장애물이 되는 것은 고집이다. 자존심 때문에, 자라난 배경, 풍습, 습관 때문에, 이념 때문에 사람들은 고집을 부린다. 또한 사람들이 나이가 들수록 고집이 세지는 것을 볼 수 있는데 이는 자기의 경험이 타인보다 뛰어나다는 잘못된 생각에서 비롯된다. 우리는 이러한 장애물을 과감히 버릴 수 있어야 한다.

비전을 제시하고 일관성을 유지하라

CEO는 '비전'을 제시할 수 있는 능력이 있어야 한다. 뒤에서 살펴볼 〈USA 투데이〉의 CEO인 컬리Curley의 '네트워크 전략', 시바비전의 CEO인 브래들리Bradley의 '생활을 위한 건강한 눈'과 같은 강력한 비전은 전 직원의 역량을 하나로 집결하는 데 대단한 힘을 발휘

한다. 이건희 회장의 '모든 사업에서 1등주의' 비전은 오늘날의 삼성을 만들었다. 옛날에는 집집마다 가훈이 있었는데 이것이 바로 아버지가 내세운 가정의 비전인 셈이다.

비전을 제시했다면 일관성을 유지할 수 있어야 한다. 그리고 마지막에 책임질 수 있는 리더야말로 가장 이상적이다. 게다가 세상의 트렌드를 볼 수 있는 안목이 있어야 한다. 현업에서 이익을 내고 동시에 미래를 위한 설계와 혁신을 해야 한다는 것이다. 큰 트렌드가 어떻게 되느냐에 대해서는 얼마 전에 작고한 세계적인 미래학자 앨빈 토플러Alvin Toffler가 정확히 말했다. 그가 평생을 거쳐서 연구한 것이 '부의 물결The wave of wealth'인데 그는 전체적인 물결을 네 가지로 보았다. 제1의 물결은 농업혁명, 그다음은 산업혁명, 제3의 물결을 정보화 시대로 정의했다. 그 시대에 어떤 물결이 부를 만들었는가, 부를 얻는 사람은 어떤 물결을 탔는가이다.

현 코글로닷컴의 이금룡 회장은 삼성 재직시 쓰러져 가는 옥션을 맡아서 회생시킨 후 미국 기업에 거액을 받고 매각했다. 비즈니스의 트렌드를 바로 본 결과이다. YG 엔터테인먼트의 양현석 사장은 2000년에 지하실에서 초라하게 회사를 시작했으나 한류 엔터테인먼트의 물결을 타서 지금은 개인 재산 3,000억, 시가 총액 7,000의 기업을 만들었다. 이 물결이 어떻게 흐르고 어디로 가느냐를 아는 것이 중요하다. 이제 세계는 제3의 물결은 넘어 '제4의 물결'을 준비하고 있다.

최근 석학들은 앞다퉈 제4의 물결이 서로 다른 분야가 융합해 새로운 것을 창조하는 '융합의 시대'라 말한다. 다가올 10년은 지식 노마드nomad 시대로, 학문과 학문, 업계와 업계의 경계가 사라지고 상생을 위해 하나로 융합될 것이라는 예측이다.

다보스 포럼의 창립자이자 회장인 클라우스 슈밥Klaus Schwab은 2016년에 포럼 창립 이래 최초로 과학기술 분야 주제를 주요 의제로 채택했다. 디지털 기기와 인간, 그리고 물리적 환경의 융합으로 펼쳐지는 새로운 시대, '제4차 산업혁명'을 주제로 다루었다. 클라우스 슈밥을 비롯해 세계 공공 및 민간 부문의 지도자들은 유비쿼터스, 모바일 슈퍼컴퓨팅, 인공지능(로봇), 자율주행자동차, 유전공학, 신경기술, 뇌과학 등 다양한 학문과 전문 영역이 서로 경계 없이 영향을 주고받으며 '파괴적 혁신'을 일으켜 새로운 기술과 플랫폼을 창출함으로써, 좁게는 개인의 일상생활부터 넓게는 세계 전반에 걸쳐 대변혁을 일으킬 것이라고 예측했다. 즉 과학기술이 이끌어낸 변화가 주류사회를 강타해, 초연결사회hyper-connected society를 구축하고 그 안에서 정보와 아이디어를 주고 받으며, 사람들은 그 어느 때보다도 빠르게 움직이고 서로 크고 작은 영향을 주고받으며 계속해서 변해간다는 것이다.

여기에서 변화되는 방향을 모든 공학의 기초가 되는 열역학으로 설명할 수 있다. 열역학 중 엔트로피entropy의 개념을 이용하여 반응이 진행될 것인가 안 될 것인가를 예측할 수 있기 때문이다. 쉽게 설명하면 엔트로피는 무질서의 정도를 나타내고 있는데 자연적인 반응은 엔트로피의 증가 즉 무질서화되는 방향으로 진행된다. 따라서 모든 것이 점점 무질서화된다는 것을 의미하는데 이는 부정적으로 변해간다는 의미를 내포하고 있다. 따라서 의식을 갖춘 사람이라면 이 변화의 방향을 긍정적으로 변하게끔 노력해야 한다.

급변하는 시대를 바라보는 안목과 통찰

제4의 물결에서 이뤄질 변화는 예측할 수 없을 정도의 기하급수적인 속도로 진행되고 있기 때문에, 그 속도와 범위, 깊이를 봤을 때 앞서 일어난 제1~3차 혁명과는 달리, 우리가 새 시대의 문이 열렸음을 미처 알아채기도 전에 이 변화의 거대한 물결이 세상 곳곳을 순식간에 덮치고 말 것이라고 말한다. 오늘날의 CEO는 제4차 혁명의 시대를 분명하게 인식하고 이 시대에 나타나는 도전에 민첩하게 대응할 수 있는 통찰력을 길러야 한다. 새 시대에 적절히 대응하지 못하는 CEO는 쇠락하고 말 것이다.

한편 인터넷 비즈니스에 대한 이해도 있어야 한다. 물리적 현실 세계를 가상공간에 구현하는 린든 랩Linden Lab의 '세컨드 라이프'가 왜 내리막길을 걷고 있는지, 어떻게 페이스북이 싸이월드를 이겼는지, 2016년에 마이크로소프트는 왜 링크드인을 인수합병 했는지, 많은 상품 진열형 직거래 장터는 왜 사용자 추천형식을 채택한 매개형

포털에 질 수밖에 없는지를 이해할 수 있어야 한다. 또한 연결 즉 매개가 중요하다는 점도 이해해야 한다. 오늘날은 연결과 관계의 방식이 너무나 다양하므로 선별하지 않으면 안 된다. 취사선택하고 우선순위를 매기는 능력이 있어야 하며, 한편이 제공하는 정보 또는 물자를 골라서 수요가 있는 다른 한편에 제공함으로 고객의 니즈needs를 미리 파악할 수 있어야 한다.

최근 알파고AlphaGo와 이세돌 바둑 대결 후 제4차 혁명은 인공지능의 혁명이라고 말하기도 하며 이 분야의 관심도 크게 증대했다. 정보기술과 바이오산업, 미래에너지 분야에 관심을 가진 구글과 애플, 삼성은 이들 분야를 융합해 10년 후 세계 시장을 대비하고 있다. 구글은 차세대 검색엔진, 증강현실, 무인자동차와 에너지 산업에 집중하고 있으며, 삼성은 태양전지, 전지자동차용 전지, 발광다이오드(LED), 바이오제약, 의료기기를 5대 신수종新樹種 사업으로 선정한 바 있다. 이러한 기술들은 10년 후에는 어떻게 될까? 그에 따른 기회는 어떤 것일까? 앞으로 어떤 트렌드가 부상할 것인지, 우리가 무엇에 관심을 가져야 하는지에 대한 이해가 있어야 하며, 이러한 복잡한 현실을 볼 수 있는 통찰력이 CEO에게 요구된다.

앞서 리더의 솔선수범을 말할 때 한국 양궁을 예로 들었는데 현실을 바라보는 통찰력도 양궁에서 살펴볼 수 있다. 세계양궁연맹은 30년간 독주하는 한국 양궁을 견제하기 위해 경기방식을 수시로 바꿨다. 그래서 한국 양궁 대표선수단은 이에 대비해 끊임없이 준비한다. 2004년 아테네 올림픽이 끝나자마자 4년 뒤 베이징 올림픽 준비를 하면서 양궁 지도자들에게 '2008년 베이징 올림픽에선 경기방식이 어떻게 바뀔지' 상상할 수 있는 모든 경우를 다 제출하라고 했다. 수백 가지 답이 나왔는데 새롭게 도입될 가능성이 있는 경기 규칙을 압축해보니 결국 네 가지 정도로 정리됐다.

양궁 대표선수단은 이 네 가지 경우의 수를 염두에 두고 훈련을 했다. 그런데 놀랍게도 베이징 올림픽을 8개월 앞두고 세계양궁연맹에서 베이징 올림픽 경기방식을 발표했는데, 한국 양궁 대표선수단이 예측했던 네 가지 규칙이 들어 있었다. 외국 선수들은 바뀐 경기방식에 적응하기 위해 훈련하는 시간이 8개월 정도이지만, 한국 선수단은 4년 전부터 준비해온 셈이었다. 바로 이런 통찰력과 예측력이 비즈니스에서도 필요하다.

일본 속담에 "바람이 불면 목수가 좋아한다"는 말이 있다. '바람이 불면 먼지가 생겨 눈병이 나고, 눈병이 창궐하면 굿을 하고, 굿에는 북을 사용하고, 북을 만들 때는 고양이 가죽을 쓰며, 고양이를 죽이니 쥐가 늘고, 쥐가 기둥을 갉으면 기둥이 약해져 목수가 필요하니 목수가 좋아한다'는 뜻이다. 이러한 많은 단계가 연상된다면 대단한 통찰력을 소유했다고 할 수 있다. 통찰은 쪼개서 세밀하게 보는 분석뿐만 아니라, 모으고 합할 수 있어야 하고 서로 다른 관점도 이해해야 한다.

대표적인 예로 헨리 포드와 빌 게이츠를 들 수 있다. 1912년 어느 날 헨리 포드는 도축장을 지나다가 도축된 고기들이 컨베이어 벨트로 옮겨지는 것을 보고 무릎을 쳤다. 그는 즉시 자동차 공장에 컨베이어 벨트를 설치했고 분업식 조립 라인을 만들어냈다. 이 '일괄 생산방식'의 도입은 공장 생산 방식에 엄청난 변화를 가져왔고 놀랄 만한 반향을 불러 일으켰다.

빌 게이츠는 1976년 컴퓨터 산업 컨퍼런스에 참석했다. 그가 만든 소프트웨어를 많은 사람들이 복사해 쓰는 것을 보고 번득이는 통찰을 경험함으로 표준 운영체제 소프트웨어를 만들었다. 마이크로소프트사는 IBM에 PC용 운영체제를 공급하기로 계약했고 그가 IBM과 맺은 계약은 컴퓨터 역사상 가장 큰 영향을 끼친 계약이라고 불리는데, 그 이유는 이후 윈도우시리즈를 통해 완전히 OS시장의 주도권을 쥐게 되었기 때문이다.

헨리 포드나 빌 게이츠는 많은 시간 이에 집중하고 고민해 왔기에 통찰의 순간을 맛본 것이다. 늘 마음에 생각하고 있어야 보인다. 그러나 집중하여 창의적인 융합을 이루기 위해서는 그 분야의 많은 지식과 경험이 먼저 축적되어 있어야 한다. 많은 경험이 뇌에 쌓여 있을 때 우리는 순간적 판단 즉 직관이 가능하다. 결코 무에서 유를 만드는 것이 아니다. 연구를 시작하기 전에 많은 논문을 읽어 보면 머리에 자연스럽게 무엇을 해야 하는지 구도가 잡히는 것과도 비슷하다.

알리바바의 마윈은 "대다수의 사람들이 보지 못하는 기회가 진정한 기회이다. 또한 큰 기회는 종종 명확하게 설명되지 않는다. 중요한 것은 시장에 의거하여 당신의 상품을 정의하는 것이다"라고 말했다. 이러한 기회를 알아차리기 위해서는 통찰력이 있어야 한다.

2장

CEO에게 필요한
세 가지

1. 변화혁신

선도 기업들의
빠른 교체 주기

2015년 6월 세계 최대 인터넷 장비 업체인 시스코Cisco의 존 챔버스 John Chambers 회장은 시스코 라이브 컨퍼런스Cisco Live Conference에서 다음과 같은 말들로 글로벌 기업들에게 경고했다.

"현재 세계 시장에서 활약하는 기업 가운데 약 40%는 10년 내 사라질 것이다. 시장의 변화를 놓치고 경쟁자의 미래를 과소평가하면 안 된다. 경쟁자들을 붕괴시키지 못하면 결국 자기가 붕괴될 것이다."

변화와 혁신을 추구하지 못하면 경쟁업체에 밀려 세계시장에서 소리 소문 없이 사라질 수 있다는 경고다. 날로 경쟁이 치열해지는 세계 시장에서 선도 기업들의 교체가 빨라지고 있다. 발 빠른 사업 재편으로 변화와 혁신을 꾀하는 기업들은 급부상하고 있으나 그렇지 못한 기업들은 도태되고 있다. 랭킹더브랜드닷컴Ranking The Brands.com에 의하면 2015년 〈포춘Fortune〉이 선정한 글로벌 500개 기업 중 1~10위를 보면 다음과 같다. 월마트Wal-Mart, 시노펙Sinopec, 쉘Shell, 씨엔피씨CNPC, 엑손모빌Exxon Mobil, BP, 스테이트 그리드State Grid(国家电网公司), 폭스바겐Volkswagen, 도요타Toyota, 글렌코어Glencore 순인데 중국의 국영기업이 두 개나 포함되어 있다. 우리나라 삼성전자는 13위를 했고, 버핏이 운영하는 버크셔해서웨이Berkshire Hathaway 는 14위를 했다. 2005년 상위 20위에 든 기업 중 2015년에 20위 안에 든 기업은 10개에 불과했고 1955년 글로벌 500대 기업 중 2015년 순위에 든 기업은 12%인 61개 회사에 불과했다. 기업의 수명도 짧아졌다. 글로벌 컨설팅 업체 맥킨지McKinsey에 따르면 기업 수명은 1935년에는 90년, 1975년 30년, 1995년 22년, 2015년 15년으로 줄어들었다.

영원한 1등 기업은 없다. 2005년 〈포춘〉에서 5위였던 GM은 2015년에는 21위로, 16위였던 씨티그룹Citigroup은 86위로 밀려났다. 순위에 없던 애플Apple은 2015년에 15위를 했다. 중국의 민간기업 중 유일하게 이름을 올린 기업은 228위를 기록한 화웨이Huawei이다. 2014년에는 285위였는데 순위가 상승했다. 화웨이의 런정페이 Ren Zhengfei 회장은 1997년 창립 10주년 때 "글로벌 진출을 위해 미국을 배우자"라고 말하고 서방의 경영고문을 대거 영입했으며 CEO순환제Rotating CEO System를 도입하여 집단지성 방식으로 회사를 경영해 조직을 변화혁신시켰다. 그 결과 전화교환기 유통업에서 전 세계 통신장비 시장을 장악했고 세계 3위의 스마트폰 기업으로 탈바꿈했다.

GE(제너럴일렉트릭)는 회사의 상징사업이고 현금 확보원이었던 가전 부분을 2014년 스웨덴 가전 업체 일렉트로룩스Electrolux에 매각하겠다고 발표했다. 후에 이 계획은 독점을 우려한 미국 법무부의 반대로 백지화됐지만 방송과 영화 사업은 2013년에 정리했고 금융 사업도 2015년 매각했다. GE 가전 사업은 꾸준히 이익을 내는 사업이었는데 왜 굳이 매각한 걸까? GE가 선택한 미래산업 즉 소프트웨어와 에너지 산업에 맞지 않았기 때문이었다. GE는 2013년 세계 발전설비의 25%를 공급하는 프랑스 전력회사 알스톰Alstom을 106억 달러에 인수하여 미래형 에너지 사업을 추진하고 있다. 앞으로의 사업으로 가전보다 에너지를 더 중요하게 생각한 것이다. 또한 제프리 이멜트Jeffrey Immelt 회장은 "2020년까지 세계 10대 소프트웨어 회사가 된다"는 비전을 제시했다. 미래 산업에서 소프트웨어의 중요성을 인식한 것이다. 듀폰은 200년 동안 대표 사업이던 섬유와 화학 사업을 2014년까지 차례로 정리하고 종자, 농약, 효소 기업을 인수하여 농업생명공학 기업으로 탈바꿈했다. 사실 농업은 중요시되어야 하는 산업이다. 한 나라의 국민이 먹을 식품은 그 나라에서 생산할 수 있어야 한다. 위기가 닥쳤을 때 식품은 전략 물자가 될 수도 있으므로 먹을 것을 외국에 의존한다는 것은 위험할 수도 있다. 화학에서 유서 깊은 듀폰이 농업과 관련된 기업으로 변화한다는 것은 이러한 면에서 매우 의미 있는 일이라고 생각된다.

마케팅의 대가 필립 코틀러Philip Kotler는 저서 『마케팅 3.0』에서 지금은 배부를 수 있지만 나중에는 지금처럼 못 먹을 수 있다는 말을 강조하고 있다. 이 말은 현재에 만족해서 더욱 발전된 개념을 안 따르고 현상 유지 상태로만 진행한다면 앞으로 그 기업의 미래는 희망이 없을 것이라는 뜻이다. 즉 혁신 없이는 안 된다는 말이다.

몇몇 사설 경영연구소와 한 대학교수는 '3년 후 한국은 없다. 한국은 총체적 난국에 빠져 있다', '한국은 지금 지난 60년 동안 경험하지 못한 위기를 맞고 있다. 리더들의 무지와 무관심 때문에 한국은 잃어버린 20년을 겪고 있는 일본보다 훨씬 심각한 상황을 맞을 수도 있다', '부동산 대폭락 시대가 온다', '2017년에서 2018년 사이에 한국에서 금융위기가 발생할 확률은 90%이다. 조선, 건설, 해운의 대기업이 파산할 것이며 삼성전자, LG전자의 위기가 시작되며 2020년에는 현대기아차가 위기에 빠진다'라고 극도의 암울한 전망들을 내놓고 있다.

이러한 예측들은 어느 정도 수긍이 가기는 하나 그렇다고 이와 같이 어두운 전망만 믿고 두려움에 빠져서는 안 된다. 우리나라는 한국 전쟁으로 폐허가 되었던 최빈국에서 국내총생산 기준으로 세계 13위의 경제대국이 되었다. 당시 맥아더McArthur 유엔군 사령관은 한국을 복구하는 데 최소 100년이 걸릴 것이라고 예측했다. 그러나 한국은 세계 역사상 유일하게 외침 없이 자력으로 경제 성장을 이루었다. 물론 그렇다고 자만하라는 뜻은 아니다. 우리나라가 얼마나 대단한 나라인지 개인도 국가도 자신감을 가지라는 뜻이다. 지금 우리는 눈에 보이지 않는 전쟁을 벌이고 있다. 전쟁에서 질 거라고 처음부터 생각하면 그 전쟁은 패할 수밖에 없다. 오바마 미국 대통령의 선거 캠페인의 주된 아이디어는 'Yes, we can'이었다. '할 수 있다'는 자신감이 그 어느 때보다 우리에게 필요하다.

GE의 전설적인 경영자 잭 웰치Jack Welch는 "내부보다 외부가 더 빠르게 변하고 있으면 끝이 가까워진 것이다"라고 말했다. 내부의 변화혁신을 강조한 말이다. 조직이나 개인이나 변화하고 혁신하지 않으면 도태된다. 도태되지 않으려면 먼저 변화와 혁신을 추구해야 하며 바른 전략을 수립해야 한다. 바른 전략은 깊은 통찰력에서 나온다. 미래의 위기는 무엇 때문에 일어나는지 그리고 이 위기를 헤쳐 나갈 수 있는 기회는 어디에 있는지를 객관적으로 통찰할 수 있어야 한다. 그다음 올바른 의사결정을 할 수 있어야 한다. 이것은 다른 어떤 것보다도 CEO에게 가장 필요하다.

변화혁신은 기업에만 필요한 말이 아니다. 개인에게도 변화혁신이 필요하다. 세상이 너무나 빠른 속도로 변화하기 때문에 개인의 경우도 그에 맞춰 변화하는 사람은 지속적으로 성장할 수 있으나 그렇지 않은 사람은 도태될 수 있다.

성공의 덫에서
벗어나는 방법

변화혁신을 말하기에 앞서 왜 기업이 쇠퇴하는지에 대해 생각해 보자. 한 업체가 성공한 기업으로 사업을 잘 해나가다가 어느 때가 되자 주변 기업 환경의 변화로 주춤거리게 된다. CEO는 기업의 매출액과 수입이 감소하고 영업환경이 악화되자 고민에 쌓인다. 이들 가운데 일부는 다시 회복하지만 상당수의 기업은 고전을 면치 못한다. 왜 잘나가던 기업들이 경영난에 직면하는가? 경영자들이 경영 환경 변화를 감지하지 못했는가, 아니면 감지하고 대처했음에도 불구하고 실패한 것인가?

그 원인은 대부분의 경영자들이 변화에 효과적으로 대처하지 못하기 때문이다. CEO가 오만하다든가 기업에 지원해줄 자원이 부족하다든가 여러 가지 이유가 있겠지만 도날드 설Donald Sull 교수는 그 원인을 경영자가 '성공의 덫에 빠져 있기 때문'이라고 주장했다. 나는 이것을 '타성에 젖어 있기 때문'이라고 부르고자 한다. 세상은 변하고 있는데 과거에 성공을 거두었던 방식만 답습하고 고집한다는 의미이다.

도날드 설이 말하는 성공공식은 구성원들 간에 공유되는 전략적 프레임, 프로세스, 자원, 관계, 가치의 다섯 개의 요소로 구성되어 있다. 성공한 기업은 자기만의 독특한 성공공식이 있으며 이는 해당 기업을 경쟁업체와 차별화시킬 수 있다고 말한다. 성공공식이 초기에 성공을 거두면 고객, 직원, 투자자 등으로부터 큰 호응을 얻을 수 있는데 이때 경영자는 자신의 방식이 옳다고 확신한다. 바로 이때가 위험하다. 경영자들은 기존의 성공방식을 그대로 유지하려고 하지 새로운 성공공식을 탐색하려고 하지 않는다. 사업 환경이 안정적이면 기존의 성공공식으로도 기업을 잘 운영할 수 있지만 기업 환경이 변화하고 있는데도 기존의 방식을 고집하면 그 기업은 쇠퇴할 수밖에 없다.

게임이 한창 유행할 때 새로운 게임으로 세계시장을 바꾼 회사가 닌텐도Nintendo이다. 대단한 기술이 들어간 것이 아니라 청소년 게임에서 남녀노소 일반인이 할 수 있는 동작 센서가 들어간 게임기를 만들어 시장을 개척하면서 전 세계에 게임기를 2억 대나 팔았다. 그러나 스마트폰이 나온 후 과거의 타성에 젖어 대변혁에 제대로 대응하지 못함으로 쇠락의 길을 걷게 되었다.

변화혁신을 위해 점검해야 하는 것

전략적 프레임은 CEO와 임직원들이 공유하는 정신적 모델이며, 기업이 처한 경쟁구도가 어떠한가를 설명해준다. 이는 CEO와 임직원들이 그들의 기업이 속한 비즈니스와 경쟁상대에 관해 명확하게 해주고 임직원들의 역량을 한곳에 집중시켜주는 역할을 한다. 삼성의 전략적 프레임은 넘버원No. 1이 아니면 포기한다는 '1등 전략'이었다. 그러나 전략적 프레임이 견고해지면 경영자들은 새로운 사업에 대한 정보를 입수하더라도 기존의 모델이 있기 때문에 받아들이기가 어려워진다는 단점이 있다. 일본 맥주 시장을 예로 들면 과거에 기린Kirin과 아사히Asahi로 양분되어 있었는데 두 회사 모두 라거lager를 주 종목으로 팔고 있었다. 시대가 변하여 새로운 맛이 선호되는 시점에 아사히는 과감히 라거를 버리고 드라이 맥주를 출시하여 기린을 추월했다. 이에 대해서는 후에 자세히 설명하겠지만, 기린이 라거가 주 종목이라는 기존의 전략적 프레임에서 우물쭈물 하다가 선두를 빼앗긴 것은 타성에 빠져 있었기 때문이다.

프로세스는 조직 내에서 일이 처리되는 과정 및 방식을 말하며 이는 생산, 물류, 의사결정, 직원 채용, 직원 교육, 신제품 개발, 투자 등을 포함한다. 기업이 새로운 것을 시도할 때 직원들은 여러 방법들을 시도해보고 가장 효과적인 방법을 발견하면 이를 자사의 프로세스로 채택하게 된다. 경영자들이 운영 프로세스를 표준화함에 따라 이는 기계적인 순서가 될 수 있는데 변화를 시도할 때에는 오히려 장벽이 될 수 있다. 업무 시스템이 상명하달식인 관료주의적인 회사의 프로세스는 현장 직원 중심의 자발적 업무 프로세스 혁신을 시도할 때 큰 걸림돌이 될 수 있다.

자원은 토지, 공장, 장비 등의 유형 자산과 기술, 브랜드, 특허 등의 무형 자산으로 구성되어 있다. 자산은 현금화하기 어려운 정도에 비례해 기업이 미래에 취할 수 있는 행동을 구속시킬 수도 있지만 가치 있는 자산을 소유한 기업은 이를 이용해 지속적으로 수익을 올릴 수 있다. 그렇지만 경쟁 환경의 변화는 기존 자원의 가치를 저하시킬 수 있다. 1911년에 창립한 IBM은 1964년에 범용컴퓨터 360 모델을 출시함으로 업계의 리더가 되었으며 미국 컴퓨터 시장을 독식하다시피 하여 전 세계에서 가장 높은 수익을 내는 기업이 되었다. 그러나 개인용 PC가 등장한 이후 변화를 감지하지 못하고 범용컴퓨터에 주력한 결과 기업의 실적은 크게 악화되었다. 우리나라도 과거에는 조선 기술을 자랑하는 조선강국이었지만 지금은 저유가와 세계적인 경제 침체의 환경 변화에 조선업체들의 실적이 크게 악화되어 고전하고 있다.

관계는 고객, 협력업체, 정부 등과 같은 외부적인 관계와 기업의 내부 조직에 의한 내부 관계를 들 수 있다. 관계는 기업의 성공을 위해 중요하지만 조직을 파멸로 이끌 수도 있다. 과거 한국 기업들의 정경유착이 심했을 때 정권 교체로 몇몇 기업이 도산한 것을 예로 들 수 있다. 지금도 CEO들이 가장 어려워하는 것으로 접대를 꼽는다. 많이 투명해졌다고는 하지만 여전히 접대 관행은 기업가들을 힘들게 하고 있다.

경영자는 직원들의 애사심을 고취시키기 위하여 강력한 가치들에 대한 확약을 종종 한다. 이는 직원들의 충성심을 유발하고 기업과 고객 간의 유대관계를 강화시키기 때문이다. 그러나 기업이 성숙기로 접어들면 기업 가치는 직원들을 통합시키는 힘이 약화되고 직원들을 타성에 빠지게 할 수 있다. 기아산업(현 기아자동차)은 1973년 완공한 연간 25,000대의 생산능력을 갖춘 대한민국의 첫 종합자동차 회사였다. 1980년에는 자동차 합리화 조치가 내려져서 경영에 타격을 입었으나 '새로운 경영, 새로운 기술, 새로운 일터'로 집약되는 김선홍 사장의 독특한 경영철학에 의해 놀라운 봉고 신화를 이루었다. 김선홍 사장은 한국의 아이아코카Iacoca라고 불리기까지 했다. 아이아코카는 크라이슬러Chrysler를 회생시킨 CEO이다. 그러나 시간이 갈수록 이 강력한 가치들은 빛을 잃었고 1998년 기아산업은 현대자동차 산하에 속하게 되었다.

지속적인 성공을 거두었다는 기쁨에 취하면 경영자들은 성공공식을 다시 점검해볼 생각을 하지 않는다. 이미 기업에 정착된 전략적 프레임, 자원, 프로세스, 관계, 가치를 당연시하기 때문에 변화의 필요성을 느끼지 못하는 것이다. 스티브 잡스Steve Jobs가 아이폰을 출시했을 때 노키아Nokia의 미진한 대응, 디지털 카메라의 시대에 코닥의 반응과 비디오 시장에서 리드 헤이스팅스Reed Hastings가 넷플릭스Netflix를 세웠을 때 블록버스터사Blockbuster,Inc.의 반응을 보면 기업이 과거의 성공 방식을 답습할 때 어떤 일이 벌어지는가를 잘 알 수 있다. 반면에 1985년에 인텔Intel의 앤디 그로브Andy Grove는 메모리 칩 사업을 과감히 접고 마이크로프로세서 사업을 회사의 주력 사업으로 택했다. 이처럼 과거의 성공공식을 버리면 오늘날에도 성공적인 기업으로 명성을 유지해 나갈 수 있다.

도날드 설은 다음에 열거한 항목 가운데 네 개 이상을 기업이 가지고 있으면 성공의 덫에 빠질 위험에 직면해 있다고 말한다.

첫째, 기업이 뛰어난 실적을 자랑한다. 뛰어난 실적은 현 상태에 만족하게 만들기 때문에 혁신의 필요성을 느끼지 못하게 한다. 삼성의 이건희 회장은 삼성이 최고 실적을 낼 때마다 '지금이 위기다'라고 지속적으로 말했다. 내가 박사학위를 받은 유타대학교University of Utah에는 헨리 아이링Henry Eyring이라는 유명한 화학교수가 있었다. 그분은 프린스톤대학교Princeton University에서 아인슈타인Einstein 박사와 같이 일했고, 유타대학교로 옮긴 후 세상을 떠날 때까지 끝까지 연구실과 교실의 강단을 지켰다. 그는 유럽의 막스 플랑크Max Planck, 퀴리Curie 부인, 하이젠버그Heisenberg, 드브로글리de Broglie 등의 기라성 같은 학자들과 다음 세대를 이어주는 가교 역할을 했다. 아이링 교수는 한국인으로 유명한 화학자인 이태규 박사와 오랫동안 공동으로 일했고 고 전무식 박사를 비롯하여 많은 한국인 제자를 양성한 분이다. 그가 강의 때마다 하는 얘기가 있다.

"마른 사냥개가 빨리 뛴다(A lean greyhound runs fast)."

사람이나 동물이나 배가 부르면 열심히 일하고 싶은 마음이 안 든다는 것이다. 인도네시아에서 신발제조업으로 유명한 송창근 회장은 '배부른 호랑이는 사냥을 안 한다'라는 말을 했는데 같은 맥락이다.

둘째 CEO가 유명한 비즈니스 잡지의 표지 모델로 등장한다. 언론의 찬사를 받으면 기존의 성공공식에 더 집착하게 될 뿐만 아니라 자만심을 갖게 되어 올바른 판단을 하지 못할 수 있다. 물론 그렇지 않은 CEO도 있지만 일반적으로 그렇다.

셋째 경영대가가 언론에서 우수 기업으로 평가한다. 크라이슬러를 회생시킨 CEO 리 아이아코카는 미국에서 경영대가로부터 대단한 언론의 칭송을 받았다. 그가 직접 TV에 나와 크라이슬러 자동차를 홍보했고 심지어는 미국 대통령 후보로 거론되기까지 했다. 그러나 그가 유명세를 타기 시작할 때부터 크라이슬러의 실적은 저하되기 시작했음을 주목해야 한다.

넷째 성공을 자축하기 위해 기념물을 건립한다. 어떤 건물에 영원히 존재할 것이라는 생각보다 언제든지 다른 곳으로 옮길 수 있다는 태도로 기업을 경영하는 편이 더 좋다.

다섯째 성공을 기념하기 위해 특정 기념물에 기업이나 사람의 이름을 붙인다. 이것 또한 경영자의 자만심을 부추기는 것이다.

여섯째 CEO가 책을 낸다. 김우중 회장의 『세계는 넓고 할일은 많다』는 1989년 출간되어 2016년까지 150만 부가 넘게 팔린 밀리언셀러이다. 세계를 무대로 현장을 누비며 굴지의 기업을 일으켜 세운 저자가 주는 생생한 삶의 교훈과 인생철학은 이 땅의 젊은이들에게 많은 자극이 되었음은 틀림없으나 이 책으로 인해 김우중 회장은 자신의 성공공식에 더 집착하지나 않았을까? 대우그룹은 1967년 대우실업에서 출발해 건설을 기반으로 고속성장하면서 현대그룹과 쌍벽을 이뤘다. 특히 1993년 '세계경영'이란 슬로건 아래 옛 소비에트 공산권국가들을 대상으로 현지법인을 설립하고 인수합병을 통한 사세 확장으로 단기간에 엄청난 성장을 이루어냈다. 30여 년 만에 41개 계열사, 39개 해외법인에 자산총액이 76조 원에 이르는 재계 2위 대기업으로 성장한 것이다. 그러나 대우의 세계화 전략은 1997년 IMF 외환이 닥치면서 위기를 맞게 되었다. 무리한 차입경영에 발목을 잡힌 것이다.

나는 1995년부터 1998년까지 폴란드의 바르샤바 공과대학Warsaw University of Technology과 과학기술부의 국제 공동연구를 수행했기 때문에 여러 번 바르샤바를 방문하였다. 처음 바르샤바를 방문했을 때는 교수들로부터 대단한 환대를 받았다. 그 이유는 대우의 김우중 회장이 폴란드 국영 자동차 회사인 FSO를 아주 좋은 조건으로 인수했기 때문이다. GM은 인력의 80%를 삭감하겠다고 했으나 대우는 인력을 해고하지 않고 인수하고 인수 가격도 GM보다 좋았다. 그로 인해 바르샤바 시민들이 한국인에 대해 굉장한 호의를 갖게 되었다. 김우중 회장의 동구권 개척이 후에 LG의 동구권 진출에 많은 도움이 되었음은 부정할 수 없다.

일곱째 최고 경영진이 모두 비슷하다. 동일한 특징을 가진 경영진은 기존의 성공공식에 강한 애착을 가지고 있다. 그러므로 다양한 사고방식을 가진 경영진이 회사 발전에는 더 좋다. 자신과 다른 이질적인 사람의 생각은 문제를 해결할 때 더 나은 창의적인 방법으로 해결할 수도 있다.

여덟째 경쟁업체 모두 동일한 우편번호를 사용한다. 단 하나의 산업군이 집중되어 격리된 지역에 있으면 위험하다. 참신한 아이디어를 얻는 소스가 부족해지기 때문이다.

만약 기업의 이사진이 '성공의 덫에 빠져 있는지 아닌지를 어떻게 분별할 수 있을까?'에 대해 회의를 한다고 하자. 이사회에서 신임 CEO를 선임했고 그는 회사 실정에 대해 충분한 설명을 들었다고 가정하자. 이제 그가 이사진에게 해야 할 일 세 가지만 적어보라고 하면 놀랍게도 비슷한 답이 나온다. 성공의 덫에 빠져 있기 때문에 해야 할 일이 있는데도 하지 않고 있는 것이다. 또 다른 방법은 미래에 일어날 일의 시나리오를 상상해보는 것이다. 머릿속에서 시뮬레이션 해보면 지금 성공의 덫에 빠져 있는지, 무엇을 어떻게 해야 할지 답이 나온다.

목적과 비전에 맞는
기업의 혁신

혁신이란 말의 원래의 뜻은 동물의 껍질을 벗겨 무두질함으로 유용하게 쓸 수 있는 가죽으로 새롭게 만드는 것이다. 그러면 기업에 있어서는 무엇을 혁신해야 할까? 제품과 서비스, 비즈니스 프레임, 프로세스, 조직구조, 기술력과 사람을 혁신해야 한다. 혁신은 성공적인 새로운 아이디어의 개발과 이용이다. 사람들은 종종 혁신과 지속적 개선을 혼동할 때가 많다. 혁신은 가격구조, 시장점유율, 기업의 순익 등에 영향을 미치고, 개선은 제품을 가격 면에서 경쟁력 있게 유지하는 것을 의미한다.

혁신의 종류는 여러 방법으로 분류될 수 있는데 혁신의 목적을 초점으로 할 때에는 제품 혁신, 프로세스 혁신, 비즈니스 모델의 혁신으로 나눌 수 있다.

기업이 바꾸어야 하는 것

제품 혁신은 소비자들에 의해 인식되는 제품의 속성을 변화시키는 것이다. 자동차의 오토매틱 트랜스미션, 애플의 아이폰iPhone, 김치냉장고, 전기 자동차, 아사히 맥주의 수퍼 드라이, 다이슨의 팬 없는 선풍기, 나이키의 퓨얼밴드, 3D프린터 등이 제품혁신의 예이다. 애플의 첫 휴대폰은 아이폰이 아니었다. 사양길의 음반 산업을 이길 수 있다고 판단한 애플은 음원과 휴대폰을 결합한 아이튠즈iTunes 휴대폰 로커ROKR를 2005년 출시했다. 이 휴대폰을 제조한 곳은 모토로라Motorola였기 때문에 주도권이 모토로라에 있었고 노래를 100곡만 저장할 수 있었다. 스티브 잡스는 애플의 역량을 총 집결하여 지금의 아이폰을 만들어 신제품 출시에 성공했다. 오디오를 주력으로 팔던 소니Sony도 사람들이 집에서 음악을 잘 듣지 않는다고 판단해 휴대하며 음악을 들을 수 있는 워크맨Walkman을 개발했다.

나이키의 제품과 비즈니스 프레임의 혁신을 보자. 나이키는 신발이 안 팔리는 이유를 조사했는데 원인이 게임기 때문이란 것을 알았다. 청소년들이 나가 놀아야 신발이 팔릴 텐데 집에서 게임만 하는 것이다. 그래서 나이키가 애플과 제휴해 운동화 밑창에 GPSGlobal Positioning System 센서를 넣고, 각양각색의 웨어러블wearable기기와 휴대폰의 다양한 앱과 연동하여 소비자의 운동량을 측정하고 이 데이터를 분석해 진단했다. 게임에 빠져 운동을 하지 않는 청소년을 대상으로 아이팟i-pod, 아이폰, 디지털기기, SNS 운동, 게임, IT를 융합한 나이키 비즈니스를 개발했다. 이것은 제조, 소프트웨어, 통신, 의료를 전부 동원하여 나이키가 만들어낸 융합작품이다. 나이키는 2006년에 애플과 제휴하여 사업을 추진한 이후, 6년 만에 시가 총액이 2.6배 증가하고 나이키 플러스 사용자는 2013년 8월 기준으로 회원이 1,800만 명이었는데 2016년에는 2,800만 명까지 늘었으니 실로 가파른 성장세를 보였다. 이를 기반으로 나이키는 다양한 소프트웨어를 사용하여 사용자들의 움직임과 관련한 데이터를 수집한다. 나이키는 사용자들로부터 확보한 데이터를 분석해 신발과 의류 판매에 활용할 수 있게 되었다. 이 데이터는 고객들이 관심 있어 할 만한 제품을 개발하는 데도 도움이 된다. 나이키는 점점 소프트웨어 중심적인 회사가 되어가고 있으며 나이키의 목표는 가능한 한 대규모의 커뮤니티를 구축하는 것이다.

프로세스 혁신은 제품이나 서비스, 생산 공정의 혁신으로서, 최종 제품에 반드시 영향을 미칠 필요는 없지만 생산 공정에서 생산성을 향상시킨다거나 원가절감을 하여 이익을 내는 것이다. 자동차 생산에서 현장근로자가 하던 용접을 로봇이 대신하고 있는 것은 프로세스 혁신이다. 3D프린팅도 프로세스의 혁신이라고 말할 수 있다. 재래적인 방법은 재료를 절삭가공 하거나 주조하여 제품을 만들었는데 프린팅으로 3차원의 제품을 만들어 내는 것이다. 포스코Posco가 파이넥스Finex 신공법을 개발하여 코크스 공장과 소결 공장을 없애고 제선할 수 있는 기술을 개발했다. 재래식 제철법에서는 분광석을 반드시 소결하여 괴를 만들고 유연탄으로 코크스를 만들어 이를 용광로에 투입해야 했으나 이를 개선하여 철광석 분말을 유동상로에서 환원시키고 환원철을 유연탄과 같이 용융시키는 방법이다. 코크스로 철광석을 환원하는 기존의 오래된 제철 공법을 바꾼 획기적인 프로세스 혁신이다. 현대 중공업은 드라이독dry dock 기술을 개발했다. 수중 독에서 배를 건조할 필요가 없는 것이다. 우리나라의 원자력 플랜트는 초기에는 외국의 기술에 의해 건설되었다. 그러나 이제는 정부의 원전기술 자립계획에 따라 국내 원전 기술을 활용하여 국내 실정에 적합하도록 개발한 가압경수형 원자로를 사용하여 신규 원자력 발전소가 건설되고 있다. 한편, 지난 1992년부터 10년간 한국수력원자력 등이 2,300억 원을 들여 개발한 한국형 원전은 산유국인 아랍에미리트UAE에 수출되었다. 이러한 성과를 얻기까지 당시 과학기술처 장관이었던 정근모 박사의 강력한 리더십이 큰 역할을 했다. 도요타의 저스트 인타임 생산방식, 삼성의 신 경영 방법인 메기를 육성하는 방법 등이 프로세스 혁신이다.

비즈니스 모델의 혁신은 제품이나 생산공정의 변화를 반드시 수반하는 것은 아니나 제품이나 서비스가 시장에 출시되는 방법의 변화를 의미한다. 예를 들어 전통적인 방법인 자동차 구매 대신 소비자가 자동차를 리즈 하는 것과 같은 것이다. 중국의 샤오미는 판매가가 매출액의 1% 밖에 안 된다. 왜냐하면 전부 인터넷 판매이기 때문이다. 그러니 갤럭시의 반값으로 공급해도 경쟁력이 있다. 여성

전용 헬스클럽인 커브스Curves는 3M 배제로 성공했다. 3M이란 거울mirror, 화장make-up, 남성male이다. 다른 방해요소 없이 편안하게 운동할 수 있도록 한 것이다. 게다가 커브스는 근육 운동과 유산소 운동을 병행하는 30분 순환 운동을 실시해 여성에게 큰 인기를 얻고 있다. 30분 동안 10초 간격으로 순서를 바꾸는 방식이 운동 효과를 극대화 한다. 혼자서는 힘들고 지루한 운동이 서로 격려하고 응원하여 함께하는 커브스의 문화를 만드는 것이다.

3M에는 15% 룰, 홀마크Hallmark에는 30% 룰이 있다. 3M에서는 연구원이 자신의 근무시간 중 15%를 업무 외에 창조적인 연구에 사용해도 좋다고 허용하고 있다. 참신한 아이디어의 탄생, 즉 혁신을 지원하는 것이다. 홀마크는 디자이너들이 30%의 시간을 재충전 시간으로 사용할 수 있도록 제도화하고 있다. 모든 구글 엔지니어들은 업무 시간 중 20%(주 5일 근무 기준으로 하루)를 그들이 흥미로워하는 프로젝트에 사용하도록 권장 받는다. 몇몇 구글의 새로운 서비스들, 예를 들면 지메일Gmail, 구글 뉴스, 소셜네트워크의 하나인 오르컷Orkut, 광고 게재 사업인 애드센스ADSense는 이러한 직원들의 독립적인 프로젝트들에 의해 시작되었는데 이것도 비즈니스 모델의 혁신이다. 구글의 검색 제품 및 고객 경험 파트의 부사장인 마리사 메이어Marissa Mayer는 스탠포드 대학에서의 연설에서 새로 론칭되는 서비스의 50%가 이러한 20% 시간을 통해 시작되었다고 말한 바 있다.

혁신의 필요성

세계적 경영대가의 한 사람인 게리 하멜Gary Hamel 교수는 혁신에도 급級이 있다고 말하고 있다. 가장 아래에는 운영 혁신operation innovation 이 있고, 그 위는 최첨단 제품 개발과 같은 제품 혁신product innovation, 그 위는 전혀 다른 차원의 비즈니스를 구상하는 비즈니스 혁신business innovation, 그 위는 아이팟처럼 업계 전체를 뒤집는 업계 구조 혁신 industrial structure innovation, 제일 위에 관리 혁신management innovation이 있다. 관리 혁신은 직원들의 시간 활용, 의사결정 구조, 조직 구성 등 사람 관리와 관련된 혁신이다. 그는 관리 혁신을 제일로 꼽고 있다. 이 관리 혁신에 성공한 대표적 기업이 앞에서 말한 고어이다.

혁신의 영향을 초점으로 혁신을 분류할 때에는 점진적 혁신과 급진적 혁신으로 나눌 수 있다. 점진적 혁신은 제품이나 생산라인에서 지속적인 작은 개선을 하는 것이며, 이익의 작은 개선을 가져오는 것으로서, 비즈니스 모델이나 제품이 소비되는 방법에 크게 영향을 주지 않는다. 예를 들어 일반 CD를 더블 CD로 트랙을 두 배로 늘리는 것과 같다. 급진적 혁신은 제품이나 서비스가 소비되는 방법에 과감한 변화를 주는 것으로서, 기존 비즈니스 모델을 수정하여 일반적으로 새로운 패러다임을 가져오는 것을 말하는데 예를 들면 CD에서 디지털 파일로의 진화를 들 수 있다.

혁신은 중장기적으로 경쟁적 이점을 발생시키며, 기업이나 국가의 미래 지속 성장을 위해서 반드시 필요하다. 혁신은 제품에 가치

를 더하게 되고 경쟁 환경에서 차별화시킨다. 시장에 동종의 제품
이 다량 있어서 경쟁이 심할 때, 또는 경쟁자의 제품과 비교해서 비
슷할 때 혁신은 중요하다. 점진적이든 과감하게 하든, 제품, 프로세
스, 비즈니스 모델 혁신은 타 기업에 비해 이점을 가져온다. 기업으
로 하여금 새로운 시장에 접근할 수 있고 이익을 증대시키며 새로운
파트너십을 형성하고 신지식을 배우고 브랜드의 가치를 증대시키
기 때문이다. 혁신의 장점은 기업에만 국한되는 것이 아니다. 혁신
은 국가나 지역사회에서도 고용과 수입을 증대시키게 할 뿐만 아니
라 세계화로 나갈 수 있게 하기도 하고 기존 제품에 이점을 주어 새
로운 제품을 만들 수 있게 하기도 한다.

　기업이 혁신의 센터일 경우, 기업은 새로운 제품이나 기술을 시
장에 내놓으며, 대다수의 대기업은 연구소의 연구개발을 통하여 혁
신에 전념하게 된다. 기업들에 의해 이루어지는 이러한 중심적 역할
에도 불구하고 사업 협력자partner와의 상호작용이 없으면 혁신은 제
한적으로 이루어질 수밖에 없다. 사업 협력자들은 제품과 공정의 연
구개발을 수행하는 것에서부터 시제품 개발, 시장 조사, 생산 계획,
투자금액이나 보조금의 집행 등 다양한 기능을 하고 있다. 사업 협
력자에는 협력업체, 고객, 투자자, 정부, 연구소, 대학 등이 사업 협
력자이며, 이들과 같이 혁신 시스템을 형성해야 한다. 예를 들면, 자
동차 회사가 혁신 모델을 출시하려면 협력업체의 부품 개발이 필수
적으로 수반되어야 한다.

그러면 어떻게 혁신할 것인가? 먼저 기업은 혁신과 혁신의 원동력이 무엇인지를 이해해야 한다. 그렇게 함으로 조직의 목적과 비전에 맞게 전략을 수립할 수 있다. 이때 필요조건이 미래를 주목하는 것이다. 다음 단계는 혁신 도구를 개발하고 내부화하는 것이다. 이를 수행하기 위해서는 각 기업의 규모, 활동성, 문화, 조직의 구조와 미래의 비전을 고려해야 한다. 초기에는 세미나 등을 통해서 혁신의 중요성을 깨닫게 하고 그다음 연구와 분석을 통하여 혁신 활동을 수행해야 한다. 혁신의 주제는 복잡하므로 적절한 해석과 적응이 따라야 한다. 혁신을 하려면 기술, 마케팅 그리고 경영 전문지식이 필요하며 혁신의 개념을 이해하고 실행한다는 것은 많은 시간과 헌신, 투자가 요구된다. 그리고 진정으로 혁신하는 회사들은 뒤를 돌아보지 않고 미래를 향하여 나간다.

기업 경영에서 혁신은 기존의 생각과 시스템에서 벗어나 새로운 사고 즉 전략과 새로운 시스템이 필요하다. 고객은 날로 까다로워지고, 경쟁자는 계속 생겨나며, 새로운 기술은 급속히 출현되고 있다. 이러한 변화에 적절히 대응하지 못하는 기업과 개인은 몰락할 수밖에 없다. 이제는 변화관리를 하지 않으면 기업을 존속시키기가 대단히 힘든 시대가 되었다. 오늘날 기업들은 외부에서 경쟁우위를 가져올 수 있는 아이디어나 프로젝트를 찾는 개방형 혁신 모델Open Innovation Model을 추구하는 경향이 강해지고 있다. 이 개념은 현재 혁신 활동에 대한 패러다임 변화를 주도하고 있다.

지식과 기술을 교류하는
개방형 혁신

캘리포니아 대학교의 헨리 체스브로Henry Chesbrough 교수는 지난 2003년 하버드 대학교에 재직시 외부 자원의 중요성을 강조한 '개방형 혁신' 개념을 제시했다. 21세기의 주요 키워드로 '개방형 혁신, 융합, 녹색, 지속 성장'이 자주 거론된다. 개방형 혁신은 가치가 있는 아이디어 혹은 기술은 내부, 외부, 경쟁사에 상관없이 획득하고, 이를 제품 개발과 연결할 때도 필요할 경우 외부의 아이디어, 인력을 활용하는 기업 혁신 방법이다. 기업들이 연구, 개발, 상업화 과정에서 대학이나 타 기업, 연구소 등의 외부 기술과 지식, 아이디어를 활용함으로써 혁신의 비용을 줄이고 성공가능성을 높이며 효율성과 부가가치 창출을 극대화하는 것이다. 개방형 혁신은 미국, 일본 등 이미 선진국에서 도입되어 적용하고 있다. 과거에는 기술력이나 아이디어를 공유하는 것이 매우 폐쇄적이었으나, 최근 빠른 산업 환경의 변화 속에서 혼자만의 기술과 능력으로 해결하기보다는 외부의 자원을 활용하려는 경향이 가속화 되고 있다.

다양한 채널을 이용하라

개방형 혁신은 혁신적 아이디어나 지식이 여러 조직이나 개인들에게 분산되어 있다는 가정에서 출발한다. 혁신적 아이디어가 분산돼 있기 때문에 기업 외부에 있는 아이디어, 지식과 기술을 적극적으로 획득해 혁신에 활용해야 하며 기업 내부의 아이디어, 지식과 기술을 기업 내외부에 존재하는 다양한 채널을 통해 상업화하는 방안이다. 사실 기업들의 역사를 살펴보면 기업들은 이미 오래전부터 합작투자Joint Venture, 공동연구개발Joint Research and Development 등을 통해 기업 외부조직들과 협력해왔고, 라이센싱Licensing이나 연구개발 계약 등 다양한 방식으로 외부의 지식을 획득해 왔다. 협력업체와 고객은 과거로부터 지금까지 늘 기업의 혁신에 도움을 주는 핵심적 아이디어의 좋은 공급원이었다. 예를 들면 자동차 회사에서 협력업체가 자동차의 어느 한 부품에 새로운 소재를 사용할 필요가 있다고 건의하면 자동차 회사와 그 협력업체는 공동으로 그 부품을 개발하여 자동차에 탑재할 수 있다. 혁신을 위한 외부 지식활용이나 상품화를 위한 외부 조직의 활용이 더 이상 선택의 문제가 아니라 기업의 생존과 경쟁우위를 위한 필수적 요소가 되어 가고 있다. 글로벌 경쟁의 심화와 지식축적 및 기술발전의 가속화 속에서 기업이 생존하기 위해서는 기업의 경계를 완전히 허무는 수단을 써서라도 혁신을 달성하려는 움직임이 있다.

P&G나 루슨트Lucent같은 기업들은 매우 성공적으로 기존 사업을 영위하고 있었으며 내부적으로 혁신을 달성할 수 있는 충분한 역량을 보유하고 있었음에도 불구하고 개방형 혁신을 적극적으로 추진해서 성공을 거두었다. 아날로그 시대의 경쟁은 기업 대 기업간의 1 대 1 싸움에서 승자와 패자가 가려졌다. 하지만 지금은 네트워크 대 네트워크 전쟁으로 그 양상이 다양화, 복잡화되고 있다. 예를 들어 과거에는 다양한 부품을 구입해서 단순히 조립하기만 하면 되었다. 그러나 이제는 모든 부품이 연결되고, 상호 작용하는 디지털 시대가 된 것이다. 부품이 모듈화되기 때문에 필연적으로 다양한 분야에서 융합현상이 나타날 수밖에 없다. 한 예로 체중계를 보자. 과거에는 제품을 잘 만들어 체중만 측정했다면 이제는 스마트 폰 앱으로 연동되어 체중에 관한 데이터를 볼 수 있도록 발전하고 있다. 과거에는 기계공학 지식으로만 체중계를 만들었는데 이제는 기계, 전자, 컴퓨터 정보통신이 융합되어야 하는 것이다. 또한 기업을 대체할 만한 지식을 갖춘 제3의 연구기관, 기술 탐색 대행자의 등장으로 인해 굳이 기업 내부가 아니라도 외부의 인력을 동원하여 충분히 기술혁신을 할 수 있게 되었다.

개방형 혁신은 일반적으로 기술혁신이 단일 기업의 범위 내에서 이루어져 온 오랜 전통에 비춰보면 상당히 파격적인 방법이다. 전통적인 연구개발에서는 외부와 협력보다는 기업 내부의 연구개발 역량을 높이고 연구개발 결과물에 대해서는 철저하게 외부 배타적인 형태를 지향하는 폐쇄형이었다면 개방형 혁신은 기업 내외부의 신기술, 지적 재산 등의 활용 가치를 극대화하는 방안이다. 연구개발의 각 단계마다 기업 내부와 외부 사이의 지식과 기술 교류가 활발하게 이루어지면서 지식과 기술이 양방향으로 원활하게 이동하게 된다. 개방의 범위도 파트너를 넘어 조직 내외부의 다양한 이해관계자들끼리 확장된다. 최근의 경영환경 변화는 기존의 폐쇄형 구조를 강력히 위협하고 있다. R&D투자 규모는 갈수록 커지지만 성공확률은 점점 떨어지기 때문이다.

개방형 혁신의 근간이 되는 것은 소셜네트워크이다. 소셜네트워크 시대의 변화는 가히 혁명적이다. 상상을 초월하는 초스피드 시대에 문을 닫아놓고 혁신하는 조직과 열어놓고 조직이 누가 더 잘하겠는가. 인간은 알고 있거나 가진 것에 대한 집착이 강하며 생각을 쉽게 바꾸기가 힘들다. 하지만 기존과 다르게 바꾸는 것이야말로 이노베이션innovation의 본질이다. 경영자의 사고부터 혁신해야 한다. 자기를 버리고 오픈해 전문가들의 충고와 판단을 따르면 생산적이고 효율성이 더 높아진다. 게다가 지금은 자기의 지적 재산권까지 내놓는 크리에이티브 커먼즈 라이선스Creative Commons license 시대이다. 스스로 문을 닫은 채 오픈된 저작권으로 앞서가는 경쟁자들을 따라잡기는 힘들다.

체스브로는 개방형 혁신을 크게 내향성inbound의 개방형 혁신과 외향성outbound의 개방형 혁신으로 구분했다. 내향성의 개방형 혁신은 기업이 연구, 개발, 상업화의 과정에서 외부의 기업이나 연구소, 대학 등으로부터 지식이나 아이디어 등을 얻는 것을 의미하고 외향성의 개방형 혁신은 기업이 자신이 가지고 있는 지식이나 아이디어를 외부에 내보내서 다른 비즈니스 모델을 통해 상업화하는 것을 의미한다.

내향성의 개방형 혁신에는 다음과 같은 유형들이 있다. 특허권 라이센싱 같은 기술구매, 일반적으로 지적 재산권을 공유하는 공동 연구, 지적 재산권의 공유 없는 위탁연구, 일반적으로 발생하는 특허의 지분이나 우선 라이선스를 기업이 얻는 조건으로 하는 장기 지원 협약, 합작 벤처 설립, 기업 인수, 나인 시그마Nine Sigma 등과 같은 전문 사이트를 활용하는 해결책 공모, 사용자에게 개발 툴을 제공하거나 사용자의 피드백을 받아서 신제품을 개발하는 사용자 혁신, 오픈 소스 소프트웨어 같이 기술의 사적 소유권을 불인정하는 집단지성을 활용하는 것 등이 이에 속한다.

외향성 개방형 혁신에는 자사의 기술을 판매하여 타사의 비즈니스 모델을 통해 사업화를 모색하고, 로열티 수입을 통해 수익 창출을 극대화하는 기술 판매, 또한 자사의 현재 비즈니스 모델로는 사업화가 어려운 기술에 대해 벤처 기업을 설립하는 분사(스핀 오프) 등이 포함된다.

최근 소프트웨어 산업은 개방형 혁신을 통해 집단지성의 이용에 기반을 둔 신 비즈니스 모델인 오픈 소스 소프트웨어Open Source Software 비즈니스 모델을 실험 중이다. 이 외에도 제약회사 머크Merck는 머크 진 인덱스Merck Gene Index를 만들어서 신약 개발의 목표를 두고 전 세계의 대학들과 협력을 통해 유전자 표지genetic marker를 찾으면 머크 진 인덱스에 저장되고 출판하게 한다. 머크가 이 유전자 표지의 접근에 독점적인 권리를 갖는 것은 아니고 바이오 기업들이 이 유전자 표지에 근거를 두고 특허를 취득하는 것을 미연에 방지하기 위함이다. 머크는 하류 쪽에서는 신약 개발의 가치를 수집하고 상류 쪽에서는 공개 소스를 만들기를 원했다. 연구해야 할 잠재적인 영역을 찾아내기 위한 개방적 전략의 한 예이다.

부드로Boudreau와 라카니Lakhani는 개방형 혁신을 크게 세 가지로 구분했다. 첫째, 통합 플랫폼 모델Integrated Platform Model의 경우 애플처럼 플랫폼의 소유자가 외부 개발자가 개발한 제품을 고객에게 직접 판매하는 방식이다. 둘째, 제품 플랫폼 모델Product Platform Model의 경우 외부 개발자가 플랫폼 소유자의 기술을 이용해 제품을 개발하여 직접 고객에게 판매하는 모델이다. 셋째, 양면 플랫폼 모델Two-sided Platform Model의 경우 플랫폼 소유자와의 계약된 환경에서 활동한다는 조건으로 외부 개발자가 자유롭게 고객과 직접 거래를 하는 모델이다.

지식이 증가하는 속도가 가속화되고 지식근로자의 이동성이 증대됨에 따라 하나의 기업이 혁신적 아이디어를 독점하는 것은 사실상 불가능해졌다. 또한 치솟는 연구개발 비용을 모두 기업 내부적으로 충당하는 데에도 한계가 찾아왔다. 이에 따라 개방형 혁신에 관심을 더욱 갖는 것이다.

개방은 선택의 문제가 아니고 누구나 해야 한다고 말한다. 분명 옳은 말이긴 하지만 무작정 믿고 따라서는 안 된다. 만약 IBM이 PC용 운영체제 공급을 마이크로소프트에게 맡기지 않고 자체적으로 폐쇄된 형태로 사업을 추진했더라면 IBM이 세계 최고의 기업이 되었을 것이다. 개방이 능사는 아니라는 뜻이며 개방한다고 전부 성공한다고는 볼 수 없다. 잘 알려진 개방형 혁신의 성공사례 뒤에는 많은 실패사례가 숨어 있다.

개방형 혁신은 기업과 혁신 정보제공자와의 사이에 주고받는 것이 명확하고 정당할 때 성공할 수 있다. 사실 개방형 혁신은 이미 오래전부터 해오던 일인데 학자들이 이러한 협력 방안에 이름을 붙여서 범주화한 것으로 완전히 새로운 개념은 아니다. 개방형 혁신이 성공하려면 많은 사람들이 사욕으로 자기에게만 유익하게 비즈니스를 하려는 마음을 버려야 한다. 여러 기업체 수탁 연구를 하면서 아이디어만 빼 가거나 대출을 받기 위해 연구 관련 서류를 만들어 놓고는 사라진 경험을 한 적이 있다. 그러므로 개방형 혁신을 무조건 채택하기보다는 냉정하게 개방형 혁신의 성공 요인을 살펴보고 전략적 마인드로 접근하여 바른 의사결정을 할 필요가 있다. 그래서 변화혁신, 전략수립, 의사결정을 하나로 묶어 살펴보고자 하는 것이다. 이 세 가지는 전부 연계되어 있다.

개방형 혁신이 회사의 가치를 외부에 개방해 사고의 폭을 넓히며 사업 기회를 포착하기 위한 기회를 제공하지만 개방형 혁신을 채택할 것인가 말 것인가에 대한 의사결정은 최고경영자가 해야 하며, 각 기업이 처한 고유의 환경을 충분히 검토하고 장단점을 고려한 다음 신중하게 결정해야 할 것이다.

실패한 기술이 가치 있는 사업으로

기술 개발 결과를 초기에 평가할 때 상업성에 대해 오판을 할 수 있다. 전에는 내부 연구개발은 전략적 자산으로 여겨졌고 듀폰, 머크, IBM, GE 같은 대기업만 가능했으며 연구개발 결과로 그들은 수익을 얻었다. 오늘날 이들은 새로운 기업들에 의해 경쟁을 벌이게 됐다. 인텔, 마이크로소프트, 썬Sun, 오라클Oracle, 시스코Cisco와 같은 회사들은 자체 연구 결과는 거의 없지만 다른 사람들의 연구 결과로 혁신을 수행했다. 대규모 장기 연구를 수행한 일부 회사들은 좋은 연구 결과를 얻기는 했으나 이 연구 결과가 그들에게 적합하지 않다고 판단해 투자를 중지하고 가능성 있는 프로젝트로 옮겨 가곤 했으나 이 포기한 프로젝트가 나중에 가치 있는 사업이 되기도 했다.

제록스Xerox의 팔로알토연구소Palo Alto Research Center가 바로 그런 경우이다. 그들은 컴퓨터 하드웨어 및 소프트웨어에서 많은 혁신적인 제품과 공정을 개발했는데 이를 제록스의 수익으로 연결시키지는 못했다. 후에 다른 기업들이 이 혁신에 근거해서 수익을 내는 사업을 하게 되었다. 폐쇄형 혁신은 회사가 아이디어 생성, 개발, 판매, 서비스 등 모든 것을 하며 성공적 혁신을 위해서는 통제가 필요하다는 관점을 가지고 있다. 그러나 이러한 폐쇄형 혁신은 더 이상 지탱할 수 없다. 기업의 혁신을 외부 소스에 의해서 할 수 있다고 생각하면 혁신의 가능성이 더 커진다. 이제는 폐쇄형 혁신에서 개방형 혁신으로 패러다임 전환이 됐다고 볼 수 있다.

연구개발의 결과를 얻었을 때에는 이 기술의 사용여부 즉 성공여부가 불확실하다. 제록스가 개발했던 기술들이 가치가 있으려면 개인용 컴퓨터 산업이 필요했다. 기술 가능성을 초기에 오판했으나 나중에 큰 사업이 된 예로 소프트웨어 프로젝트를 포기했다가 다시 시작한 IBM을 들 수 있다. 또한 파이저Pfizer는 고혈압 치료약으로 개발한 UK-92480 화합물이 부작용 때문에 더 이상 개발할 가치가 없다고 여겼다. 그러나 이 화합물은 파이저의 가장 수익성이 높은 약품인 비아그라를 탄생시켰다. 탈리도마이드Thalidomide는 1950년대 후반부터 1960년대까지 임산부들의 입덧 방지용으로 판매된 약이다. 부작용으로 기형아들이 태어나자 사용이 금지되었다가 1990년대 들어

부작용 메커니즘이 밝혀지면서 치료제로 시장에 다시 진입했다.

기업이 이런 잘못된 판단을 피하기 위해서는 혁신을 관리하는 프로세스를 개발해야 한다. 마치 포커 게임을 할 때처럼 다음 카드를 보기 위해 게임을 계속할지 말지를, 즉 돈을 더 지출해야 할지 말지를 결정해야 한다. 그러면서 다른 사람에게 실패를 노출시키는 것이다. IBM이 XML Parser 소프트웨어를 1998년에 외부인이 볼 수 있는 알파 워크 웹사이트Alpha Works Website에 올려놓았을 때 더 이상 이 소프트웨어에는 투자를 하지 않기로 했었다. 그런데 이 소프트웨어를 다운로드한 사람들이 열 배나 늘었다. 이 점을 IBM은 다시 보게 되었고 XML Parser를 IBM의 WebSphere Internet Service의 핵심 요소로 채택하게 되었다. 또 다른 방법은 외부에 라이선스를 주는 것이다. 마이크로프로세서는 인텔이 일본의 비지컴Busicom과 계약하면서 발명되었다. 인텔은 비지컴이 하는 사업을 보고 마이크로프로세서의 미래 가능성이 크다고 판단하여 라이선스를 비지컴으로부터 다시 사들였다.

외부에 스핀 오프 하는 것도 한 가지 방법이다. 루슨트Lucent의 새로운 벤처 그룹이 루슨트 디지털 비디오Lucent Digital Video를 세웠을 때에는 디지털 비디오가 시장에 들어오려면 많은 시간이 필요하다고 보았다. 그러나 시장은 빨리 왔다. 루슨트는 벤처의 나머지 지분을 재매입하여 디지털 비디오 시장에 뛰어들었다.

체스브로는 유럽과 미국에 있는 연매출 2억 5천만 달러 이상

125개 기업을 조사한 결과 78%가 개방형 혁신을 포기하지 않았고, 82%는 3년 전보다 더 열심히 개방형 혁신을 추구한다고 발표했다. 2011년에는 고객 공동 창조, 비공식적 네트워킹, 대학교와 연구 프로젝트 수행이 내향성 개방형 혁신의 주종을 이루었고 공동 벤처, 시장에서 준비된 제품의 판매, 표준화가 외향성 개방형 혁신의 주종을 이루었다. 또한 대기업은 정보를 제공하는 것보다는 자유롭게 공개된 정보를 입수하려 한다는 것도 조사를 통해 알 수 있었다.

폐쇄형 혁신의 대표적인 실패 사례가 닌텐도이다. 2009년 닌텐도는 DS, Wii 등을 앞세워 매출 1조 4,400억 엔, 영업이익 5,300억 엔이라는 경이로운 실적을 낸 바 있다. 직원 1인당 매출이 10억 엔으로 도요타의 5배가 넘었다. 시가총액은 일본 증시 부동의 1위인 NTT도코모를 위협했다. 그러나 2011년 2분기 매출은 939억 엔으로 전년 동기 대비 절반에 그쳤고 영업이익은 377억 엔 적자를 기록했다. 이처럼 별로 길지도 않은 2년 정도의 기간에 닌텐도가 급속히 무너진 이유는 뭘까? 원인은 닌텐도의 폐쇄적인 혁신 전략에 있었다. 과거에 닌텐도는 폐쇄형 혁신 전략으로 큰 성공을 거두었다. 게임 개발자에 대한 강력한 통제력을 바탕으로 양질의 게임을 조달했고 이를 무기로 마이크로소프트와 소니가 양분하던 게임기 시장을 3강 구도로 재편했다. 그러나 계속된 성공에 취해 스마트폰의 등장과 함께 시작된 대변혁에 제대로 대응하지 못했다. 스마트폰 앱을 거래하는 안드로이드마켓Android Market과 앱스토어App Store는 열린 시장이다. 누구나 앱을 공급할 수 있고 소비자들은 자유롭게 원하는 앱을 다운로드할 수 있다. 누구나 자유롭게 세계인을 상대로 게임을 팔 수 있는 기회가 생기자 게임 개발자들은 닌텐도에 등을 돌리고 스마트폰으로 몰렸다. 폐쇄형 혁신을 고수한 닌텐도는 살아남을 수 없었던 것이다.

개방형 혁신으로 성공한 기업들

개방형 혁신의 성공사례를 살펴보자. P&G의 경우 C&D Connect and Development를 도입하여 활용해왔다. C&D는 P&G가 창안한 개방형 혁신 모델로, P&G는 이를 '외부에서 개발된 지적 재산권에 접근하고 내부에서 개발된 자산과 노하우를 외부에서 사용하도록 하는 것'이라고 정의하고 있다. P&G가 활용하고 있는 C&D의 주요 수단으로는 첫째, 10대 소비자 니즈 조사, 인접분야들에 대한 조사, 기술개발위원회 운영을 통한 사업아이디어 발굴 등이다. 둘째, 회사 내부의 비공개 네트워크뿐만 아니라 모두가 이용 가능한 공개 네트워크를 동시에 운영함으로써, 대학과 연구기관뿐만 아니라 개인들로부터 아이디어를 얻었으며, 공개 네트워크로는 나인시그마 NineSigma가 대표적이다. 셋째, 전 세계 네트워크를 이용하여 얻는 제품과 아이디어들에 대해 내부적인 평가를 통해 선별하는 작업을 수행하며, 특정제품 아이디어가 인정을 받으면 내부의 외부사업 개발팀이 참여하여 신속하게 제품화를 하고 아이디어는 보상을 하며 P&G가 보유한 지적재산권을 제 3자에게 라이센싱 해준다.

1970년에 설립된 제록스의 팔로알토연구소는 마우스, 레이저 프린팅, 그래픽유저 인터페이스Graphical User Interface, 근거리 이동통신 LAN기술을 모두 처음 개발하고서도 애플, HP, IBM과 같은 회사에서 상용화한 것이 특징이다. 제록스가 모든 기술을 상용화할 수 있는 자금이 없었다고 하더라도 이 기술의 외부기술연계 혹은 외부자금을 활용하거나, 기술 라이센싱을 통해 수익을 최대화하는 것이 가능했을 수 있다. 과거에는 제록스가 폐쇄형 혁신을 했기 때문에 이것이 가능하지 않았다. 그러나 현재는 고객사나 다른 회사와의 파트너 관계뿐만 아니라 대학프로젝트를 통한 활발한 개방 기술혁신을 유도하고 있다. 제록스 유럽연구센터Xerox Research Centre Europe는 EU의 사용자들이 언어와 문화의 제약 없이 모든 콘텐츠를 접근, 검색할 수 있는 EU CACAOCross language Access to Catalogues and Online libraries를 구축하는 프로젝트를 주도했다. CACAO 프로젝트는 EU와의 계약으로 다양한 공공 혹은 사설 연구소들이 적극적으로 참여하도록 하고 있다. 또한 제록스와 캐나다 앨버타 주 정부는 국립나노과학연구소에 대한 공동투자를 통해 핵심기술은 국가단위의 과학자가 개발하고 상업화는 제록스가 담당하는 구조의 혁신을 수행했다.

애플의 스티브 잡스도 개방형 혁신을 통해 세상에 없는 새로운 제품을 개발하는 데 성공했다. 지난 1985년, 스티브 잡스는 자신이 창업한 애플컴퓨터에서 무기력하게 쫓겨났다. 그가 만든 매킨토시

컴퓨터는 IBM 컴퓨터에 의해 힘없이 무너졌고 스티브 잡스는 이 위기를 타개할 뚜렷한 대책을 제시하지 못했다. 펩시콜라로부터 영입한 존 스컬리John Sculley가 주도하는 이사회에 의해 축출된 그는 유럽을 떠돌며 노숙 생활을 했다. 유럽에서 돌아온 스티브 잡스는 승부수를 던졌다. 영화감독 조지 루카스George Lucas가 재정난으로 루카스 필름Lucasfilm을 매각할 것이라는 소문을 들은 그는 이 회사를 인수해 이름을 픽사Pixar로 바꿨다. 이때 그는 할리우드 제작사와 메이저 음반사들과 교류하며 훗날 아이팟 성공시대를 준비했다. 그가 애플에 복귀해 선보인 첫 제품은 MP3 플레이어인 아이팟이었다. 단순히 카메라 시스템을 만드는 것이 아니라, 영상을 함께 편집할 수 있도록 했다. 아이팟은 아이튠스와 유기적으로 결합된 하드웨어이면서 소프트웨어 플랫폼이었다. 스티브 잡스는 픽사를 운영하면서 플랫폼 원리를 알게 되었다. 아이팟에서 청취할 수 있는 음악파일 음원의 주요 공급자들이 바로 5대 메이저 음반사였으며 스티브 잡스는 아이팟을 플랫폼으로 이해했다.

스티브 잡스도 과거에는 기술 지상주의에 빠져 처음부터 끝까지 자신의 기술로 모든 것을 해결하려 했으나 기술 개발을 외부에 맡기는 네트워크 방식의 활용에 눈뜨게 된 것이다. 그는 애니메이션 회사인 픽사의 CEO로 있으면서 유기적 결합을 통한 할리우드의 성공 법칙을 체득하였고, 네트워킹의 원리를 적용하여 조합함으로 새로운 것을 창조할 수 있었다.

구글이 미래전략으로 채택하고 있는 핵심전략이 바로 개방형 혁신이다. 구글은 특정 문제를 해결하기 위하여 전문가뿐만 아니라 프리랜서, 자원봉사자 등 특정 다수의 아이디어와 제안을 모두 활용하며, 1억 3천만 명 이상의 구글 사용자들이 새로운 서비스의 제품화 가능성평가를 위한 그룹을 형성하고 있다. 개방형 서비스 인터페이스인 구글 지도Google Map 서비스, 개방형 소스코드 기술인 구글 기어스Google Gears, 개방형 모바일 플랫폼인 오픈 핸드셋 얼라이언스 Open Handset Alliance 등 서비스에서도 개방형 혁신 전략을 성실히 수행하고 있다.

유니레버Unilever는 2004년 '원 유니레버One Unilever'라는 프로그램을 통해 기업구조 재편을 시행하여 수익성과 생산성 향상을 도모하고 있다. 새로운 회장단을 수립한 후 비핵심 제품군을 매각하고, 2006년부터는 다수의 사업단위를 하나로 통합하여 주요시장에서의 영업에 집중하였다. 각국에 흩어져 있던 설비들을 통합하여 하나의 중요 경영구조를 가지는 이웃 국가 클러스터를 형성했으며, 하나의 통합된 IT플랫폼을 보유하고 영업 지역 간 공급망과 영업절차를 표준화했다. 연구개발 부분에서도 혁신의 속도와 효과를 높이기 위해 식품연구 부분개발, 생활용품 부분 연구개발, 기업연구로 나누어져 있던 글로벌 연구개발 운영을 하나의 유니레버 연구기구로 통합하고, 연구개발에서의 효율, 단일성, 집중력 등을 강화했다. 연구개발 부서의 구조적·기능적 변화에 따른 보완책으로, 혁신성과에 기여 가능한 다른 회사나 대한연구소 등과 협업을 하는 방식으로 개방형 혁신 전략을 채용했다. 혁신 중개업체를 통해 기술을 매매하고 지리적, 기술적 한계와 사업경계를 없애며, 제품개발과 시장 창출의 새로운 방법에 진입했다.

소비자를 생각하는 혁신

인터넷의 발달로 융합이 본격화되었고 융합을 통한 새로운 제품의 탄생은 그 속도가 기존에 비해 훨씬 빠르다는 것이 특징이다. 이 같은 융합은 새로운 기술의 개발이 아닌 기존 기술의 결합을 통해 구현이 가능하다. 자체적인 연구개발만으로는 시장의 변화속도를 따라가기 힘들며, 이러한 이유로 최근 글로벌 IT 리딩 기업들은 M&A, 제휴 등을 통해 활로를 모색하고 있다. 방대한 네트워크를 구축하고 이를 개방형 혁신 전략에 이용하고 있다. 최근에 이루어진 마이크로소프트의 링크드인의 인수합병은 이런 맥락에서 추진된 것이라고 할 수 있다.

고객을 개방형 혁신 전략의 한 부분으로 생각하는 것은 매우 중요한 원칙이다. 애플은 외부 개발자들이 아이폰 소프트웨어를 광범위하게 개발할 수 있도록 함으로 고객을 참여하게 하여 사용자 경험을 창출하게끔 했다. 사용자 경험User Experience은 거의 모든 분야에 적용할 수 있으며 매우 중요한 개념이다. 우리나라에서도 앞으로 산업체에 많은 확산되어야 한다. 제품이나 공정 설계시 사용자 중심User Centered으로 생각하고 디자인해야 하는데 우리는 공급자 중심인 것을 많이 볼 수 있다. 예를 들어 제품 사용 설명서는 소비자 입장에서 만들어야 한다. 깨알 같이 작은 글자도 문제이지만 사용법을 제대로 알 수 없는 경우가 많다. 한 소형 냉장고 판매 업체가 만든 설명서에 냉동의 온도 조절 장치에 '온도를 강하게 하려면 어느 쪽으로 돌려라'고 적혀 있다. 강하게 한다는 것이 온도를 높인다는 의미인지 냉동을 잘되게 한다는 것인지 불분명하다. 사용설명서를 만드는 사람은 이미 제품에 대해 잘 알고 있지만 제품 사용법을 모르는 소비자는 혼란에 빠지는 경우가 많다.

미국의 철도회사 앰트랙Amtrak이 회사의 매출을 높이기 위해 한 컨설팅회사에 새로운 기차 디자인을 해달라고 부탁했다. 하지만 컨설팅회사는 디자인을 바꾸는 대신 고객이 표를 사는 시점부터 열차에 승차하고 하차하여 철도역을 나가기까지의 요소들을 분석하여 모든 것을 소비자 위주로 바꾸어 나갔다. 결과적으로 앰트랙의 이용자는 늘어났고 회사의 매출 신장으로 이어졌다.

지금은 이노베이션의 패러다임이 바뀌고 있다. 기업 내부의 혁신역량을 개발하는데 의존하던 방식에서 조직 간에 협조하는 방식을 뛰어넘어 기업과 소비자 등 다양한 이해 관계자들이 상호교류하면서 혁신을 이뤄내는 통합이노베이션integrated innovation으로 발전하고 있다. 미국의 오바마 대통령이 대표적 개방주의자이다. 취임하자마자 백악관 홈페이지를 개편하고 오픈소스 콘텐츠Open Source Contents 관리 시스템 기반으로 바꿨다. 오픈소스는 누구나 수정해 쓸 수 있도록 한 것이다. 모든 콘텐츠에 오픈 저작권을 적용해 누구나 공유가 가능하게 함으로 정부의 활동 투명성을 높이고 주민이 정책 결정에 참여할 수 있는 기회를 확대하며 협력을 촉진시켰다. 이처럼 경영자 사고의 혁신이 조직의 혁신으로 이어진다. 외부와 소통하겠다는 유연하고 개방적인 조직 문화 형성이 무엇보다 중요하다.

현재 우리나라 산업은 굉장히 어려운 상황에 놓여 있다. 세계 시장에서 경쟁력을 가지기 위해서 새로운 활로를 모색해야 할 지금 시점에 우리나라 글로벌 기업들은 적극적으로 M&A 분야에 관심을 가져야 한다. 개방형 혁신은 우리나라 기업들에게 새로운 도전이나 기회가 될 것이다.

현재와 미래를 바라보는
CEO의 눈

CEO는 현재를 보는 눈과 앞을 보는 눈이 있어야 한다. 현재의 사업에서 단기적인 성과를 낼 수 있어야 하며 동시에 미래를 위한 설계와 혁신도 해야 한다. 항상 이 두 가지에 균형 감각을 가져야 하는데 이것이 쉬운 일이 아니다. 종합상사에 입사하면 제일 먼저 배우는 사자성어가 '착안대국着眼大局' 즉 큰 흐름을 본다는 것이고, 그다음은 '착수소국着手小局' 즉 어떤 일을 시작하면 자세한 것을 해야 한다는 것이다. 착안대국은 미래의 혁신과 연관되어 있고 착수소국은 현업에서 성과를 내야 함을 의미한다. 다른 말로 하면 CEO는 망원경을 사용하여 멀리 보면서 동시에 현미경을 통해 집중해서 봐야 한다는 말도 된다.

현업에서만 충실하고 미래를 준비하지 못한 회사의 예로 코닥

Kodak과 노키아, HP를 들 수 있다. 코닥은 아날로그 사진 분야에서는 뛰어났으나 디지털 카메라로는 도약하지 못했다. 노키아는 스마트폰이 등장한 후 쇠락의 길을 걸었다. HP는 컴퓨터와 프린터 시장에서 강자였지만 스마트폰과 태블릿PC 시대가 열리면서 고전하고 있다. 모바일 시대에 맞는 제품을 개발해야 했지만 기존 컴퓨터와 프린터 시장에 머무르는 바람에 성장세가 꺾인 것이다.

CEO는 기존 핵심 사업을 극대화하면서 새로운 사업에 대해 끝없이 탐색해야 한다. 그러나 실제로 이것을 잘하는 CEO는 그리 많지 않다. 많은 회사들이 현업을 잘하는 데는 능숙하나 신제품이나 서비스 개발에는 머뭇거린다. 대부분의 임원들은 신규 사업과 새로운 시장에 투자할 필요가 있다는 사실을 인정한다. 하지만 대개 기존 핵심 사업부문의 강력한 요구에 먼저 응하고 만다. 경제 상황이 좋지 않을 때는 이런 현상이 더 두드러진다.

대개 CEO가 임원들에게 경제 위기를 극복하는 방안을 마련하라고 지시하면 임원들이 내놓는 첫 번째 방안은 대체로 혁신 프로젝트의 투자를 삭감하자는 것이다. 이와 같이 혁신 프로젝트는 대체로 규모가 작고 충분한 자원을 지원받지 못하며 최고 경영진 회의에서 제대로 알려지지 않는다. 기존 사업부를 이끄는 책임자들은 혁신 프로젝트를 무시하기 쉬우며, 최악의 경우 혁신 프로젝트를 회사를 위험하게 만드는 존재로 여기기까지 한다. 오직 CEO만 혁신을 주장하는 경우가 종종 있다. 삼성의 이병철 회장이 반도체 사업의 진입을 주장할 때 많은 임원들이 반대하며 반도체 사업을 하면 회사가 망하는 지경까지 이를 수 있다고 말했다. 많은 CEO들은 기존 사업부의 책임자가 회사의 장기적인 미래가 걸려 있는 혁신 사업을 그들의 사업부 내에서 추진하도록 설득하는 데 그치곤 한다. 신규 사업에 대한 투자와 핵심 사업에 대한 투자 간의 적절한 균형에 관한 결정을 해당 부서에 미루기도 하는데 이런 방법을 선택하면 아래의 예에서 보듯이 실패한다.

기존 사업은 잘 해나가지만 혁신을 하지 못하는 회사는 대단히 많다. 수 십 년간 학자들은 어떻게 이 문제를 해결할 것인가에 대해 조언을 하고 이론을 제시했다. 어떤 이들은 '이 수수께끼는 풀 방법이 없다'거나 정착된 회사들은 '새로운 영역을 개척할 융통성이 없다'고 말한다. 어떤 이들은 '대기업들도 벤처 캐피털 모델을 채용해서 탐험적 모험 프로젝트에 자금을 대야 한다'고 말한다. 어떤 사람들은 새로운 혁신을 이루기 위하여 기존 조직 내에서 별도로 운영하는 팀을 만들 것을 제시한다. 어떤 사람들은 한 조직이 일정 기간 미래를 준비하고 일정 기간은 현업 발전을 하는 방법을 택해야 한다고 말한다.

조직 내 혁신을 추구하는 양손잡이 조직

기존 사업을 잘하면서 혁신 또한 잘할 수 있는 방법으로 양손잡이 조직ambidextrous organization이 최근 부각되고 있다. 양손잡이 조직은 전부터 연구되어 온 분야인데 2004년 찰스 오라일리Charles O'Reilly와 마이클 터쉬맨Michael Tushman이 본격적으로 연구하여 발표했다.

혁신을 위해 필요한 조직

혁신을 하게 되면 기존 사업이 타격을 입는지, 어떤 조직 구조가 좋은지, 어떻게 해야 운영이 잘 되는지에 대해 확실하지 않은 점이 많이 있다. 기존의 휴대전화 강자 노키아도 출시하기 어려웠던 스마트폰을 애플이 개발했다는 것은 대단한 혁신이다. 이러한 혁신은 생각보다 실천하기 어렵다. 혁신은 대부분 선제 대응이 쉽지 않다. 시장에서의 신제품 성공여부는 시간이 지나봐야 알기에 기업은 커다란 혁신보다는 점진적 변화를 추구하게 된다. 새로운 강자는 무모하게 혁신을 추구할 때 나온다. 이러한 시도가 성공할 경우 시장에 커다란 변혁이 일어나게 되고 기존의 강자가 무너지는 현상이 일어난다.

어떤 회사들은 미래 준비와 현업을 잘해나간다. 그들은 중요한 특성이 있는데 현업을 하는 팀과 미래 준비 팀을 분리시키고 다른 조직구조, 운영시스템, 조직문화, 업무공간을 허락한다. 동시에 최고경영진이 핵심사업부와 신규사업부 간의 긴장감을 받아들이고 최고 경영진 내에서 끊임없이 창의적 충돌상태가 유지될 수 있도록 장려한다. 이러한 회사들을 양손잡이 조직이라고 부르는데 통계를 보면 이러한 기업들이 번창한다.

혁명적인 혁신을 위해서는 양손잡이 조직의 개념을 활용할 필요가 있으며, 성공한 기업이 현실에 안주하지 않고 지속적으로 혁신을 이루려면 혁신적 제품을 꿈꾸고 실현하기 위한 양손잡이 조직의 설치는 필수다. 2010년을 전후해 양손잡이화가 가능한 조직의 구조와 업무방식, 문화를 만들기 위한 연구가 활발히 이루어졌다. 실험정신을 조직에 불어넣어 새로운 성장 동력을 찾는 것도 필요하지만, 기존 핵심사업과의 균형을 유지해야만 조직원들이 갖게 될 두려움과 불안감을 해소할 수 있다.

양손잡이 조직의 개념을 살펴보면 기존 조직에는 오른손잡이 조직의 역할을 부여해 조직 내에 이미 보유하고 있는 역량과 시스템을 최대로 활용하여 고객대응 연구개발을 철저히 실행한다. 이와 더불어 기존 조직과는 다른 조직구조, 운영프로세스, 조직문화 등을 갖춘 독립적이고 자율적인 왼손잡이 조직을 신설하여 고객창조 및 연구개발을 추진한다. 왼손잡이 조직은 조직구조의 분리는 물론 평가보상에 있어서도 기존 조직과는 다른 차별화된 제도를 적용할 필요가 있다. 예를 들어 성과 평가기간을 1년이 아닌 3~5년으로 늘리고 활동 기간에는 전사평균 성과와 연동하여 보상을 하되 가시적인 성과를 창출했을 때에는 파격적인 보상을 하는 것이다.

일반적으로 기존 조직은 이미 출시되어 검증된 제품의 개량 및 개선에 치중하면서 단기성과를 추구하는 경향이 강한데, 장기적으로 번영을 하고자 하면 기업은 기존 제품을 개선시키고 더 큰 가치를 고객에게 제공하도록 다양한 노력을 해야 한다. 자동차 회사를 예로 들면 기본 엔진 디자인을 개조해서 출력과 연비를 향상시키고 내구성 향상을 꾀하는 것과 같은 것이다. 기업은 또한 기술적 혹은 공정 향상을 위한 개혁도 해야 한다. 은행에서 인도와 같은 저임금 국가로 고객센터를 이전하는 것 또한 마찬가지이며, 사진 사업에서는 디지털 사진 같은 새로운 혁신이 이에 해당된다.

오라일리와 터쉬맨은 기업이 어떻게 혁신을 추구하는지 조사해서 보고했다. 9개의 다른 산업에 속한 15개의 사업체가 35번의 혁신프로젝트를 시도한 결과와 이러한 시도가 기존조직에 미치는 영향을 조사했다. 회사들은 그들의 혁신프로젝트를 다음의 네 가지 방법 중 하나로 수행했다. 7번의 혁신프로젝트는 기존의 조직 내에서 행했고, 9번의 프로젝트는 기존 조직 내에서 별도로 운영하는 팀에서 행했고, 4번의 프로젝트는 기존 조직과 분리된 팀에서 기존 조직의 지원 없이 행했고, 15번의 프로젝트는 양손잡이 조직에서 행해졌다. 양손잡이 조직에서 혁신프로젝트는 기존 조직과 분리된 팀에서 추진하지만 이 팀의 책임자는 기존 조직의 책임자와 긴밀하게 통합되어 있다. 그들은 이러한 35번의 혁신프로젝트에 대해 혁신에 의한 신제품 개발의 성과와 기존 조직의 업무수행에 미치는 영향 두 가지 측면에서 분석했는데 어떤 방법의 조직을 택하느냐가 혁신의 결과와 기존 조직의 업무수행에 큰 영향을 미친 것을 알 수 있었다.

혁신적인 제품이나 서비스를 얻기 위해서는 양손잡이 조직이 나머지 세 조직보다 우수했다. 기존 조직 내에서 별도로 운영하는 팀과 기존 조직과 분리된 팀에서 기존 조직의 지원 없이 진정한 혁신의 결과는 나오지 않았고, 기존 조직 안에서 행하는 방법을 택한 회사의 25%와 양손잡이 조직을 택한 회사의 90% 이상은 목표를 달성했다. 한 회사가 최초에는 기존의 조직 내에서 혁신 프로젝트를 행하든지 기존 조직 내에서 별도로 운영하든지 기존 조직과 분리된 팀에서 기존 조직의 지원 없이 행하든지 하다가 나중에 양손잡이 조직으로 전환한 경우가 8건 있었는데 이중 7건에서 전환 후 혁신의 성과가 좋은 것으로 나타났다. 반면에 3회사는 양손잡이 조직으로 시작했다가 나중에 위의 다른 3조직 중 하나로 전환했는데 이때 2회사의 경우 혁신의 성과가 현저히 저하했다. 35번의 혁신프로젝트가 기존 조직에 미치는 영향을 조사했을 때 양손잡이 조직이 확실히 우위를 나타냈다. 양손잡이 조직이 사용된 거의 모든 경우에 기존 제품의 경쟁성과는 증가하거나 안정된 흐름을 나타냈다. 반면에 양손잡이 조직 외의 앞에서 언급한 3가지 방법을 채용했을 때에는 기존 조직의 성과는 대부분 저하되었다.

이론적으로 볼 때 양손잡이 조직이 왜 다른 조직을 능가하는지는 설명하기 쉽다. 양손잡이 조직은 사업부 사이에서 발생할 수 있는 악영향을 방지할 뿐만 아니라 서로 상생하는 효과가 있다. 양 조직의 경영자 수준에서의 긴밀한 협조는 혁신을 위한 신생조직이 기존 부서의 현금, 재능, 전문성, 고객 등 주요자원을 공유할 수 있게 한다. 그러나 분리된 조직은 새 부서의 확실한 공정, 구조, 문화가 기존의 비즈니스에 의해 압도되지 않게 해야 한다. 동시에 기존부서는 새 사업의 시작에 의해 산만해지는 것을 방지해야 한다. 그래야 기존제품의 개선과 고객을 봉사하는 데 집중할 수 있기 때문이다.

양손잡이 조직의 성공사례

〈USA 투데이〉는 개닛사Gannett Corp.가 1982년에 창간한 신문이다. 초기에는 많은 손해를 봤지만 10년 후 흑자로 전환되고 급속히 성장하여 미국에서 가장 많이 구독하는 신문이 됐다. 대부분의 구독자들은 여행하는 사업자들이었고 전국적인 광고가 실리면서 회사의 순익이 늘어났다. 그러나 1990년대 말부터 주변 사업 환경의 악화로 〈USA 투데이〉의 대표이사인 톰 컬리Tom Curley는 지속성장을 위해서는 대대적인 혁신이 필요하다는 것을 감지했다. 1995년에 컬리는 한 부장에게 온라인 서비스인 USA 투데이닷컴Today.com이라는 근본적으로 다른 조직을 만들게 했다. 인터넷 사용이 폭발적으로 늘어남으로 이 시도는 성공한 것처럼 보였지만 결과는 실망적이었다. 컬리는 새로운 부서가 고립되어서 기존 신문부서의 많은 자원을 이용하지 못하고 있다고 간파하고 새 부서는 분리되어서는 안 되고 통합되어야 된다고 생각했다. 1999년에 그는 〈USA 투데이〉의 뉴스 콘텐츠를 신문, USA 투데이닷컴, 개닛 21 지역 TV Ganett's 21 local TV에서 공유하게 했다. 컬리는 인쇄사업을 유지하면서 온라인 뉴스와 방송으로 혁신을 추구하는 양손잡이 조직을 만들었던 것이다. 2000년에 그는 이 전략을 지지하는 내부임원으로 USA 투데이닷컴의 리더를 교체했다. 그리고 TV 사업인 USA 투데이 다이렉트Today Direct를 만들기 위해 외부 인사를 영입했다. 온라인 조직과 TV 조직은 신문과는 분리되어 있었으나, 컬리는 새 사업의 임원들이 〈USA 투데이〉의 임원들과 긴밀하게 통합되기를 요구했다. 매일 회의를 같이 하도록 해 시너지를 얻게 하였다. 그의 네트워크 전략을 지지하지 않는 임원들은 해고했고, 임원들에게 이 세 가지 미디어의 성장과 연관된 보너스 프로그램을 만들어주었다. 이러한 네트워크 전략 즉 양손잡이 조직 때문에 〈USA 투데이〉는 강한 인터넷 프랜차이즈를 개발하면서 개닛 TV를 운영하고 인쇄 신문 분야에서 지속적인 경쟁력을 유지할 수 있었다.

또 다른 양손잡이 조직의 성공사례로 콘택트렌즈와 눈과 관련된 상품을 팔고 있는 시바비전을 살펴보자. 이 회사는 1980년대 초에 스위스의 거대제약회사인 시바기기Ciba-geigy(지금의 노바티스Novartis)의 한 단위 사업체로 애틀랜타에서 출발했으나 시장의 리더인 존슨 앤 존슨Johson&Johson에 크게 뒤지고 있었다. 1990년 초에 시바비전의 대표이사인 글렌 브래들리Glenn Bradley는 혁신적인 신제품 없이 시바비전의 미래는 없다고 보았다.

브래들리는 현업에서 지속적인 이익을 내는 동시에 혁신적인 제품을 개발해야만 했다. 1991년에 브래들리는 혁신적인 변화에 집중된 6개의 개발 프로젝트를 시작했고 모든 연구개발 비용을 이 혁신적인 새로운 개발 프로젝트에 집중했다. 그는 연구개발, 금융, 마케팅 기능을 가진 독자적인 사업부를 만들기로 결심했고, 독자적으로 일을 할 수 있는 프로젝트 리더를 선임했다. 그들은 스스로 인력 충원을 했고 자기 나름대로의 보상제도와 개발에서 생산으로 이어지는 공정을 선택했다. 그러나 브래들리는 기존사업부의 공정과 문화 기준으로부터 새 부서를 보호하는 것이 중요하며 기존사업과 신사업 간에 경험과 자원이 공유되어야 된다고 생각했기 때문에 회사 전반에 걸친 경영을 통합하는 작업을 했다.

혁신과제의 리더들은 연구개발 부사장에게 보고를 했고, 부사장은 브래들리와 밀접하게 일하면서 기존사업과 신사업 간의 갈등을 세밀히 조정했으며 혁신 프로젝트의 모든 리더들을 브래들리의 임원회의에 참석하게 했다. 브래들리는 '생활을 위한 건강한 눈'이라는 새로운 비전을 발표했다. 이 슬로건이 회사에 중요한 영향을 미쳤다. 혁신 팀과 기존조직의 연결이 중시됐고 모든 종업원들은 공동의 목적을 가지면서 조직의 분열을 막았다. 브래들리는 이 슬로건이 종업원들에게 공동으로 일하는 것에 대한 경제적인 이익은 물론 사회적 가치를 부여했다고 말했다. 〈USA 투데이〉처럼 시바비전은 각자 단위부서의 성적보다는 전체 회사의 영업 성적에 따라 부서장들을 보상하는 보상제도로 바꾸었다. 이러한 양손잡이 정책은 빛을 발했다. 그 후 5년 동안 시바비전은 여러 개의 콘택트렌즈 상품과 노안으로 인한 시력감퇴를 치료하는 약품을 성공적으로 출시했고 생산단가를 낮추는 새로운 렌즈 생산공정을 개발함으로 존슨 앤 존슨의 시장점유율을 잠식해 갔다.

그러면 양손잡이 조직은 정말 어떻게 일하는 조직인가? 〈USA 투데이〉와 시바비전의 예에서 보는 바와 같이 혁신의 시도와 기존의 조직의 활용을 가능케 하는 중요한 경영적 및 조직적 특성을 확인함으로 양손잡이 조직이 되는 방법을 이해할 수 있다.

터쉬맨, 스미스Smith, 빈스Binns는 유명기업을 이끌고 있는 12명의 최고 경영진을 상대로 심층조사를 실시한 결과, 기업이 혁신사업을 육성하는 동시에 핵심 사업을 키우는 데 도움이 되는 3가지 리더십 원칙을 발견했다. 첫째 고위급 관리자들이 미래 지향적인 전략적 포부를 가질 수 있는 환경을 조성해야 한다. 둘째 혁신 부서의 요구와 핵심 사업의 요구 간의 긴장을 관리하는 업무를 조직 내 최고 경영진이 담당해야 한다. 셋째 다양하고 종종 상충되는 전략 의제들을 동시에 관리하며 비일관성을 수용해야 한다.

이와 같이 양손잡이 조직을 만들려면 원가절감과 자유로운 사고를 할 줄 알고 어려운 상충점을 찾을 수 있으며 다른 종류의 비즈니스를 이해하는 능력 있는 임원들이 있어야 한다. 그러나 실제로 그런 임원들은 많지 않다. 톰 컬리, 글렌 브래들리와 같은 임원이 없었더라면 〈USA 투데이〉와 시바비전은 성공하지 못했을 것이다.

이러한 사례에서 얻는 또 하나의 교훈은 부서장들이 양손잡이 생각을 가지고 있지 않더라도 회사의 CEO는 조직을 양손잡이 정책으로 운용할 수 있었다는 것이다. 또한 조직 내의 저항 세력을 간과하면 안 되고 새로운 보상제도를 만들었다는 점이다. CEO가 전달하는 명확하고 강력한 비전이 양손잡이 조직을 만드는 데 절대적으로 필요하다. 컬리의 '네트워크 전략' 그리고 브래들리의 '생활을 위한 건강한 눈'은 양손잡이 조직의 필요성을 강조하는 비전이었다. 강력한 비전을 제시할 수 있는 능력은 비단 양손잡이 조직에서만 필요한 것이 아니라 CEO의 중요한 자질의 하나이다.

성공적인 양손잡이 조직이 되기 위해서

양손잡이 조직은 2010년경 우리나라에 들어온 후 지금까지 활발하게 연구되고 있다. 많은 사람들이 양손잡이 조직을 기존 부서 외의 다른 부서를 만들어 혁신사업을 하고 미래 준비 프로젝트를 하는 것으로 이해하는데, 이는 양손잡이 조직을 잘못 이해하고 있는 것이다. 양손잡이 조직에서 중요한 것은 혁신사업을 하는 부서의 팀장이 기존 부서의 팀장과 같이 회의하고 하나로 엮는 것이다. 이때 혁신사업 부서가 기존 부서의 자원을 이용함으로 혁신사업을 성공시킬 수 있는 것이다.

또한 양손잡이 조직으로 만들면 혁신에 성공하리라고 생각하는 것은 위험한 발상이다. 실제로 정말 중요한 것은 혁신 부서의 멤버들이 어떤 자질을 가지고 있는가가 제일 중요하다. 혁신을 할 수 있는 자질을 갖추지 못한 멤버들로 혁신사업부를 구성해 놓으면 혁신이 성공할 리가 없다. 일차적으로 중요한 것은 구성원들이다. 그다음 양손잡이 조직은 이차적인 문제이다. 여러 번 강조했지만 기업은 결국 사람이다. 오늘날은 한 사람의 천재가 천 명을 먹여 살리는 때가 되었으므로 그만큼 인재를 기업에 기용하는 일이 중요하다.

애플은 1997년 잡스가 복귀한 후, 아이맥(1998)을 시작으로 아이팟(2001), 아이폰(2007), 아이패드(2010), 아이클라우드(2011) 등 지속적으로 혁신적인 제품과 서비스를 내놓았다. 각각의 제품이나 서비스를 준비하기 위해서는 여러 해에 걸쳐서 연구개발과 준비를 했다.

애플은 신제품이나 서비스가 성공해 각광받던 그 시점 혹은 이미 다음에 나올 혁신적인 제품을 기획하고 있었던 것이다. 애플은 제품 혁신을 시도할 때 별도의 제품 개발 조직을 두고 여러 해의 시간을 들여 제품을 개발했다. 7년 가까이 아이폰을 개발하는 동안, 당시 유행했던 키보드를 버렸으며 PC프로그램과 유사한 소프트웨어를 아이폰에 장착했고 휴대전화의 밀어서 잠금 해제하기, 주소록에 전화 걸기, 터치 기반 음악 플레이어 등 여러 기능을 고안했다. 이는 양손잡이 조직의 개념을 효과적으로 실천한 것이라고 볼 수 있지만 더 중요한 것은 스티브 잡스가 부여한 임무를 완수하기 위해 노력한 개발팀의 팀장과 구성원들이다. 양손잡이 조직을 성공시키려면 먼저 혁신사업부의 구성원을 혁신할 수 있는 자질을 갖춘 사람으로 포진시키고 CEO가 기본 부서와 혁신 부서를 강력하게 이끌어 나가야 한다. 하지만 회사 내에서 팀장 간의 이해관계가 얽혀 있고 업무의 공과가 달려 있기 때문에 쉽지 않다. 따라서 CEO가 팀장들을 통합하고 연결시키는 노력을 기울여야 양손잡이 조직이 가능하다.

구체적인 상황으로 보는 변화관리 방법

변화를 하고자 하면 그에 따른 조직의 관리를 어떻게 할 것인가? 첫째 성공적 리더십을 통한 조직의 활성화를 꾀해야 한다. 성장 주도형 조직에서는 지속적으로 신시장과 신고객을 창출하는 도전적 기업가 정신의 리더십이 필요하다. 시장 주도형 조직에서는 게임 룰에 의한 영향력을 극대화하는 마켓 이니시어티브market initiative에 의한 리더십이 필요하다. 예를 들어 이동통신사, CGV, 롯데시네마 같은 조직이 이에 해당된다. 인재 주도형 조직에서는 인재 발굴, 인재 육성, 조직과 개인 간 리더십을 개발하게 하고 동기화를 유도해야 한다. YG엔터테인먼트같은 기업이 이에 속한다. 고객 주도형 조직에서는 고객의 가치를 증대시키고, 고객의 수요에 선행해 나가는 창의적 발상의 리더십을 발휘해야 한다.

둘째 성공적 리더십을 통한 개인의 성장관리를 해야 한다. 개인의 성실성, 근면성, 창의성 등과 같은 장점은 극대화하고, 단점은 극소화해야 한다. 소속 조직의 라이프 사이클life cycle에 부합하는 개인의 리더십 소양을 배가해야 한다. 즉 기업의 성장성과 직원의 안정성에 대한 적절한 리더십의 궁합이 맞아야 하며 조직에 대한 맞춤형 리더십이 완성되어야 한다. 즉 조직과 구성원이 일체화해 개인과 기업의 리더십이 시너지를 낼 수 있어야 한다.

성장한계 돌파를 위한 변화관리는 어떻게 할 것인가? 현상에 대한 재인식이 필요하다면 분석을 해 보자. 문제를 자세히 살펴보고 분석해 문제점과 개선점을 도출해야 한다. 변화를 위한 선택대안을 도출해 시뮬레이션을 하고 평가하는 것을 반복해야 한다. 그리고 최적 안에 대한 변화의 추진과 조직원의 공감대를 형성해야 한다. 즉 비전을 공유하고, 추진 방안과 일정, 평가 등에 대한 공감대를 형성하는 것이다. 일사불란한 실행을 통한 성과 도출 및 성공에 대한 자신감을 공유하는 선순환 체제를 구현해야 한다. 소니는 '가볍고, 얇고, 짧고, 작음'을 의미하는 '경박단소輕薄短小' 트렌드를 선도하는 '주식회사 일본'의 선두주자였다. 소니의 트리니트론Trinitron TV는 값이 비싸도 인기 만발이었다. 과거에 미국에 유학했던 유학생들이 귀국 때 꼭 이 TV를 사서 귀국할 정도였다. 그러나 국내 전자 업체들은 소니의 트리니트론 TV가 이익을 못 낸다는 문제점을 도출하고 평면 즉 LCD와 PDP로 가자는 선택 대안을 도출했다. LCD와

PDP에 대한 시뮬레이션과 평가를 반복하여 TV 사업의 재도약을 이룰 수 있었다.

새로운 경쟁상대의 출현 대응을 위한 변화관리는 어떻게 할 것인가? 잠재 경쟁요인에 대한 선제적 모니터링 시스템을 구축해야 한다. 역발상의 창의적 아이디어를 활용한 사전 제압 방안을 도출해야 하며 초기에 경쟁상대의 싹을 잘라야 한다. 경쟁대비 플러스알파를 무기화하여 맞불 전략을 구사해야 하며 우위에 있을 경우에는 게임 룰에 의한 지배력을 강화해야 한다. 즉 싸움에서 삿바를 놓으면 안 된다. 충성 고객층에 대한 밀착 마케팅으로 대응하고 제품 개발 아이디어를 수용해야 한다. 또한 우호 세력과 연대 결성을 통한 수성을 꾀할 수도 있다.

조직 내의 내부 갈등 해소를 위한 변화관리를 어떻게 할까? 적은 내부에도 있다. 리더십이 조화롭게 운영되지 못하면 갈등이 일어나게 된다. 그러므로 조직 내의 리더십 부조화로 인한 잠재 갈등 요인을 분석할 필요가 있다. 산업현장의 노사 대치와 같은 이해 충돌이 일어나거나 도덕적 해이로 인한 비리 사례가 증가할 수 있다. 리더십 부조화의 원인 분석 및 격차를 축소하는 방안을 도출해야 한다. 교육, 훈련, 롤 플레이role play 등을 통하여 부조화된 리더십을 동기화할 수 있는 프로그램을 수립하는 것이 좋다. 조화로움을 유지하는 조직을 어떻게 만들 것인가 또한 개인의 활동 역량 연장을 어떻게 추구할 것인가를 CEO는 항상 고민해야 한다.

돌발성 악재 돌파를 위한 변화관리를 어떻게 할까? 산업재해, 소비자 분쟁, 내부자 고발, 대형 불량 발생 등과 같은 악재가 발생했을 때를 대비해 최악의 가상 시나리오를 통한 사전 예방, 모니터링 시스템을 구축해야 한다. 악재 발생을 전제로 비상 수습 대책 가상 시나리오 준비 및 반복 훈련을 하고 대외 홍보를 포함하는 현장 조기수습을 최우선시 해야 한다. 사태 발생의 원인을 미시적, 거시적, 대증적, 근본적으로 분석하고 원인을 분석한 결과에 따른 신속한 조치를 시행해야 한다. 유사사례 발생에 대한 추가 예비적 조치의 시행도 중요하다. 1차 사태 수습 후, 외부 전문가 포함시켜 이러한 돌발 악재 발생의 심층 원인을 분석하고 재발 방지책을 강구해야 한다. 악재 발생 및 수습의 경험을 교재화하고 내부 교육을 강화해 위기를 기회로 만드는 노력을 기울여야 한다.

변화관리 리더십의 일상적 접근 방법을 어떻게 할까? 항상 당연한 현상과 관행에 대해 의문을 가져야 한다. 왜 그럴까 질문을 던지고 관습의 틀을 깨는 발상의 전환과 아이디어 개발을 생활화하자. 우선 부정적으로 보면서 바꿀 수 있는 선택 대안을 제기한 다음 시뮬레이션을 통해 분석 및 평가를 하자. 선택대안에 대한 공감대를 형성하고 과감하고 신속하게 실행에 옮기자. 실행 과정에서 맞닥뜨린 장애요인은 과감하게 돌파하되 참신한 아이디어는 적극 수용하자. 강한 자신감과 추진력으로 성취한 성공사례는 조직 및 개인의 성공DNA로 각인시키는 것이 좋다.

조직행동분야의 세계적 석학으로 평가받는 린다 힐Linda Hill 하버드 경영대학원 교수는 그녀의 변화혁신 방법론에서 직원들이 혁신적인 사고를 통해 창의적인 성과를 낼 수 있게 하려면, 리더가 직원들을 혁신적이면서 창의적인 환경에서 일할 수 있게 해야 한다고 말한다. 혁신적인 아이디어는 직원들을 압박한다고 나오지 않는다. 혁신을 성공시키려면 리더가 조직원들이 가진 천재성을 자유롭게 발휘할 수 있도록 하는 동시에 그 조직원들을 하나로 묶어 집단 천재성으로 이끌어야 한다. 스포츠 경기에서도 한 경기의 승리에는 탁월한 공격수와 확실한 수비수가 중요하지만, 장기 레이스에서 팀을 우승으로 이끄는 것은 유능한 감독의 몫이다.

기업에서 직원들의 혁신 실행 능력을 키우려면 어떻게 해야 할까? 리더의 역할이 중요하다. 첫째 직원에게 자신의 생각을 자유롭게 말할 수 있는 환경을 만들어 주어야 한다. 직원들이 자유롭게 창조적 사고를 할 수 있는 여건을 만들어 주면 창의적인 아이디어가 나오고 혁신이 성공할 수 있다. 둘째 아이디어를 빠르게 실행해 보고 결과에 반영해야 한다. 셋째 혁신을 하자면 창조적으로 재해석해야 한다. 대부분의 혁신은 새롭게 창조되거나 완전히 새로운 것이 아니라, 기존의 아이디어를 새로운 상황에 맞게 변경한 것이다. 서로 대조적인 의견을 융합과 연결을 통해 창의적으로 재해석을 해야 하며 일하는 환경이 창의적으로 되면 직원들이 재미를 느끼고 능동적으로 일하게 된다. GE는 패스트웍스FastWorks 제도를 도입해, 작은 사업 틀 내에서 혁신적인 사업들을 펼치고 있다. 여기에서 중요한 것은 작은 조직들을 사업화하는 과정에서 하나의 큰 조직처럼 작동시킬 수 있어야 진정한 혁신이 나온다. 앞에서 소개한 양손잡이 조직에서도 기존 사업부와 탐색부서를 어떻게 연결하느냐가 중요하다. 탐색과 활용 두 갈래로 나뉜 직원들이 어떻게 관계를 형성하느냐 하는 네트워크 관리가 강조되는 것이다.

물론 집단 천재성을 도출시키면 더없이 바람직하겠지만 그렇지 못할 경우 한 명의 CEO라도 조직을 혁신시키겠다는 투철한 정신이 있으면 그 조직은 혁신이 가능할 것이다. 앞에서 소개한 〈USA 투데이〉와 시바비전의 사례에서 보듯이 CEO의 생각이 혁신에 가장 중요하다. CEO는 혁신 의지가 없는데 임원이 아무리 노력한다고 해도 실행되기는 어렵다.

기업을 변화시키는
사고의 변화혁신

지금까지는 주로 제품의 혁신, 프로세스 혁신 등에 대해 얘기했는데 이번에는 직원의 혁신에 대해 알아보자. 기업의 '기(企)' 자는 '기업(企業)에 사람(人)이 빠지면 기업이 멈춰 선다'는 의미가 담겨 있다. 기업의 본질은 사람이다. 법인法人도 룰을 지키는 사람이며 규정을 지키는 사람이 모인 곳이다. 사람의 본질은 육체가 아니라 사고思考 즉, 생각이다. 잘 아시다시피 사람은 생각하는 동물이다. 이것이 짐승과 구별되는 점이다. 기업의 본질은 사람이고, 사람의 본질은 사고이므로 기업의 본질은 결국 사고가 되는 셈이다. 따라서 기업을 변화시키고자 한다면 사람의 사고를 바꿔야 한다. 즉 변화의 핵심은 CEO를 포함한 조직 구성원들의 생각을 바꾸는 데 있다. 변화와 혁신의 성공은 태도에 달려 있고 태도는 생각에 달려 있다.

생각을 바꾸면 운명이 바뀐다

스티븐 코비Steven Covey는 "사람의 생각이 바뀌어야 습관이 바뀌고, 습관이 바뀌어야 운명이 바뀐다"고 말했다. GE의 잭 웰치는 "당신이 당신의 운명을 지배하라. 그렇지 않으면 다른 사람이 당신의 운명을 지배할 것이다"라고 말했다. 직원의 사고방식이 바뀌면 일하는 방식이 변할 수 있다. 기업 경영에서 일하는 방식의 혁신 즉 프로세스 혁신은 대단히 중요하다. 스스로 변화 속에서 기회를 찾고 변화의 모델이 되어야 된다. 기업의 제품, 공정, 인적 혁신과 저성장의 위기를 극복하는 답은 그 기업에서 일하는 직원이 어떤 생각을 갖고 있느냐에 따라 달라진다. 창조적 혁신을 하려면 직원의 생각을 바꿔야 한다.

그러기 위해서는 우선 그들의 생각을 알아야 한다. 직원들이 행복한 생각을 하면 행복한 기업이 되고, 비참한 생각을 하면 그 기업은 비참하게 된다. 병적인 생각을 하면 그 기업은 아프게 되고 실패하게 된다. 따라서 직원들의 생각을 알아야 기업의 본질 가치를 올릴 수 있고 변화혁신이 가능하다. 직원들의 생각을 알기 위해서는 소통이 최고의 방법이다. 앞에서 CEO에게 중요한 자질이 소통이라고 했는데 여기에서 다시 한 번 살펴보자.

독일은 제2차 세계대전 중 시속 70km인 기갑부대를 앞세워 2개월 만에 프랑스를 완전히 점령했다. 그 전차들은 일단 진지를 돌파하면 뒤도 돌아보지 않고 달려 적의 후방에 위치한 사단 사령부, 보급부대 등을 격파하여 끝없이 전진했고, 그 후 보병이 뒤를 이어 점령했다. 탱크의 성능은 프랑스 탱크가 훨씬 앞섰지만, 프랑스 탱크는 움직이는 대포에 불과했다. 독일 탱크는 무전기를 장착하여 실시간으로 소통했기 때문에 여러 탱크가 마치 한 대의 탱크처럼 움직였다. 탱크 한 대에 크기가 다른 포가 두 개가 있어서 일시에 집중해서 공격할 수 있고, 한 개씩 사용하여 거리에 따라 유연하게 공격할 수도 있었다. 당시 연합군 병력 수나 포병부대 수가 독일군보다 두 배나 많았으나 소통이 되지 않아 패할 수밖에 없었다.

세종대왕도 경연을 1,898회나 연 것으로 유명하다. 그는 독서와 토론으로 소통하기를 즐겨했다. 이것은 훈민정음 창제와 뛰어난 기술 개발로 이어지는데 이때의 기술 개발은 15세기에 가장 뛰어났다고 볼 수 있다. 이순신 장군도 부하들과 같이 밤낮으로 의논하고 계획을 세우고 온갖 방책을 논의했다.

한국 축구대표팀을 월드컵 4강에 진출시킨 히딩크 감독은 대표팀이 훈련이나 실제 경기에서 의사소통을 거의 하지 않는 것을 보았다. 그는 그라운드에서는 선수들 간에 일방적 소통이 아닌 자유로운 양방향 소통의 중요성을 설명했다. 경기장에서는 선수들 간에 '형'이라는 호칭을 생략하고 자유롭고 수평적인 의사소통을 유도했다. 또한 감독과 선수들 간의 소통도 중요시 했다. "왜 감독의 말에 따르기만 하려 하는가. 실전에서는 감독과 선수 간에 소통을 할 수 없다. 훈련할 때 느낀 점을 바로 토론하는 것이 가장 효과적이다"라고 말했다. 식사 때에도 연장자 순으로 식사를 가져가고 한마디 말도 오고 가지 않은 것을 보고 "이렇게 의사소통을 할 수 없다면 한 팀에서 경기할 수 없다"고 말했다. 그는 돌려서 말하지 않고 항상 직접적으로 솔직하게 선수들에게 말했다. 이것이 각 선수들의 재능을 극대화 하는 가장 좋은 방법이라고 그는 믿었다. "눈을 들어 동료의 위치를 확인하고 서로 얘기하면서 의사전달을 해야 한다. 그래야 다음 위치로 이동할 수 있다"고 선수 간의 소통을 강조했다. 그는 자신의 지도 방침을 최대한 쉽고 간단하게 여러 번 설명했다. 이러한 방침에도 불구하고 선수들은 한 달이 지나도 대화를 하지 못했다. 히딩크 감독은 여러 경기를 통해 선수들이 친해질 수 있도록 했다. 아침 인사를 "안녕히 주무셨어요?"가 아니라 "상쾌한 아침이야!"로 바뀌는 편안한 사이로 만들었다. 선수들과 개인 면담을 하고 문제를 지적해주었으며 경기가 안 풀릴수록 선수들 간에 대화를 하게 했다.

드러나게 일하고 목표를 선언하라

중소기업 사장들은 봉급 때문에 직원들의 이직률이 높다고 말한다. 사람은 절대 돈으로만 움직이지 않는다. 왜 퇴직하느냐 물으면 많은 사람들이 상사 때문이라고 말한다. 일이란 목표를 설정하고 실행하여 성과를 얻는 것이다. 인간은 일을 통해 자아실현을 하고 행복감을 얻는다. 일을 잘하는 사람은 최소한의 노력을 투입해 원하는 시기에 최대의 성과를 얻는다. 그러면 어떻게 하면 일을 잘할 수 있을까? 우선 자신의 업무를 드러내자. 문제가 드러나지 않으면 나중에 더 큰 손실이 일어난다. 문제가 미리 드러나면 코칭coaching이 가능하기 때문에 사전에 문제를 해결할 수 있어 일의 성과와 가치가 증대된다.

성장하는 회사의 특징은 해야 할 일과 하고 싶은 일, 그리고 할 수 있는 일이 일치되어 경영의 목적과 기대의 성과가 저절로 일치되어 있다. 조직원 개개인의 행복추구를 직장 생활 속에서 찾을 수 있고, 즐거운 직장, 보람 있는 직장으로 느낄 수 있는 것이다. 해야 할 일과 하고 싶은 일을 해내기 위해서는 해야 할 일을 보이게 해야 한다. 보이면 우리의 두뇌는 그에 반응하여 움직인다. 아는 것이 힘이 아니라, 아는 것을 보이게 해서 실천하는 것이 힘이다. 알기만 하고 실천하지 않으면 성과가 없다. 보이게 일하는 것은 소통의 최고 수단이다. 대체로 어떤 현상을 전달하고 설득하는 데는 시간이 많이 걸린다. 그러나 보이게 하면 바로 인식하게 되어 전달하고 설득하는 시간이 줄어든다.

앞에서도 예를 들었던 한국 양궁은 내부의 무한 경쟁과 최악의 상황을 가정한 훈련을 통해 최고의 자리를 지킬 수 있었다. 유럽, 미국 등 선진국이 장악하고 있던 양궁계에 뛰어들어 열정을 쏟아 연습을 하고 한국산 활을 만들어 경쟁력을 갖추었으며, 다이빙, 번지점프 등 끊임없이 새롭게 훈련방법을 시도해 경쟁자를 앞서갔고, 금메달을 목에 건 순간부터 다음 시합을 철저히 준비하고, 지속 성장을 위한 한국 양궁만의 강점을 만들어갔다. 선수들이 받는 훈련 중에는 서울대 심리연구센터에서 만든 7분 2초짜리 특수 심리 훈련 동영상이 있다. 경기를 하기 전 선수들에게 이 동영상을 보여준다고 한다. 동영상의 시작은 선수들이 경기장으로 이동하는 장면이다. 그리고 선수들이 경기장으로 걸어가는 장면이 나온다. 이때, '긴장하지 말고 여유를 가지고 하자'는 자기약속 멘트가 나온다. 그다음은 경기장에서의 환호, 응원, 박수소리가 들린다. 그리고 자신이 최고의 컨디션을 유지하고 있는 선수로서 서 있는 모습을 보여준다. 마지막으로 시위를 떠난 12발의 화살이 정확하게 과녁의 중앙을 뚫는 장면이 나온다. 선수들은 이 동영상을 보고 자기의 목표를 말하며 마음에 새긴다.

그럼 목표를 기록하고 드러내 선언하는 것은 얼마나 중요할까? 1979년 하버드 MBA를 졸업하는 학생들을 인터뷰 해본 결과 84%는 특별한 목표가 없었고, 13%는 목표가 있으나 종이에 적지 않았다. 3%는 확실한 목표를 종이에 적고 실행 계획을 적었다. 10년 후 이 졸업생들을 다시 인터뷰해 본 결과, 목표를 가진 13%의 학생들은 목표가 없던 84%의 학생들보다 평균 2배의 소득을 올리고 있었다. 더욱 놀라운 것은 확실한 목표와 실행 계획을 종이에 적었던 3%의 졸업생들은 다른 97%의 졸업생들의 소득을 합한 것보다 평균 10배의 소득을 올리고 있었다. 이들 집단 간에 학력이나 능력의 차이는 거의 없었다. 목표를 드러내고 선언하는 것이 이처럼 중요하다.

목표를 종이에 적어 매일 보면 더 효과적일 것이다. 시각적으로 보면 뇌가 움직이기 때문이다. 미국의 유명한 영화배우 짐 캐리Jim Carrey는 오프라 윈프리 쇼에 출연해 이렇게 밝혔다. 그는 타고난 예능인이었다. 학교에서 선생님은 그가 수업 시간에 조용히 한다는 조건으로 수업을 마치면 코미디를 하도록 허락했다. 짐 캐리는 밤중에 부모님을 재미있게 하려고 탭댄스 신발을 신고 침대에 누운 적도 있다고 한다. 젊었을 때 아버지가 실직하고 전 가족이 친척집 마당의 캠핑 밴에서 생활하면서 가족 모두 잡일에 매달리고 짐 캐리도 방과 후 8시간씩 일했다고 한다. 그러던 중 짐 캐리는 19세가 되자 할리우드로 향했다. 그곳에서 돈이 떨어지자 우울한 마음에 낡은 차를 타고 할리우드 언덕에 올라갔다. 거기에서 그는 성공한 자신이 공연 대가로 천만 달러를 받았다고 가정하고 그 금액을 10년 후 날짜로 수표에 적은 후 지갑에 넣었다. 그는 그 수표를 계속 지니고 있었는데 나중에 '덤 앤 더머Dumb and Dumber', '배트맨Batman' 출연료로 그 이상의 돈을 벌었다. 그는 그 수표를 아버지의 관에 넣고 묻었다고 한다. 그 이야기를 듣고 오프라 윈프리는 "적고 바라보면 에너지를 투입하게 되고 그 에너지는 되돌아온다"라고 말했다.

미국 네바다 대학교University of Nevada 심리학 교수인 스티븐 헤이스Steven C. Hayes는 대학생들을 대상으로 목표 공개 여부에 따른 성적의 변화에 대한 실험을 했다. 첫 번째 집단은 목표점수를 다른 학생들에게 공개적으로 선언하게 했다. 두 번째 집단은 목표점수를 마음속으로만 생각하게 했다. 세 번째 집단은 목표점수에 대해 어떤 요청도 하지 않았다. 실험 결과, 결심을 공개하고 선언한 집단이 다른 두 집단보다 현저하게 높은 점수를 받았다. 반면 마음속으로 목표를 생각한 집단과 아무 생각을 하지 않는 집단은 통계 차이가 없었다.

미국의 심리학자인 모튼 도이치Morton Deutsch와 해롤드 제라드 Harold Gerard는 대학생들을 세 집단으로 나눈 뒤 직선의 길이를 예상해 보도록 했다. 첫 번째 집단은 예상한 직선의 길이를 종이에 적어 제출하게 했고, 두 번째 집단은 화이트보드에 적은 다음, 남들이 보기 전에 지우게 했다. 그리고 세 번째 집단에게는 마음속으로만 생각하게 했다. 그런 다음 모든 사람들에게 그들이 예상한 직선의 길이가 틀렸다고 하면서 그들이 어떤 태도를 보이는지 관찰했다. 첫 번째 집단과 두 번째 집단은 자신의 답이 틀렸다는 데 완강히 저항했지만, 세 번째 집단은 주저하지 않고 자신의 답을 수정했다.

'나비처럼 날아 벌처럼 쏜다'라는 말로 유명한 미국의 전설적인 복서 무하마드 알리Muhammad Ali는 시합 전이나 인터뷰 때 관중석을 향해 쉴 새 없이 떠벌리며 자신의 승리를 장담했다. 그래서 알리에게는 '떠버리'라는 별명까지 생겼다. 나중에 한 인터뷰에서 그는 두려움을 극복하기 위해서 떠벌린다고 고백했지만 이러한 선언은 시합에 임하는 그의 정신에 긍정적인 효과를 주었음에 틀림없을 것이다.

공개적으로 선언하면 하고 싶은 일을 하게 되어 스스로 변화하게 된다. 사람들은 말이나 글로 자신의 생각이나 할 일을 공개하면 그 일을 꼭 이루고자 하는 경향이 있는데 이를 공개선언 효과public commitment effect라고 한다. 결심을 공개할 때는 이왕이면 많은 사람에게 하면 더 좋다. 개인의 목표도 친구나 가족, 친지, 페이스북이나 개인 블로그에 공개선언하면 실천이 빨라진다. 다이어트, 금연, 운동, 외국어 마스터처럼 꼭 이루고 싶은 목표가 있다면 남몰래 혼자 하려고 하지 말고 주위 사람들에게 그 목표를 말하자. 다른 사람에게 공개함으로써 그것을 이루기 위해 자기 스스로 더욱 노력하게 된다. 『지금 행복하라』의 저자 앤드류 매튜스Andrew Matthews는 "행복이란 현재와 관련되어 있다. 목적지에 닿아야 비로소 행복해지는 것이 아니라 여행하는 과정에서 행복을 느끼기 때문이다"라고 말했다. 자신의 결심이나 꿈을 친구나 가족들에게 공표하고 응원 받아 보자. 설령, 목적지에 닿지는 못하더라도 그 과정이 행복하면 된 것이다.

공개선언효과에 대해 부정적인 의견도 있다. 골위처Gollwitzer 등의 연구에 의하면 목표를 드러내면 우리가 하고자 하는 것에 대한 반대효과를 거두게 된다고 한다. 목표를 선언함으로 자기가 이미 이 일을 어느 정도 진척시켰다고 착각하게 되고 일을 실천하려는 동기가 희석되기 때문에 노력을 적게 한다는 것이다. 이것은 사람에 따라 차이가 있다고 보는데 중요한 것은 선언하든 안 하든 마음속에 목표 의식을 간직하고 그것을 행동에 옮기는 것이 중요하다.

그리고 마지막으로 감사하는 마음을 가져야 한다. 농작물이나 가축을 기를 때 감사하는 마음을 가지니 더욱 생산량이 늘어났다는 말을 들은 적이 있을 것이다. 기업에서도 마찬가지다. CEO는 직원들에게, 직원들은 CEO에게, 직원들이 서로서로 감사하는 마음을 가지면 동료 간 갈등도 줄어들고 일도 즐거워질 것이다. 서로를 칭찬하는 감사의 문자, 이메일, 편지를 보내면 놀라운 변화를 경험할 것이다. 실제로 서울대학교 차세대융합기술원 손욱 교수는 기업에서 감사 운동을 추진하여 많은 성과를 거둔바 있다. 이러한 움직임이 기업을 떠나서 가정까지 확산되면 좋을 것이다.

내적동기의 중요성

일은 혼자 하는 데에는 한계가 있다. 일이 잘 풀리기 위해서는 집단이 일사분란하게 움직여야 하는데 그 방법을 모르는 리더가 많다. 자기 일만 해 왔기 때문이다. 그럼 타성에 젖어 있는 직원들을 변화시키려면 어떻게 해야 할까? 부하직원들에게 희망, 비전, 가치를 부여해야 한다.

중공업의 선박에 들어가는 구조물을 가공하는 회사가 있었다. 주어진 인원으로 가공할 수 있는 양이 생각보다 적게 나오는 게 문제였다. 그 회사 사장은 직원들에게 지급하고 있는 물량의 두 배를 가공하면 1인당 100만 원씩 지불하겠다고 제시했다. 그랬더니 제시했던 물량을 초과 달성했다. 한 회사는 앞으로 기업공개를 하겠다고 하자 직원들이 이전보다 열심히 일을 한다고 했다.

이처럼 CEO가 해야 할 일을 직원들에게 보여주고, 그 일을 직원이 하고 싶어 하고, 직원들이 그 일을 해나가면 최고의 기업이 될 수 있다.

한 중견 회사의 사장은 자신의 회사를 출근하고 싶은 회사로 만들고 싶어 직원들 대상으로 설문조사를 했다. 그랬더니 '회사가 꼭 감옥 같아서 출근하는 게 지옥 같다'라는 대답이 나왔다. 똑같이 갇힌 곳이지만 수도원은 감사가 넘치고, 감옥은 불만이 넘친다. 그러나 수도원은 천국 간다는 믿음이 있으며 자기반성의 회개와 기도가 있다. 사명감이 있으며 사랑과 감사가 있다. 무엇보다도 삶의 기준이 되는 지침서인 성경이 있다. 수도원은 자발적인 내적동기로 들어갔으나, 감옥은 강제적으로 끌려 들어온 곳이다. 지금 이 사장은 직원들이 내적동기를 가지고 스스로 일하게 만들기 위한 방향으로 노력하고 있다고 한다.

과거 항일 독립군은 나라를 되찾겠다는 신념을 위해 아낌없이 목숨을 바쳤다. '조국의 독립'이라는 일의 가치가 내적동기로 작용했기 때문이다. 기독교가 우리나라에 처음 전파됐을 때 많은 순교자가 나왔다. 믿음을 지키겠다는 내적동기가 순교도 두려워하지 않게 한 것이다. 대학식당에서 아르바이트하는 학생 두 명이 있다. 한 학생은 "저는 부모 잘못 만나서 이 모양으로 접시 닦고 있어요"라고 하고 다른 학생은 "저는 우리 대학에서 접시의 청결을 통해서 동료 학생, 교수들의 건강을 책임지는 건강 위생사입니다"라고 한다. 한편 발마사지 하는 두 사람 중 한 사람은 "돈 몇 푼 벌어 보려고 남의 발이나 주무르는 마사지사지요"라고 하는데 다른 한 사람은 "나는 지치고 피곤한 사람에게 활력에너지를 주는 에너지 활력사입니다"라고 말한다. 자기를 건강 위생사나 에너지 활력사라고 생각하는 사람들은 일의 가치를 아는 사람들이며 일을 기쁘게 하는 사람들이다. 국순당의 직원들은 '전통주를 복원하는 술 복원사들'이라고 생각한다고 한다. 교보생명의 보험 설계사들은 '고객이 미래의 역경에서 좌절하지 않도록 도와주는 희망설계사'라고 말한다.

외적동기와 내적동기를 가진 직원은 어떤 차이가 있을까? 세계적인 미래학자 중의 한 사람으로 손꼽히는 다니엘 핑크Daniel Pink는 그의 저서 『드라이브Drive』에서 창조적인 사람을 움직이는 자발적 동기 부여의 힘에 대해 말하고 있다. 외적동기를 가진 사람은 일이 끝나면 외투와 가방을 챙기고, 내적동기를 가진 사람은 오늘을 반성하고 내일 할 일을 점검한다. 외적동기를 가진 사람은 타인의 즐거움만 같이 하려 하고, 내적동기를 가진 사람은 타인의 어려움과 역경도 같이한다. 외적동기를 가진 사람은 보상만 받으려 하고, 내적동기를 가진 사람은 더 나은 개선을 하고 실천하려 한다.

내적동기가 있을 때와 그렇지 않을 때의 업무수행도의 차이는 약 1.25배라고 했으며 전문가와 비전문가의 업무수행도 차이는 약 2배라고 했다. 내적동기를 가지면 해야 할 일을 하고 싶어 하고, 그러면 행동이 바뀌고, 행동이 바뀌면 일의 성과가 바뀌고, 일의 성과가 바뀌면 처우가 바뀐다.

일본의 유키지루시 유업은 1950년 설립되었으며 우유, 유제품, 아이스크림, 유지, 주류, 육아품 등을 주력제품으로 매출 약 5,600억 엔, 종업원 약 4,500명을 거느린 일본 최대 유제품 기업이었으며 일본인들의 식생활을 서구화시킨 최대 공로자 중 하나로 평가되었다. 또한 청결과 건강을 상징하는 흰 눈송이 모양의 기업브랜드는 오랫동안 일본 국민의 절대적 신뢰를 받으면서, 국민 브랜드로 평가받았다. 그런데 2000년 6월, 유키지루시 유업이 공급한 우유를 마시고 1만 명이 넘는 식중독 환자가 생긴 사건이 발생했다. 조사 결과, 유키지루시의 오사카공장에서 제조된 저지방유 속에 정전으로 인한 공정 오염으로 생긴 황색포도구균이 원인이었다. 최종적으로 14,789명의 식중독 환자가 발생한 것으로 집계된 이 사건은 전후 일본 최대 '집단 식중독' 사건으로 기록되었다. 이 사건은 유키지루시의 기업이미지가 실추되기 시작하는 계기로 작용했다. 그 후 유키지루시 유업은 잇따른 불상사로 인해 경영에 심각한 타격을 받기 시작하면서 매출과 이익이 급감하고, 주가도 급락하면서 2002년 파산하기까지 이르렀다. 단순한 실수라고 볼 수도 있겠지만 직원들에게 내적동기가 명확했더라면 정전이 되었을 때 식품 용기를 다시 점검하고 제품을 생산했을 것이다.

산업용 간판을 생산하는 브래디 코퍼레이션Brady Corporation은 1989년까지도 직원들이 자기 자리에서 커피 마시는 것조차 허용하지 않았다. 내가 미국 회사에 근무할 때 느꼈던 미국 회사들의 직원들의 업무에 대하는 자세는 한국과 비교하면 대단히 엄격했다. 상관에게는 절대 복종하는 문화가 팽배해 있다. 그런데 1994년 브래디 코포레이션 CEO 자리에 캐서린 허드슨Katherine Hudson이 올랐다. 그녀는 회사를 재미있는 곳으로 만들어 보자고 생각했다. 재미를 더하면 조직에 긍정적인 변화를 가져오고 업무 달성과 판매 증가에 기여하지 않을까 생각한 것이다. 그녀는 회사를 재미있게 하기 위해 여러 가지 방법을 시도했는데 그중 하나가 웃음이 있는 회사를 만드는 것이었다. 직원들이 웃으면서 행복을 느끼자 스트레스가 감소되었고 많은 이익을 내게 되었다. 웃음이 직원을 변화시켜 스스로의 가치를 갖게 되고 고객에게 최상의 가치를 주어 결국은 사회에 기여하게 되는 것이다.

영국의 처칠 수상도 제1차 세계대전 때 중령으로 참전하였는데 유머를 활용하여, "전쟁은 웃으면서 하는 거야"라고 말하면서 부하들의 정신적 스트레스를 진정시켰다고 한다.

핵심역량의 중요성

기업이 존재하는 이유는 해야 할 일을 해내 경영 목표를 달성함으로 존속하고 번영하는 것이다. 그런데 문제는 해야 할 일을 하고 있는지는 사전에 확인이 불가능하고 나중에 결과가 나왔을 때에 알게 되는데, 이때 뒤늦게 반성하게 된다는 것이다. 종종 직원들은 회사에서 해야 할 일인지 하지 말아야 할 일인지 구분 못하고 무조건 열심히 한다. 해야 할 일은 회사 비전과 목표와 연결되어 있고 그것의 실현을 위해 매일매일 본인의 업무와 연결돼야 한다. 이 일은 드러내 보이도록 해야 한다. 해야 할 일을 하고 싶을 때 잘할 수 있다. 그러기 위해서는 자신의 존재가치인 핵심역량과 하는 일의 가치를 드러내야 한다.

자신이 남보다 뛰어난, 내세울 수 있는 핵심역량에 대해 스스로 질문을 해보자. 자신이 가지고 있는 경험, 지식, 철학, 가치의 합이 나를 나타낸다. 회사의 직책은 퇴직하는 순간 이슬처럼 사라지지만 내가 가지고 있는 핵심역량은 항상 나를 따라다닌다. 사라질 포장지에 연연하지 말고 여러분의 핵심역량을 향상시키는 것이 필요하다. 일에 대한 역량을 새롭게 향상시켜 업무를 전략적으로 재구성해서 창조적으로 일할 수 있게 스스로 개선해보자. 여러분의 역량을 향상시켜 창조적으로 그리고 내적동기를 가지고 업무에 임하면, 일이 즐겁고 보람을 느낄 것이다.

회사가 직원과 고용계약을 하는 것은 그 직원의 핵심역량을 기대하기 때문이다. 그 기대에 부응하는 대가로 월급을 주는 것이다. 직원의 핵심역량을 향상시킬 수 있도록 내적동기를 갖게 해야 한다. 직원들로 하여금 해야 할 일을 스스로 적고 공개 선언하게 하자.

일관성을 가져라

기업의 변화혁신에 대해서 말할 때 참고할 만한 책이 있다. 특정 출판사가 판매해서 부수 추적이 가능한 책들 가운데서 우리나라에서 가장 많이 팔린 책은 바로 『수학의 정석』이다. 1966년 출간된 이래 올해로 50년을 맞은 이 책은 그동안 4,500만 부 이상이 팔렸다고 한다. 『수학의 정석』은 서울대 수학과 출신으로 학원가에서 '족집게 강사'로 이름을 날렸던 홍성대 현 전주 상산고등학교 이사장이 쓴 수학 참고서이다. 학비를 벌기 위해 고등학생들을 대상으로 과외를 하던 중 국내 수학참고서의 열악한 수준에 실망해 미국, 프랑스, 일본 등의 자료를 섭렵한 뒤 스물일곱이던 1963년부터 집필을 시작해 꼬박 3년을 매달려 출간했다고 한다. 이 책의 성공 비결은 무엇일까?

저자는 〈동아비즈니스리뷰〉와의 인터뷰에서 '변하지 말아야 할 것과 변해야 할 것을 잘 구분한 것'이 성공 비결이라고 밝혔다. 이는 전략 수립에서 말하는 전략의 정의 중 하나인 '해야 할 것과 하지 말아야 할 것을 구분하는 것'과 아주 흡사한 개념이다. 그러면 변하지 않았던 것은 무엇일까? 책 제목과 표지이다. 책 제목만 표시한 단순한 초기의 디자인을 계속 유지했고 책 구조도 크게 변하지 않았다. 그렇다면 변한 것은 무엇일까? 바로 문제이다. 입시 제도의 변화에 따라 저자는 문제를 지속적으로 바꿨다. 지속적인 변화혁신을 추구했기 때문이다. 이러한 노력의 결과로 아직도 팔리는 참고서가 된 것이다. 만약 새로운 제품, 서비스, 비즈니스 모델을 지속적으로 개발하지 않는다면, 기업의 쇄락은 시간문제이다. 그런데 정말 변화하지 않으면 살아남지 못하는 것일까?

이에 대해 경영대가의 한 사람으로 불리는 짐 콜린스Jim Collins는 자신의 저서 『위대한 기업의 선택Great by Choice』을 통해 '변화도 중요하지만 그 이상으로 일관성을 유지하는 것이 중요하다'라고 주장한다. 그는 불확실한 환경에서 오랜 기간 성과를 내고 있는 기업들을 조사했는데 이들은 세상의 극단적인 변화에도 불구하고 원칙이나 방법을 덜 바꾸었다는 것이다. 이 책의 서두에 소개한 언제 어느 곳에서나 전쟁에서 승리할 수 있는 원칙을 이 일관성으로 설명할 수 있다. 변화가 이 시대의 중요한 화두임은 분명하다. 하지만 변화 못지않게 중요한 것이 일관성 유지다. 무엇을 지킬 것인지 무엇을 변화시킬 것인지를 냉철히 파악해야 한다.

세상이 빠르게 변하고 있다. 평생직장의 개념이 사라지고 이제는 평생 동안 직업을 몇 번 바꾸어야 하는 시대가 됐다. 이러한 사회에 적응하려면 개인이 변화하지 않으면 안 된다. 생각을 바꾸는 것이 대단히 중요하며 실제로 많은 인생의 문제들이 생각을 바꾸는 것으로 가벼워질 수 있다. 아우슈비츠 포로수용소에서 많은 유대인들이 절망감 속에서 죽어나갈 때, 젊은 청년 빅토르 프랑클Viktor Frankl은 다른 사람들과는 달리 생각을 바꾸어 그런 처참한 환경 속에서도 살아남아서 훌륭한 심리학자가 됐다.

2. 전략수립

성공으로 이끄는
전략적 사고

전략戰略이란 '전쟁에서 이기는 방법'이라는 뜻으로 군대에서 파생된 용어이다. 제2차 세계대전 때 연합군의 노르망디 상륙작전, 맥아더 장군의 인천 상륙작전, 이순신 장군의 한산대첩 등 전쟁에서 이룬 성공은 뛰어난 전략 실행의 결과라는 것을 잘 알고 있을 것이다. 경영 전략은 경쟁자보다 우위를 점할 수 있는 계획 또는 환경의 변화에 대응하기 위한 방향을 제시하는 과정으로 광범위하고 다양하다.

전략을 정의한 이론가들

알프레드 챈들러Alfred Chandler는 그의 저서 『전략과 구조Strategy and Structure』에서 전략을, "조직의 목표를 설정하고 행동의 방침 내지 방향을 설정하여 목표를 달성하는 데 필요한 제 자원을 배분하는 것"
이라고 정의했다. 즉, 전략이 때로는 목표와 같은 의미로 사용되기는
하지만 전략은 일시적 처방이 아닌 방향성을 가지며 목표와 수단 및
최종 도달점을 포괄한다는 것이다.

전략은 또한 미래지향적이며 환경 변화에 적응하고 의사결정
에 지침이 되기도 한다. 전략이 변화하면 조직구조도 따라서 변화해
야 하며 전략이 성공과 실패의 주요 관건이 된다. 전략은 환경변화
에 대응하고 조직의 잠재능력을 종합적으로 개발하기 위한 미래지
향적 철학을 가진 체계이기 때문에 전략계획은 과정이자 하나의 철
학이며 미래성을 가진 현재의 의사결정이라고 할 수 있다. 챈들러는
전략과 구조 사이의 관계와 조직의 관계에 관한 일반적인 이론을 제
시했다. 조직구조는 채택한 전략으로부터 나타나는 활동들을 관리
하기 위해 고안되었으며, 이는 위계질서, 업무배분, 권한의 계통 및
의사소통을 포함한다. 구조의 개념은 이러한 계통에 따라 흐르는 정
보와 자료를 포함한다. 구조를 발전시키는 데 있어서의 경영자의 역
할은 챈들러의 분석에 있어서 핵심이 된다. 그는 경영자의 '보이는
손'이 아담 스미스Adam Smith가 말한 시장에서의 '보이지 않는 손'을
대체해 왔다고 말하며, 현대 기업체에서 성장과 변화를 체계적으로
비교했을 뿐만 아니라, 다양한 도전이 성장전략에 어떻게 나타나는
지 또한 기업 경영에서 도전에 대한 응전이 어떻게 나오는지에 대해
설명했다. 또한 후속 연구에서 2차 산업혁명 때 규모경제가 어떻게

기업들에게 새로운 성장 기회를 제공했는지에 대해 설명했다.

이고르 앤소프Ignor Ansoff는 전략과 구조의 아이디어를 기업 전략의 신생 개념에 응용했으며 거시적인 차원에서 전략의 개념을 정의하였다. 앤소프는 최초로 기업 전략이론을 제시하여 전략 분야에서 전략 경영의 창시자로 불리게 되었다. 기업의 전략 이념, 전략 경영 개념, 전략 기획에 관한 체계적 이론, 기업의 경쟁 우위 개념, 그리고 전략 경영을 실천하기 위해 전략 경영과 혼란한 환경을 연계한 상황 적응적 접근 이론을 최초로 제시했다. 그는 '전략 경영은 기획을 세울 때만 필요한 것이 아니라 기업 경영의 모든 과정에서 전면적으로 활용되어야 한다'고 말했다.

케네스 앤드류Kenneth Andrew는 비즈니스 전략과 기업 전략을 차별화한 이론가 중 한 사람이다. 다양한 회사의 부서 혹은 제품 라인 경영에 의해 만들어진 제품 – 마켓 선택이 비즈니스 전략이다. 기업 전략은 비즈니스 전략의 확대집합super set으로서 비즈니스 전략과 같이 제품과 시장을 정의하며 미래의 기업 진로를 결정한다. 기업은 하나의 기업 전략을 가지고 그 안에 여러 개의 비즈니스 전략 개념을 포함시킬 수 있다. 뒤를 이어 연구된 유명한 경쟁 전략Competitive Strategy은 마이클 포터Michael Porter에 의해 이루어졌다. 그가 제시한 경쟁우위, 산업구조 분석, 5가지 경쟁요인, 본원적 전략, 전략적 포지셔닝, 가치사슬, 국가경쟁력 등의 화두는 전략 분야를 넘어 경영학 전반에 새로운 지평을 열었다. 이처럼 영향력이 큰 연구 결과들은 전략의 이론과 실제에 크게 영향을 미쳤고, 맥킨지McKinsey, 부즈 앨런 해밀턴Booz Allen Hamilton, BCG, 베인Bain 같은 컨설팅 회사를 탄생시켰다.

전략적 사고를 가져라

성공적인 전략을 개발하기 위해서는 전략적 사고를 해야 한다. 전략적 사고를 하기 위해서는 부분뿐만 아니라 전체를 보아야 하며, 단기적이 아닌 중장기적 관점에서 많은 변수간의 상호 작용 및 인과 관계 등 복잡한 변화를 분석하고 그 결과를 예측할 수 있는 능력이 필요하다. 전략적 사고력을 키우기 위해서는 유연한 발상력을 익히는 등 부단한 노력을 기울여야 한다. 미국 경제의 부분이 아니라 전체를 보고 예측할 수 있는 능력이 있었기 때문에 누리엘 루비니Nouriel Roubini 교수는 서브프라임 모기지 론subprime mortgage loan 사태와 금융위기를 예측할 수 있었다.

2002년 월드컵에서 보여준 히딩크 감독의 코칭 방법 역시 분석과 예측 능력을 동원하였다. 선수 하나하나 철저히 분석해 고도의 전략을 구사한 것이다. 히딩크의 부임 초기에는 선수들이 열심히 뛰기는 했지만 자신의 역할을 정확히 이해하지 못했다고 한다. 그는 체력강화 훈련을 도입하고 글로벌 스탠다드인 4-4-2 시스템을 도입하였다. 조직 문화와 팀원들의 생각을 글로벌 시스템에 맞도록 혁신을 했다. 그는 또한 선수들과 의사소통을 중시했다.

　전략 경영을 성공적으로 하려면 경영환경의 변화, 사업영역, 사업구조, 자신의 장점 즉 핵심역량과 단점을 잘 알아야 하고 경쟁자를 연구해서 대응해야 한다. 기업 경영은 마치 전쟁을 하는 것과 유사하다. 전쟁에서 작전수행을 잘하여 승리하려면 전략을 잘 수립해야 하고 이를 효율적으로 실행해야 한다. 기업 경영도 마찬가지다. 기업 경영에서 전략을 잘 수립해야 함은 아무리 강조해도 지나치지 않다. 모기업에 의존해서 기업 경영을 하는 많은 협력업체의 경우 전략이 없는 경우를 종종 볼 수 있다. 그러다 모기업이 위험해지면 협력업체들은 속수무책이 되는 것이다. 각자 자신의 회사는 어떤 전략이 있는지 한 번 더 생각해 보기 바란다.

　가끔 CEO들이 "우리 회사 10년 후에는 어떻게 될까요?"라고 묻는 경우가 있다. 어떤 사람들은 미래가 예측가능하다고 하며 잘되고 못되는 운명은 이미 정해져 있다고 한다. 또 어떤 사람들은 미래는 정말 알 수 없다고 하며 재수에 달려 있다고 말하기도 한다. 미래는 새롭게 만들어지고 있고, 미래를 만드는 도구가 전략이다. 또한 전략은 어떻게 미래를 만들어 갈까 하는 것이지 미래를 예측하는 것은 아니다. 피터 드러커Peter Drucker는 "미래를 예측하는 가장 좋은 방법은 미래를 창조하는 것이다"라고 말했다.

경쟁에서 이기는
기업의 차별화 정책

기업 환경은 전쟁터이다. 경쟁에서 이기기 위해 가장 많이 취하는 전략은 차별화이다. 일반적으로 경쟁전략이란 차별화 혹은 차별화된 활동들을 신중하게 선택하는 것을 의미한다. 대부분의 산업은 성공을 위해 나름대로 독특한 경쟁전략을 가지고 있다. 남과 똑같은 방법으로는 결코 이길 수 없다는 것을 '차별화 전략'이라고 부른다. 그러면 차별화하여 성공한 기업들의 예를 살펴보자.

사례 ① 유통 소매업체

회사의 이익률을 결정하는 데는 산업이 어떤 상태에 있는지가 대단히 중요하다. 이익률은 산업별로도 다르고 특정산업 내에서도 다르다. 특정산업 내의 이익률 변화는 산업간의 이익률 변화만큼 크다. 한 회사가 같은 시장에서 경쟁하는 타사들의 평균 이익보다 더 큰 이익을 낼 때 그 회사는 그 시장에서 경쟁적 우위를 가지고 있다고 말한다. 회사의 이익률은 경쟁하고 있는 시장이 얼마나 매력적인가와 그 시장 내에서 경쟁적 위치에 달려 있다. 경쟁사보다 더 큰 경제적 가치를 창출하여 전달하는 회사가 더 큰 수익을 내고, 더 큰 이익을 소비자들에게 되돌려준다.

1970년대 후반 미국에서는 동네마다 케이마트K-Mart가 있었는데 식료품뿐만 아니라 모든 잡화를 파는 곳이었다. 유학생들도 그곳을 자주 이용해서 이 유통회사를 코리아 마트라고 부르기까지 했다. 케이마트는 1990년대에 자주 특별세일을 하는 전략을 취했으나, 공급망 정보 시스템이 취약해서 신문광고를 한 상품이 매장에 없는 일이 발생했다. 2001년 케이마트는 월마트Wal-Mart의 매일 저가 전략을 모방하려 했으나, 월마트는 공급망 관리가 우수하고 단가가 케이마트보다 낮았다. 결국 케이마트는 2002년에 파산했다. 2003년 케이마트는 에드워드 램퍼트Edward Lampert가 이끄는 헤지펀드에 의해서 다시 회생했다. 램퍼트는 수백 개의 점포를 폐쇄하고 수천 명을 해고하고 신 고객 유치를 위해 새로운 브랜드를 소개했다. 그리고 2005년에는 시어스 로벅Sears Roebuck을 합병하기도 했다. 케이마트는 도심의 흑인이나 남미 사람들을 대상으로 하는 이웃집 가게 스타일로 변신을 시도했는데 이 전략의 목표는 월마트로부터 케이마트를 소비자 소득수준으로 차별화하는 것이었다. 그러나 이 전략도 성공하지 못했다. 반면 월마트는 승승장구했다. 케이마트의 사례에서는 유통회사에서 공급망 관리 전략이 매우 중요함을 알 수 있다. 이런 유통회사 중 경쟁자보다 더 차별화된 전략을 취함으로 성공한 트레이더 조스Trader Joe's라는 회사가 있다.

미국에는 월마트, 크로거Kroger, 세이프웨이Safeway, 슈퍼밸류Supervalue, 알디Aldi 등의 대형 식품유통업체가 있다. 2013년 7월, 6,000명의 미국인을 대상으로 가장 좋아하는 슈퍼마켓을 조사했는데, 트레이더 조스가 1위였다. 트레이더 조스가 어느 지역에 새롭게 개점을 한다고 하면 수백 명의 사람들이 새벽같이 와서 줄을 지어 기다린다. 이 새로운 점포에 직장을 구하는 지원자는 넘쳐나고 이 식품유통업체는 다른 어떤 경쟁사보다 단위 면적당 매출이 높다. 세계 3위 유통업체이며 유럽에 기반을 둔 테스코Tesco가 트레이더 조스를 모방하여 프레쉬앤이지Fresh&Easy라는 점포를 운영하려고 했으나, 2013년 4월, 18억 달러의 손실을 내고 미국 시장에서 철수했다.

트레이더 조스의 역사는 다음과 같다. 조우 쿨롬Joe Coulombe은 대공황기에 캘리포니아 샌디에고San Diego에서 자랐고 1954년 스탠포드Stanford에서 MBA를 한 후 의약품 소매 체인인 렉솔Rexall에 입사했다. 그는 여기서 근무하면서 1958년에 프론토 마켓Pronto Market이라는 편의점을 열었다. 쿨롬Conlombe은 렉솔에서 작은 체인을 매입해서 그 자신의 회사를 만들었는데 아도어 밀크 팜Adohr Milk Farms으로

부터 융자를 받았다. 1965년에 세븐일레븐7-Eleven이 아도어 밀크 팜을 매입하면서 쿨롬의 자금소스를 소유하게 되었다. 1967년에 쿨롬은 전략을 바꾸어 트레이더 조스를 설립했는데, 이때 다음과 같이 말했다.

"사이언티픽 어메리칸Scientific American을 보니 미국에서 대학에 진학할 수 있는 사람 중 60%만 지원한다고 한다. 나는 교육을 받은 사람들은 무언가 다른 것을 원한다고 생각한다."

이것이 트레이더 조스가 탄생하게 된 계기이다. 그는 첫 번째 점포를 전통적으로 고학력자가 많은 동네인 캘리포니아의 패서디나Pasadena에 열었다. 트레이더 조스는 음악가, 박물관 큐레이터, 신문기자처럼 높은 교육을 받았으나 저소득인 사람들을 위해서 만들었는데, 여기에서는 다른 슈퍼마켓에서 볼 수 없는 원두커피, 싹 난 밀로 만든 빵, 흑미 등의 제품을 취급함으로 지성적인 소비자들이 선호하는 제품을 팔았다. 이때 쿨롬의 눈에 환경운동이 들어와 그는 유기농 식품을 많이 취급하고 개인 라벨 식품을 팔았다. 또한 음악앨범에서 팬티호스까지 다양한 품목을 취급했고 캘리포니아 와인도 취급했다. 이후 앨범이나 팬티호스는 진열대에서 사라졌지만, 와인은 주요 아이템이 되었다. 매장은 보통 1,000제곱미터보다 적은데일반 슈퍼마켓에서 취급하는 상품보다 훨씬 적은 수의 상품을 취급했다. 남해South Sea의 테마를 모든 가게에 도입시켜서 '트레이더 조스'하면 남해를 떠올리게끔 했다. 매장을 해양 소품으로 장식하고 종업원은 하와이안 셔츠를 입게 했으며 점장을 선장Captain으로 부르고 그의 조수는 1등 항해사First Mate로 불렀다. 또한 쿨롬은 종업원에게 후한 임금을 주었다. 그는 "상품을 잊어버려라. 매장 내 사람의 질이 중요하다"고 말하곤 했다. 그는 많은 근로자가 자신의 회사에서 일하고 또한 오래 근무한다는 사실을 자랑스럽게 여겼다.

트레이더 조스는 신문에 할인 쿠폰이나 TV 광고 등은 일체 하지 않고 그 대신 고객들에게 특정상품에 대한 정보나 신상품을 소개하는 피어레스 플라이어Fearless Flyer라는 뉴스레터를 돌렸다. 세일을 하지 않는 대신 매일 저가로 판매한다는 전략을 취했다. 쿨롬은 신중한 성장 전략을 취했는데 CEO로 20년간 재직하는 동안 캘리포니아 남부를 벗어나지 않으면서 1년에 점포를 하나씩 열었다. 1979년에 독일의 유통업체인 알디 노스Aldi North의 테오 올브렉트Theo Albrecht가 이 회사를 너무 좋아해서 매입했다. 쿨롬은 1988년까지 CEO로 머물렀고 그 후 스탠포드 출신인 존 쉴즈John Shields가 CEO로 취임했다. 그는 캘리포니아 남부를 벗어나 북부 캘리포니아와 애리조나로 점포를 확대시키고 보스턴 근교, 시카고, 뉴욕 맨해튼에도 매장을 열었다. 이 회사는 계산대에 신기술을 도입하지 않았는데 2001년까지 가격 스캐너도 도입하지 않았다. 존 쉴즈가 2001년에 CEO를 물러날 때 체인은 175개로 확장되었고 댄 베인Dan Bane이 뒤를 이어 여전히 CEO로 일하고 있다.

타 경쟁사의 일반매장에서는 약 50,000종 상품을 취급하는데 반해 트레이더 조스는 약 4,000종 상품을 취급한다. 그리고 경쟁점포에서는 20%의 개인 라벨이 붙은 상품을 취급하는 데 반해 상품의 80% 이상이 개인 라벨이 붙어 있다. 많은 메이저 브랜드상품은 찾을 수 없다. 치리오 씨리얼Cheerios Cereal이나 코카콜라Coca Cola를 사려면 다른 곳으로 가야 한다. 신선육이나 채소도 많이 취급하지 않는 반면에 냉동식품을 많이 취급했다. 과일도 무게로 파는 것이 아니라 낱개로 팔았다. 포춘의 베스 코윗Beth Kowitt은 맨해튼의 트레이더 조스 점포를 방문한 후 다음과 같이 말을 했다.

"일반적인 가정의 쇼핑은 여기서 다 할 수는 없다. 유아식, 이쑤시개 등 필요한 것은 여기에 없다. 그러나 도심의 군중과 대학생들에게는 트레이더 조스는 극락과 같은 곳이다."

트레이더 조스의 바이어buyer는 경향을 따르지 않고 고객이 전에 경험하지 못한 새 상품을 확보하는 데 주력했다. 이것이 트레이더 조스의 차별화 정책이라고 생각한다. 중간 유통망을 거치지 않고 직접 생산자로부터 상품을 저가에 매입했다. 트레이더 조스는 역동적인 상품을 취급하므로 고객이 쇼핑하는 것을 마치 보물찾기처럼 느끼게 했다. 한 주에 10~15개의 신상품을 선보였다. 따라서 한 주에 10~15개의 기존 상품을 제거해야 했다. 판매 목표에 도달하지 못한 아이템은 가차 없이 잘랐다. 쿨롬은 어느 특정 연도에 수확한 포도주라든지 어느 특정 지역에서 재배한 옥수수의 통조림 등 수량이 제한된 제품을 제공했다. 또한 경쟁사나 고객이 어디에서 개인 라벨

상품을 구입하는지 모르게 하는 전략을 취했다.

트레이더 조스는 그들의 고객 80%가 대학을 졸업했고 지적이고 호기심이 많으며 건강, 여행 및 새로운 것을 추구하는 사람들이라고 보았다. 매장의 점장인 토니 헤일스Tony Hales는 "우리의 주 고객은 퇴직한 대학 교수를 비롯하여 독서와 여행을 많이 하고 고귀한 가치를 추구하는 사람들이다"라고 말했다. 실제로 많은 고객들이 트레이더 조스를 그들의 지역에 유치하고자 노력했다. 새 점포가 열리기 전에 몇 시간이나 줄을 서서 기다렸고 페이스북에 팬이 되었으며 이 회사의 상품으로 조리한 음식에 대한 요리책도 썼다. 창업자 쿨롬은 "내 아이들이 사업은 올브렉트가 소유하고 있지만 나는 사이비 종교단체를 가지고 있다"라고 말할 정도였다. 고객 감동의 시대에 트레이더 조스는 제대로 고객을 감동시킨 것이다.

좋은 제품을 좋은 가격으로 제공하는 것을 더 중요하게 여겨서 뉴스레터를 통해 마케팅을 하고 가끔 라디오 광고를 하는 것에 그쳤지만 고객들의 입을 통해 트레이더 조스는 알려졌다. 다른 많은 식품 유통회사와는 달리 이 회사는 우대 카드 프로그램을 사용하지 않았고 쿠폰도 발행하지 않았다. 뉴스레터로 다양한 상품정보를 제공했으며 상품이 마음에 들지 않으면 즉시 반품할 수 있게 했다. 트레이더 조스는 공식 웹사이트를 만들지 않았고 오히려 이 회사의 팬들이 많은 정보를 인터넷에 올렸다. 일부 전문가들은 이 회사가 소셜미디어 전략을 취하지 않는 것은 잘못된 결정이라고 말하기도 했으나 이것도 차별화 전략이라고 할 수 있다.

　트레이더 조스는 경쟁사보다 종업원들에게 많은 급여를 주는 창업자 쿨롬의 전략을 고수함으로 종업원의 퇴직금도 적립했고 아르바이트 종업원까지 일부 건강보험을 제공했다. 이러한 건강보험제도는 예술가, 음악가 등 창조적인 일을 하는 사람들이 이 슈퍼마켓을 찾게 만들었다. 또한 종업원은 10일간 연수를 받았다. 대부분의 식품 유통업체에서 하는 잡일을 배우지만 특별히 회사가 추구하는 가치에 대해 많은 것을 배우는 기간이다. 미션 스테이트먼트Mission Statement는 하지 않고 그 대신 조직의 7가지 핵심가치인 진실성, 상품 위주의 회사, 매일 고객을 놀라게 하기, 관료제도 없애기, 이웃집 가게라는 친숙감, 지속적인 향상, 매장이 우리의 상표란 것을 배운다.

　트레이더 조스는 종업원들이 회사의 상품을 잘 알게 하기 위해 회사 상품의 사용을 적극 권장했다. 종업원들이 새 음식을 맛보게 했고, 10% 할인도 허락했다. 고객들에게도 시식할 기회를 많이 주었다. 종업원들은 어느 한 분야의 전문가가 되기보다는 많은 일을 할 수 있는 만능인이 되기를 원했다. 종업원들은 매일 그리고 시간대별로 로테이션 했고 계산대에는 두 시간 이상 머물지 않게 했다. 또한 매시간 다른 종업원들이 가게로 오는 고객들에게 인사하게끔 했다. 트레이더 조스의 독특한 점 중 하나는 매니저들이 부하 직원들에게 인터콤을 이용해서 공지하지 못하게 했다. 대신에 키 메시지를 전달하기 위한 벨 시스템을 고안했다. 벨 한 번 누르면 계산대를 하나 늘리라는 말이고 벨 두 번은 계산대에 질문이 있다는 얘기고 벨 세 번은 매니저를 부르는 것이다. 많은 유통업체에서는 고객이 없는 야간에 재고를 보충하는 데 반해 트레이더 조스는 수시로 재고를 보충했다. 매니저들은 재고 보충보다 고객을 돕는 것이 우선이 되어야 된다고 강조했다. 한 작가가 오래 일한 직원을 인터뷰 해보니 "친절한 사람들을 채용하고 그들에게 시급을 잘 주고 복지를 잘해주면 직원들이 만족해하지 않겠는가?"라고 답했다고 한다. 직원들이 매우 행복해 보이는 것에 대해 많은 사람들이 놀라며 때로는 직원들이 고객들의 친절함에 놀라기도 한다.

2013년 트레이더 조스는 미국 전역으로 퍼졌다. 포브스Forbes는 이 회사를 일하기 바람직한 50대 회사에 이름을 올렸고 많은 전문가들이 이 회사의 성공에 놀라고 있다. 전국의 고객들은 이 회사가 자기 동네에 오기를 바랐다. 유타주에 살고 있는 줄리 메릴Julie Merrill은 자기가 사는 솔트레이크 시Salt Lake City로 매장을 유치하기 위해 페이스북을 열어서 4,000명을 모집했다. 이 도시에서 개점을 할 때 한 고객은 개점 전날 오후 4시에 도착해서 주차장에서 야영을 하고 다음 날 아침 8시에 첫 번째로 들어갔다. 고객이 아쉬워하는 제품이나 매점을 만드는 것은 매우 바람직하다. 지금은 고객을 감동시키는 것이 최고의 마케팅 방법으로 떠오르는 시대인데 유통 소매업체가 고객을 감동시키기는 여간해서 쉬운 일이 아니다. 그럼에도 불구하고 이를 실현한 기업이 트레이더 조스이다.

사례 ② 의류 및 가방 업체

하버드대학 교수 마이클 포터는 많이 만들어 파는 기업과 적게 만들어 파는 기업의 경영성과를 조사했다. 원가경쟁력 있는 기업은 당연히 많이 팔아서 상당한 수익률을 내고 있지만 차별화된 기업이나 집중화된 기업은 양이 적지만 충분한 경영성과를 낸다고 발표했다. 그의 제자들이 실증적인 연구를 해보았다. 상장된 기업에서 원가경쟁력으로 싸우는 기업과 차별화된 기업의 경영성과를 비교해봤더니 차별화된 기업의 경영성과가 더 좋은 것으로 나왔으며, 경제가 점점 더 발전하고 소득이 높아질수록 이런 경향이 높아진다는 것을 발견했다.

예를 들어 옷이라면 완전히 빅 사이즈이거나 신발이라면 장애인용 신발과 같이 특정 영역에 집중하여 잘하는 것이 하나의 무기가 될 수 있다. 차별화된 기업의 예로 자기 브랜드로 옷 만드는 회사가 아니지만 전 세계 유명회사의 옷을 OEM으로 만들어 주는 리앤펑 Li&Fung Ltd을 들 수 있다. 이 회사는 매출이 23조에서 25조 원에 이르며 전 세계에서 가장 옷을 많이 생산하는 곳이다. 홍콩을 기반으로 하는 이 회사는 어떻게 이렇게 옷을 싸게 공급할 수 있을까? 이 회사는 공장 하나 없이 1만 8,000여 개의 의류 생산 업체를 끌어 모았다. 전 세계 40개 국가에 단추 만드는 회사, 실 만드는 회사, 염색하는 회사 등 옷 만드는 데 관련된 3만 개의 협력업체가 있다. 백화점 등 주요 고객들이 공급자와 IT시스템으로 연결되어 있다. 예를

들어 월마트가 특정 규격의 반바지를 10만 개를 만들어 보내라고
하면 컴퓨터를 통해 어디에서, 어떻게 만들면 가장 싸고 빠르게 공
급해 줄 수 있는지 찾아내 비즈니스를 한다. 리앤펑은 '30/70룰'로
유명하다. 공급업체가 보유하고 있는 생산 용량의 30% 이상은 주
문해주는 것을 보장하되, 70%는 넘기지 않는다는 것이다. 공급협력
업체와의 긴밀도와 긴장감을 적절히 유지하려는 방책으로 철저히
지켜진다고 한다.

전 세계에서 가방을 제일 많이 생산하는 기업은 중국에 있을 확
률이 높다. 그런 기업들은 원가경쟁력을 놓고 싸우지만 이들과 다
르게 에르메스Hermes 가방은 차별적 가치로 싸운다. 그레이스 켈리
Grace Kelly가 임신했을 때 에르메스 가방을 들었다고 해서 우리나라
강남에서 임신한 여자들은 이 가방을 많이 들고 나갔다고 한다. 임
산부들의 명품 가방이 된 것이다. 우리나라에서 이 가방은 가격이
천 만 원이고 1년을 기다려야 하는데도 불구하고 대기자가 수천 명
이라고 한다. 그런데도 이 회사는 왜 가방을 빨리 안 만들까? 에르
메스 가방은 2만 6천 땀으로 만들어졌다. 170년 전 방식 그대로 만
드는 것이다. 종업원은 4만 3천 연습시간이 끝나야 가방 만드는 공
장에 투입한다. 그러니 가방을 찍어내듯이 만들 수 없는 것이다.

그렇다면 대기자들은 정말 품질 때문에 1년이라는 기간을 기다
리는 걸까? 그것보다 일련번호가 붙어 있는 희소한 가방을 기다리
는 것이다. 이처럼 에르메스는 차별적인 가치로 경쟁하는 회사이다.

그렇다고 에르메스가 고급 명품으로 차별화하면 되니까 원가절감을 할 필요가 없다는 것은 아니다. 에르메스도 원가절감을 위해서 노력한다. 그러나 공장을 중국으로 보내고 기계로 찍고 4만 3천 시간이 안 된 사람들을 생산공정에 투입하지는 않는다. 고객가치를 훼손시키는 것과 관련 없는 원가절감을 한다. 아무리 명품 가방이라 하더라도 흔해지면 값어치가 떨어진다. 명품의 또다른 이름은 '한정품'이다.

반대로 리앤펑은 '싸고 빠르게'가 그들의 강점이다. 이 가치가 훼손되면 회사의 경쟁력은 떨어진다. 기본적으로 마이클 포터는 원가경쟁력, 차별화, 집중화 얘기를 하면서 어중간한 기업이 가장 경영성과가 낮을 것이라고 주장했다. 애매모호하게 중저가를 추구하려 하지 말고 고객에게 싸게 하든지 차별적으로 하게 하든지 명확히 하라고 했다. 한 걸음 더 나아가서 싸게 하는 방향으로 간다면 그 싸다는 가치를 훼손시키지 않는 범위에서 차별화를 하고 차별화하는 가치를 훼손시키지 않는 범위에서 원가절감 하라고 한다.

사례 ③ 항공사

미국에 있는 항공사의 예를 보면, 총 여객 운송수로 세계 최대의 항공사인 아메리칸 항공American Airlines은 우수상용고객을 우대하는 프로그램으로 다른 항공사와 차별화 전략을 했다. 제트블루 항공JetBlue

Airways은 고객 중심적 가치를 중시 여기며, 고객에 대한 제트블루의 책임을 공식화하는 내용인 '비행자의 헌장flyer's bill of right'을 썼다. 제트블루는 날씨가 좋지 않을 것 같으면 비행을 미리 취소한다. 또한 주로 젊은 고객을 유치하는 전략을 펼치고 있다. 제트블루에는 따로 예약센터가 없고 재택근무를 원하는 여성들이 집에서 예약을 받는다. 제트블루 매니저들은 직원들의 집에 모니터와 단말기를 설치해 주고 그들이 일하기로 약속한 시간에 열심히 일할 것이라고 믿는다. 직원들이 집에서 일을 하면 아이를 돌보거나 다른 일을 하느라 업무를 제대로 처리하지 못할까 걱정할 수도 있다. 그러나 그들은 책임 있고 예의 바르고 친절하고 상냥하게 전화 받는 것으로 유명하다. 덕분에 9.11 테러 이후에도 흑자를 내는 몇 안 되는 항공사 중 하나이다. 유나이티드 항공이나 델타항공도 제트블루의 저가 항공 모델을 모방해 테드Ted와 송Song같은 저가 항공사를 설립했다. 그러나 전략은 모방할 수 있어도 직원들을 대우하는 회사의 문화까지 따라 할 수 없었던 그들은 결국 사라져 버렸다.

중간 규모의 도시들과 대도시의 제2 공항들 사이를 연결하는 사우스웨스트 항공Southwest Airlines은 대규모 공항을 피하고 장거리 비행 서비스를 제공하지 않는다. 고객은 주로 기업인, 가족, 학생들이다. 사우스웨스트가 제공하는 '잦은 운행, 저가의 운임' 서비스는 가격에 민감한 고객들을 유혹한다. 만약 운임이 비쌌다면 버스나 자동차를 이용했을 것이다. 풀서비스를 제공하는 항공사는 거의 모든 지점으로 운항하며 주요 공항에 중심을 둔 거점노선운항방식hub and spoke system을 채택하고 있다. 편안한 여행을 원하는 승객들을 위해 일등석이나 비즈니스석을 제공하고 비행기를 바꿔 타야 하는 승객들을 위해 운항 스케줄을 조정한다. 장시간 비행하는 승객들을 위해서는 기내식도 제공한다. 이에 비해 사우스웨스트는 자신들의 특정노선을 통해 저가로 간편한 서비스를 제공하는 데 모든 활동의 초점을 맞추고 있다. 사우스웨스트는 공항에서 승객이 탑승하고 내리는 시간을 15분 줄이면서 경쟁사들보다 더 오래 항공기가 공중에 떠 있게 했고 적은 수의 비행기로 빈빈히 이륙하게 했다. 사우스웨스트는 식사, 지정좌석, 연결 편에 대한 수하물 이동, 우등석 서비스를 제공하지 않는다. 자동발권시스템으로 여행사를 통하지 않고도 발권할 수 있게 했다. 사우스웨스트는 이러한 활동들을 근거로 독특한 전략적 포지션을 구축했다. 사우스웨스트가 운행하는 노선에서는 어떤 풀서비스 항공사도 경쟁할 수 없게 된 것이다. 근래 한국에서도 시작한 저가항공사들도 대부분 사우스웨스트의 전략을 벤치마킹 하고 있는 듯하다.

콘티넨털 항공Continental Airlines은 사우스웨스트의 성공을 보면서 양다리를 걸치기로 했다. 풀서비스를 제공하는 항공사의 위치도 유지하면서 일부 노선에서는 사우스웨스트와 같은 운영방식을 채택했다. 이 새로운 서비스는 콘티넨털 라이트Continental Lite라고 이름 지었다. 식사와 일등석을 없애고, 이륙 횟수를 늘렸다. 요금도 낮추고 게이트에서의 소요시간도 단축시켰으나, 풀서비스를 제공하는 노선도 운행하였다. 그러나 이 시스템은 본래의 포지셔닝에 대해 많은 상충관계를 만들었고 콘티넨털은 수억 달러에 달하는 손실을 입었으며 CEO는 해고됐다. 이 항공사는 거점공항에서 이륙 지연 사태를 겪거나 게이트에서 수하물을 옮겨 싣는 데 많은 시간을 소모했다. 비행 지연 및 취소로 하루 1,000건의 불만신고가 들어오기도 했다. 콘티넨털은 가격 경쟁을 감당할 수 없었다. 풀서비스 고객을 위해서는 여행사 수수료도 계속 지불해야 했기 때문에 수수료를 낮추는 식으로 절충했다. 또한 모든 고객들에게 마일리지 혜택을 줄이는 등의 조치는 여행사들과 풀서비스 고객들의 분노를 야기시켰으며 엄청난 비용을 지불할 수밖에 없었다.

사례 ④ 애니메이션 영화

디즈니Disney의 공주 캐릭터는 대부분 아름다운 얼굴과 몸매의 소유자이다. 한 애니메이션 업체는 디즈니보다 더 예쁜 캐릭터를 만들기 위해 노력했지만 디즈니를 이길 수는 없었다. 단순히 외모만 예쁘다고 성공할 수 있는 건 아니다. 그런데 이와 다른 방법으로 경쟁에 뛰어든 기업이 나타났다. 이 기업은 애니메이션 역사상 가장 못생긴 주인공을 탄생시켰다. 2001년에 얼굴보다 마음이 예뻐야 한다는 관점에서 비키 젠슨Vicky Jenson과 앤드류 아담슨Andrew Adamson이 감독한

'슈렉Shrek'이 나왔다. 새로운 아젠다agenda를 가지고 미모 지상주의에 대한 반성의 메시지를 던진 것인데 결과적으로 큰 인기를 얻었다. 디즈니도 할 수 없이 스티브 잡스Steve Jobs가 사장으로 있던 픽사Pixar와 제휴해서 예쁘진 않지만 귀여운 괴물 캐릭터를 제작하였다. 앞에서 말했듯이 스티브 잡스는 1985년 애플에서 쫓겨났으나 1995년 애플로 금의환향한다. 애니메이션 회사인 픽사에서 거둔 대단한 성공 덕분이었다. 그러나 그 성공은 잡스의 전략이나 기획 덕분이 아니었다. 몇 차례 작은 베팅을 통해 붙잡은 행운 덕분이었다. 당초 잡스에게 픽사는 하드웨어 컴퓨터 회사였다. 애니메이션은 그래픽컴퓨터를 팔기 위한 마케팅 수단에 불과했다. 잡스가 픽사에 투자한 5,000만 달러 대부분은 하드웨어에 투자했으나 손실만 보았다. 그러나 애니메이션은 대중적 관심을 끌었다. 1986년 존 라세터John Lasseter가 감독해 제작한 2분여짜리 단편 영화 '룩소 주니어Luxo Jr.'는 아카데미 영화제 후보에 올랐다. 하드웨어 분야에서 계속된 손실 속에서도 잡스는 존 라세터의 제안을 받아들여 1986년 5분짜리 단편영화 '틴토이Tin Toy'를 제작했다. 틴 토이는 아카데미 영화제 단편 영화상을 받았다. 틴 토이에 주목한 디즈니가 라세터를 스카우트하려 했지만 그는 이를 거부했다. 과거 디즈니에서 상사와 빚은 불화를 못 견디고 픽사로 옮긴 경험이 있어서 디즈니로 돌아가고 싶지 않았다. 1995년에 결국 디즈니는 픽사와 동업해 라세터에게 장편 애니메이션 '토이 스토리Toy Story'를 맡겼다. 토이 스토리는 엄청난 대성공을 거두고 픽사는 이를 바탕으로 성공적으로 기업공개를 마치게 되었다. 덕분에 잡스는 돈방석에 앉게 되었다. 스티브 잡스가 주력인 하드웨어 분야 외에 애니메이션 부분을 유지했다는 점, 하드웨어 분야에서 손실을 입었음에도 불구하고 애니메이션 부분에서 '룩소 주니어', '틴 토이' 등 작은 베팅을 계속했다는 점 등 때문에 당초 기대하지 않았던 애니메이션에서 대박의 행운을 만날 수 있었다.

드림웍스DreamWorks는 대놓고 못생긴 시리즈를 내놓았고 디즈니는 공주 캐릭터를 다시 살려보려고 했다. 2012년에는 리틀 프린세스 소피아Little Princess Sofia라는 캐릭터를 내놓았는데 기존의 캐릭터와는 다른 별로 예쁘지 않은 3등신 모습으로 미국에서 제법 인기를 끌었다. 그리고 2013년에 역대 애니메이션 관객순위를 갱신한 '겨울왕국Frozen'이 나옴으로 디즈니는 '라푼젤Rapunzel'을 기점으로 3D 애니메이션으로의 전환을 성공적으로 이루어 그동안 드림웍스와 픽사에 밀려 구겨졌던 자존심을 회복했다. '겨울왕국'은 미국 박스오피스에서 4억 달러의 수입을 올렸고 전 세계적으로 10억 달러의 매출을 올린 디즈니 최고의 흥행작이 되었다. '겨울왕국' 관련 캐릭터 상품은 선풍적으로 인기를 끌어 주인공 엘사Elsa 인형은 이베이eBay에서 1,750달러 정도에 팔렸다. 디즈니 공주의 인기 순위를 보면 겨울왕국의 엘사, 신데렐라, 백설공주 순이다. 예쁘진 않지만 적극적인 여성상을 강조하는 캐릭터인 엘사가 백설공주, 신데렐라를 제치고 디즈니의 여성 캐릭터 중 가장 높은 순위에 오른 것이다.

사례 ⑤ 주류 시장

한국에서의 주류 시장을 살펴보자. 진로의 소주 시장 점유율은 한때는 90%에 이르렀지만 대체로 50% 정도이다. 소주 하면 서민들의 애환이 담겨 있는 술이다. 전통적으로 농촌에서 많이 마시던 술은 막걸리였다. 도수가 높은 소주는 주로 북쪽에 추운 지역에서 많이 마셨다. 6·25 전쟁은 이 음주문화를 뒤바꿔 놓았다. 1924년 평안남도 용강에 한 시골 양조장에서 빨간 라벨의 진로로 출발한 진로소주가 서울에 등장한 것은 1954년이다. 모두가 가난했던 시절 한 잔의 소주는 생활에 지친 많은 서민의 시름을 달래줬다. 하지만 그만큼 많은 사람들이 독한 소주에 속을 끓여야 했다. 진로가 유명해진 것은 1959년 국내 최초로 만든 CM송이 히트하면서부터이다. 1965년 이후에는 곡류의 원료를 쓰지 못하니 주조공사에서 95도 순수주정을 양조회사들이 구입해서 술의 원료로 써왔다. 이것이 소위 희소식 소주이다. 고급소주 '참나무통 맑은 소주'를 출시하여 선풍적인 인기를 끌기도 했으나 1년 만에 바꿨다. 1997년에 IMF가 왔기 때문이다. 진로를 꺾고 1등이 되고자 하는 회사 중 하나인 보해는 진로보다 1년 먼저 검정색 병에 '김삿갓'이라는 고급술을 내놓았다. 진로는 1998년에 '참진이슬'을 내놓았고 2009년 지금 진로의 대표적 술인 '참이슬'로 브랜드명을 통일했다.

1980년에는 진로, 해태, 보해 주조 등 여러 회사들이 1년짜리 매실주를 내놓았는데 시장을 제대로 키우지 못해 다 없어졌다. 보해는

1년짜리 매실주 시장이 굉장히 유망할 것으로 보고 주정을 잔뜩 보강했으나 시장이 사라지자 일단 좀 가지고 있기로 결정하였다. 그리고 세월이 흘러서 폐기할 것이냐 아니면 제품으로 내 놓을 것이냐를 고민하다가 마지막으로 제품 개발을 해서 시장에 내놓았다. 이것이 1988년에 올림픽 공식주로 선정된 '매취순'인데 당시 선풍적인 인기를 끌었다. 경쟁사는 5년 숙성된 주정이 없어 대응할 방법을 찾지 못했기 때문에 그동안 이 시장을 독점하게 된 것이다. 작은 회사는 제품을 차별화해서 새로운 것을 만들고 큰 회사가 뺏어가지 못하게 하는 것이 최고의 전략이다. 매취순의 경우는 원료가 독점이었기 때문에 가능했다.

일본의 맥주 시장을 살펴보자. 1940년대까지는 다이닛폰 맥주Dai Nippon Brewery와 기린 맥주가 일본 맥주 시장을 이끌었는데, 1949년 다이닛폰은 삿포로Sapporo 맥주와 아사히 맥주로 분리되었다. 만년 2등인 기린은 1위로 등극할 수 있는 절호의 기회를 맞았고 이후 기린 맥주와 아사히 맥주 양대 회사가 독주하였다. 일본에는 1960년대부터 라거 맥주가 주류였다. 이 회사들의 핵심 고객은 대부분 사업가와 샐러리맨이었는데 이들 중 다수는 군 복무 시절에 기린 맥주를 배급받았기 때문에 이 맛에 익숙했다. 기린 맥주는 사업가들과 강력한 관계를 구축함으로써 1985년에는 점유율이 60%가 넘었고 아사히 맥주는 10%가 안 되었다. 기린의 라거 맥주가 표준이라고 믿는 인식 때문에 드래프트Draft 맥주를 생산하는 아사히의 근심은 깊어졌다. 특단의 조치가 필요한 시점에 접어든 것이다.

1980년대 들어서면서 이제 막 성인이 된 새로운 맥주 세대가 등장했다. 이때 아사히의 연구개발팀은 흥미로운 결과를 제출했다. 당시 일본에서는 소비자들의 맛에 대한 선호도는 잘 바뀌지 않고 브랜드 로열티가 크게 작용한다는 통념이 지배적이었다. 아사히의 연구개발팀은 '소비자는 이제 습관적 구매가 아닌, 맛으로 평가해 맥주를 선택한다'라는 획기적인 가설을 제시하였고 '소비자의 니즈needs가 변했다'고 주장했다. 소비자는 기존 세대가 선호하던 '쓰고 무거운' 맥주보다 '가볍고 깔끔한' 맛의 새로운 맥주를 원한다는 것이었다. 소비자들이 진정으로 원하는 맛을 알아내기 위해 도쿄와 오사카에서 2회에 걸쳐 5,000명에게 기호조사를 실시하여 본 결과, 연구개발팀이 내놓은 가설이 옳다는 것이 증명되었다. 그러나 아사히의 고민은 계속되었다. 회사 경영이 어려운데 주력 상품을 교체하려면 많은 투자가 요구되고 위험부담이 따른다. 그러나 문제 해결의 근본이 소비자의 입맛에 맞는 맥주 생산하는 데 있다고 판단한 히구치 히로타로 회장은 1987년 아사히의 새로운 제품인 슈퍼 드라이Super Dry를 출시했다. 이 사람은 당시 아사히 주거래 은행이었던 스미토모 은행의 부행장이었다가 아사히 맥주 회장으로 선임되었다. 그는 신제품 출시를 위해 대대적인 투자를 단행하는 동시에 기존 맥주를 상점에서 모두 회수했다. 그런데 젊은 맥주 애호가들은 아사히 드라이가 출시되자 폭발적인 반응을 보였고 이 맥주는 선풍적인 인기를 끌었다. 젊은 층은 아사히 드라이에 흠뻑 빠졌고, 그 결과 아사히는 업계 리더인 기린을 추월할 수 있었다. 당시 일본인들의 삶은 대단히 풍요로워서 고기를 많이 먹었는데 이에 적합한 맥주였던 것이다. 생맥주란 맥주 제조 과정에서의 중간 과정이다. 이 선풍적인 생맥주 시장에 기린은 못 들어갔다. 그 이유는 첫째, 기린은 자기들의 핵심고객을 소외시키고 싶지 않은 마음에, 젊은 층이 선호하는 드라이 맥주의 생산을 지연시켰다. 둘째 기린은 라거 시장에서 압도적인 1위였기 때문이다. '라거가 아니면 맥주라고 하지 말라'고 기린은 라거 맥주를 광고했다. 그러니 기린 생맥주를 광고할 수 없었던 것이다. 제일 먼저 해야 하는 것은 광고를 내리는 일이었다. 고객이 '라거가 아니면 맥주라고 하지 말라'는 광고를 잊기를 기다리는 수밖에 없었다. 기린은 이처럼 느린 대응으로 아사히 맥주에게 추월당하고 만 것이다.

사례 ⑥ 모터사이클 업체

동일한 연결고리를 갖고 있지만 경쟁사보다 효과적으로 활동하는 것도 타 회사보다 수익을 내는 방법이다. 이 경우 경쟁사들보다 더 자원과 능력을 보유해야 한다. 자원은 한 회사가 다른 회사보다 더 많은 가치창출을 하는 데 영향을 미친다.

단순한 모터사이클 제조 판매만 하지 않고 문화활동을 강화하여 성공한 한 모터사이클 업체가 있다.

　두카티Ducati는 1926년에 라디오부품회사로 이탈리아에서 설립된 회사인데 1950년대에 와서 모터사이클을 제조하기 시작하였다. 기술적 우위 때문에 국제경주에서 우승하여 사업이 번성하였으나, 1980년대 초 회사가 어려워져 1985년에는 이탈리아 제조업 재벌인 카기바Cagiva에게 매각되었다. 1990년대 중반 카기바그룹이 어려워지면서, 두카티는 파산 직전에 이르렀는데 1996년에 미국의 텍사스퍼시픽Texas Pacific 그룹에 인수되었고, 베인앤드컴퍼니Bain&Co.의 페데리코 미놀리Federico Minoli가 CEO로 선임되었다. 2000년 말에 미놀리는 파산 직전에 있는 두카티를 세계에서 가장 순익이 높은 모터사이클 제조업체로 변환시켰다. 이러한 성공에도 불구하고 미놀리는 회사의 미래에 대해 염려했고 미국의 메이저 모터사이클 제조업체이고 미국 시장을 지배하고 있는 할리데이비슨Harley Davidson을 따라잡으려는 계획을 세웠다.

　미놀리의 목표는 두 자릿수 성장 즉, 할리데이비슨의 이익률을 성취하는 것이었다. 그는 새로운 임원진을 채용했는데, 이들은 모터사이클에는 경험이 없지만 능력 있고 열정적인 사람들이었다. 당시 두카티에는 기능적 부서들이 존재하지 않았고 혼돈 속에 있었다. 이때 미놀리는 명확한 전략방향을 제시했다. 당시 두카티에는 좋은 상품과 일류의 엔지니어들이 있었고, 브랜드네임도 있었다. 이런 강점을 바탕으로 미놀리는 마켓쉐어를 4%에서 10%로 올리는 턴어라운드 프로그램을 수립했다. 당시 직원들은 기존 생산제품에 집중하자는 의견과 완전히 새로운 엔진을 개발하여 그랑프리 챔피언십에 참가하자는 두 가지 의견으로 나뉘어 있었는데, 미놀리는 글로벌 브랜드를 개발하는 방향으로 나가기로 결정했다.

공장 천장이 깨져 있었고 노조의 압력이 거셌지만 그럼에도 불구하고 미놀리는 박물관을 지었다. 두카티는 모터사이클을 중심에 두고 꿈, 패션, 역사를 파는 회사를 만들고자 했다. 즉, 기계공학에서 엔터테인먼트로 변신한 것이다. 두카티는 제품의 카테고리를 다변화하고 두카티 브랜드의 독특성을 나타내는 제품을 출시하고 품질관리를 더 강화하여 타사보다 수명이 긴 엔진과 차체를 내놓았다. 1997년에는 액세서리를 파는 지오카 모터를 인수하여 액세서리 시장에도 뛰어들었다. 두카티 스토어 외에도 두카티 클럽 멤버의 경주 참여에 도움을 주는 활동을 하였고, 전 세계에 광고를 했다. 두카티 본부에 있는 박물관에는 매년 만 명 이상의 방문객이 찾고 있다. 두카티 오너스 클럽Ducati Owners Club을 운영하여 멤버의 활동도 지원하고 있다. 두카티닷컴Ducati.com의 이비즈니스e-business도 하고 온라인 폴on-line poll, 마켓 서베이market survey도 하고 있다. 이러한 미놀리의 전략은 감성에 호소하는 현재의 마케팅 시대를 직시할 뿐만 아니라 미래를 내다보는 탁월한 경영철학이다. 2012년에는 폭스바겐이 두카티를 매수하였고 2015년의 영업이익은 5,400만 유로로서 모터사이클 업체로 지속적으로 성장하고 있다.

사례 ⑦ 렌터카 및 장거리 버스업체

경쟁자보다 독특한 가치를 고객에게 제공하여 렌터카 업계에서 성공한 회사의 예를 보자. 미국에서 유명한 렌터카 업체로는 허츠Hertz, 아비스Avis 등이 있는데 가장 성공한 기업이 엔터프라이즈 렌터카 Enterprise Rent A Car이다. 이 회사는 1957년 세인트루이스Saint Louis에서 캐딜락Cadillac 딜러를 하던 잭 테일러Jack Taylor가 창업한 회사이다. 그가 항공모함 엔터프라이즈에서 해군조종사로 근무한 적이 있어서 그 이름을 따서 회사 이름을 엔터프라이즈라고 지었다. 이 회사는 미국에서 가장 성공적인 렌터카 업체가 되었는데 어떻게 이것이 가능했을까?

기존의 렌터카 업체가 무시했던 부분을 공략하기 위해 회사 업무를 최적화했기 때문이다. 기존의 렌터카 업체들은 공항에 도착하는 비즈니스여행자를 위해 공항에서 대형으로 비즈니스를 했으나 엔터프라이즈는 미국 전역에서 대도시, 소도시 내에서 소규모 비즈니스를 운영하였다. 허츠나 아비스 같은 대부분의 렌터카 업체는 공항에서 출발했으나, 엔터프라이즈는 차를 도시 내에서 출발하는 데 집중하였다. 일반인들이 접근하기 쉽게 하기 위해서였다. 그리고 차 대여를 하는 소비자들이 오랫동안 차를 빌리게 하여, 더 수익을 올렸다. 나아가서 이 회사는 고객을 집에서 픽업하는 서비스도 했다. 여행사에 의존하지 않아 경비절감을 할 수 있어 차 정비공장, 보험사, 자동차 딜러들과 유대관계를 맺고 타 회사보다 저렴한 가격으로 서비스했다. 기존의 회사들도 공항 외에서의 비즈니스를 시작해 반격하긴 했지만, 엔터프라이즈를 따라잡기는 어려웠다.

미국에는 2,000개 이상의 그레이하운드Greyhound, 트레일웨이즈Trailways 같은 도시간 운행버스가 미국의 전 도시를 연결하고 있다. 많은 미국인들은 장거리 여행에 이러한 버스를 이용하고 있다. 그러나 장거리 버스 운송 산업은 하향길에 접어들었다. 1960년에는 1억 4천 명의 미국인들이 장거리 버스를 이용했는데 1990년에는 4천 명으로 줄어들었다. 그런데 2006년에 메가버스Megabus가 등장했다. 그레이하운드 같은 기존의 버스들은 탑승정류장bus depot에서만 승차할 수 있었지만 메가버스는 도로 곳곳에 승차할 수 있는 곳을 만들어 탑승을 편리하게 만들었다. 버스표는 온라인으로 팔고 각 루트당 첫 번째 손님에게는 표를 1달러에 팔았으며 승객이 버스 안에서 와이파이를 무료로 사용할 수 있게 했다. 주로 항공으로 가긴 너무 가깝고 승용차로 운전하기에는 너무 먼 도시 사이를 연결했다. 고객이 승차권을 쉽게 구입하고 승차권 인쇄도 안 하고 터미널 비용도 없고 광고비도 낮추는 비즈니스 모델을 구축한 결과, 철도Amtrak가 6%, 항공이 5% 성장한 데 반해 메가버스 승객은 48%나 증가하였다. 비용을 절감하고 비즈니스 모델을 새로 구축하려는 CEO들에게는 메가버스의 사례는 연구해볼 가치가 충분하다.

시장과 고객을 사로잡는 마케팅 전략

〈포춘Fortune〉은 매년 기업 순위를 발표하는데 상위에 있는 기업들의 비전에 가장 많이 등장하는 단어가 시장Market이라고 한다. 경영을 잘하려면 시장을 잘 알아야 한다는 뜻일 것이다. 시장에는 고객과 경쟁자가 있다. 이들은 쉬지 않고 변화한다. 그래서 시장에는 3C 즉 고객Customer, 경쟁Competition, 변화Change가 있다고 한다.

필립 코틀러의 전통적 마케팅 전략

경영에서 좋은 성과를 내기 위해서는 시장과 고객을 잘 알아야 하는데 기업은 핵심 고객과 핵심 시장을 선정하고 여기에 관심을 집중해야 한다. 앞에서 회사를 운영하는데 전략이 필요하다고 말했는데 결국 기업은 제품을 팔든지 서비스를 팔든지 팔아야 한다. 따라서 마케팅의 전략은 매우 중요한 부분이다.

경제학에서 말하는 수요와 공급의 법칙에는 부족한 점이 있었다. 상품이 도매에서 소매를 거쳐 소비자에게 전달되는 과정에서의 가격 변화이다. 수요와 공급으로 설명하기 어려운 이 부분에서 마케팅은 학문의 작은 한 분야로 자리를 잡을 수 있었으나 항상 영업의 도구로 여겨졌다. 좀 더 체계적으로 부풀려 팔자는 전술이었던 것이다. 이때 필립 코틀러Philip Kotler가 나타나 마케팅의 영역을 모든 경영활동으로 확장시키고 마케팅을 전략의 수준으로 승화시켰다.

기업에 따라서는 대기업, 중견, 아주 작은 기업이 있는데 각각의 규모에 따라 어떻게 경쟁해야 할까? 마케팅의 대가 필립 코틀러는 오래전에 경쟁지위 전략을 언급했다. 경쟁지위 전략은 업계에서 자신의 위치를 확인하는 데 중요한 프레임워크이며 경영자원의 질과 양을 축으로 기업의 포지션과 경쟁전략을 정리한 것이다. 기업의 마케팅 전략 구상시 업계에서의 경쟁지위를 파악하는 것은 매우 중요하다. 자기의 기업이 어떤 위치에 있는지를 알지 못하면서 마케팅 활동을 하면 한정적인 경영자원을 낭비하게 될 뿐만 아니라 장기적인 성장 발판 마련이 불가능해지기 때문이다.

코틀러는 시장점유율에 따라 기업을 리더Leader, 도전자Challenger, 추종자Follower, 틈새공략자Nicher의 네 가지 유형으로 분리했다. 각 유형에 위치하는 기업은 네 가지 경쟁 지위별 전략을 전개해야 한다고 주장했다. 리더는 업계 최고의 지위를 자랑하는 선도기업이다. 일반적으로 리더의 경우 강력한 상품개발력과 막대한 경영자원과 함께 항상 업계 최고라는 이미지를 갖고 있다. 따라서 리더 기업은 시장 전체의 성장을 고려해야 하며 시장점유율 유지를 목표로 새로운 시장 수요를 발굴해야 하며 상품과 가격대를 폭 넓게 구비하는 전략을 가져야 한다. 도전자는 리더의 자리를 노리는 기업이며 리더 기업 다음으로 시장점유율이 큰 기업으로 이들의 목표는 시장점유율을 확대해 리더 기업을 추월하는 것이다. 동일 시장 내에서 이미 리더 기업이 막강한 경영자원을 투입하고 있기 때문에 동일한 전략으로는 승산이 없다. 제품 및 가격 차별화를 해야 한다. 추종자는 상위 기업을 모방하여 틈새시장을 공략하는 기업이며 상위 기업들에 비해 경영자원 및 상품라인이 열악하기 때문에 시장에서 검증된 마케팅 경쟁전략을 벤치마킹해 틈새시장을 공략해야 한다. 이때 틈새시장은 틈새공략자만큼 전문적이지 않으면서 리더나 도전자에게는 큰 매력이 없는 시장을 말한다. 틈새공략자는 독자적인 지위를 구축한 기업이며 리더나 도전자 기업들이 본격적으로 진출하지 않은 틈새시장을 발견해 한정된 경영자원을 집중하고 독자적인 지위를 구축해야 한다. 틈새시장에서 확고한 경쟁지위가 확립되면 리더 기업의 전략을 전개해야 한다.

내가 업계의 리더냐 아니면 리더가 되고 싶어 하는 능력과 의사를 가진 도전자냐, 아니면 일등이 되고 싶어 하고 회사를 키워보고 싶은 추종자냐, 아니면 그저 먹고사는 정도의 틈새공략자냐에 따라 경쟁전략이 달라진다. 틈새공략자는 독특한 제품을 만들어서 거기서 조그맣게 먹고 사는 것이고, 신제품 개발을 하지 말라는 것이다. 리더나 도전자가 좋은 히트상품을 만들면 대충 모방해서 팔라는 것이다. 리더와 도전자와의 싸움이 가장 의미 있다. 압도적인 시장점유율을 지속적으로 유지하려는 리더는 원가 우위를 바탕으로 동질화를 추구하거나 혁신을 선도하여 전체 시장을 확대해 나간다. 도전자는 항상 새롭게 도전하고 리더는 원가경쟁력을 바탕으로 힘으로 누른다. 리더에 도전하여 적극적으로 시장점유율을 확대하려는 도전자는 혁신적 구조적 차별화 선택의 구체화, 게릴라전 등을 추구한다. 독자성은 약하나 시장에서 존속하고자 하는 추종자는 선도기업 모방, 부분적 차별화, 비용 위험 회피를 추구한다. 특정한 지분 시장에서 시장점유율을 극대화하려는 틈새공략자는 시장 집중화, 특화상품 개발, 국지전 등을 추진한다.

앞에 언급한 한국 소주 시장의 경우 1924년 진로는 최근까지 4~5번 변화가 있었다. 제품의 라이프사이클이 굉장히 길다. 이런 경우 리더가 원가경쟁력을 바탕으로 모방을 힘으로 누르는 것이 가능하지만 정보통신이나 바이오 같은 기술혁신이 굉장히 빠른 산업에서는 혁신제품을 모방하면 실패한다. 기술혁신 및 혁신 확산이 빠른 산업에서는 이노베이션 리더가 되어야 한다. 이렇게 전략이론도 달라져 간다.

코틀러가 젊었을 때에는 이처럼 혁신이 빠른 산업이 없었다. 전략이론이란 당시 시대상을 반영해 나오는 것이기 때문에 맹목적으로 받아들이지 말고 우리 산업에, 우리 회사에 어떤 의미가 있을까 재해석할 수 있어야 한다. 영국의 버진그룹에서 버진콜라Virgin Cola를 만든 적이 있었는데 뉴욕에서 코카콜라Coca Cola와 펩시Pepsi를 탱크로 깔아뭉개는 이벤트를 하고 대규모 물량공세를 했으나 결국 망했다. 1997년에 미국에서 론칭하여 나이트클럽과 바에서 고객을 확보한 후 소매점으로 진입한 오스트리아의 카페인을 다량 함유하고 있는 탄산 에너지 음료 레드불Red Bull이 있다. 그리고 중국에는 와와라는 식품그룹이 퓨처콜라로 코카콜라나 펩시를 이길 수 있는 수준이 아니지만 많은 지분을 소유하고 경쟁하고 있는데, 소도시나 농촌을 중심으로 출시한 후에 대도시로 진출하는 전략으로 콜라 삼국시대를 열어가고 있다. 이러한 예는 작은 회사들이 큰 회사들과 어떻게 싸워가고 있는가를 보여준다.

때로는 경쟁 회사끼리 라이벌 마케팅을 전개하기도 한다. 라이벌 마케팅 레벨에서는 라이벌과의 경쟁구도를 강조하여 소비자에게 차별적인 가치 인식을 제공하는데 라이벌 마케팅을 하는 맥도날드의 커피 광고에 '이제 별도 콩도 잊어라'가 있다. 이는 스타벅스, 커피빈을 잊으라는 말이다. 버거킹에서는 맥도날드 캐릭터도 버거킹을 사 먹는다는 광고를 했다. 코카콜라는 펩시와의 경쟁구도를 강조하여 소비자에게 차별적인 의식을 제공하는 라이벌 마케팅을 전개했다. 고객들에게 깊숙이 들어가는 광고를 한 것이다. 인도와 파키스탄은 서로 사이가 좋지 않다. 2013년 3월 코카콜라는 '스몰 월드 머쉰Small World Machine'으로 이 두 나라의 장벽을 허물고 연결을 하고자 하는 광고를 했다. 인도 사람과 파키스탄 사람이 터치스크린 양쪽에서 동시에 서로 손을 댄다든지 평화, 사랑, 행복 등의 상징을 그리면 코카콜라를 주는 것이었다. 내츄럴 치클 껌Natural Chicle Gum 회사는 경쟁회사가 초산비닐 수지 껌을 사용한다고 하는 상대방 비난광고를 했다. 네거티브 마케팅Negative Marketing이다. 한국의 경우 1조 1,000억 원 규모의 커피믹스 시장은 동서식품과 한국네슬레가 거의 8 대 2의 비율로 과점해 왔는데 2011년 말 남양유업이 뛰어들면서 시장점유율을 둘러싼 격전이 벌어졌다. 남양유업은 프렌치카페 커피믹스에 "카제인 나트륨 대신 무지방 우유를 넣었다"라는 네거티브 마케팅을 했다.

코틀러 교수가 2007년 한국에서 세미나에 참가했을 때 재미있는 일화가 있다. 코틀러 교수가 발표를 마치자 CEO 한 분이 낡은 책 한 권을 들고 그에게 다가가 "교수님 제가 학교를 다닐 때 교수님 책으로 공부했습니다. 지금 회사에 CEO로 있는데 지금도 교수님 책 보면서 항상 새로운 마케팅 전략을 생각하고 있습니다"라고 했더니 코틀러 교수는 "그 책 안 맞아요. 이제 그 책 보지 마세요"라고 했다고 한다.

앞으로의 시장은 마켓 3.0

필립 코틀러는 시장을 마켓 1.0, 2.0, 3.0으로 구분했고 앞으로의 시장은 마켓 3.0이라고 정의하면서 기업과 개인, 정부가 생존하기 위해서 변화해야 할 기업체질과 철학, 경영의 변화 요점을 제시했다. 마켓 1.0에서는 생산자들이 자사 상품이 타사 상품보다 기능이 좋다는 것을 강조하는 기능성에 목적을 두던 시대이다. 마켓 2.0에서는 기업들이 감성적 측면을 중시했다. 제공하는 상품과 서비스에 감성을 담아 낼 수 있으면 큰 성공을 거둘 수 있었다. 이것은 단지 상품이 기능으로서가 아니라 감성적인 측면으로 고객의 삶을 행복하게 하며 상품만 제공하는 것이 아닌 소비자와 따뜻한 관계를 유지하는 것이다. 제품만 잘 만들면 능사였던 시대는 끝이 났다. 아이디어를 내는 방법도, 수익을 모색하는 전략도 다시 생각해야 하는 때가 되었다.

코틀러는 이제 시장이 3.0으로 발전하고 있다고 말하며 시장을 선도하는 기업의 조직과 실천 방향이 어떻게 달라져야 하는지에 대해 구체적인 방향을 제시했다. 애플이나 구글처럼 시장을 선도하고 만들어 가며 리드하는 기업들은 소비자들을 포함한 사회 구성원들의 지지와 사랑을 받는다. 이 기업들은 함께 창조하고 함께 만들어가는 커뮤니티적 특성을 가진 새로운 시장의 특성을 잘 알고 있으며 사람들의 영혼을 사로잡는 방법을 알고 있다. 특히 애플과 같은 기업들은 기술을 통해 새로운 수요를 만들어 내는 발상의 전환에 능하다. 마켓 3.0 소비자들은 욕구에만 만족하지 않고 사회에 대한 조심과 걱정을 하는 시민들이다. 그리고 이들은 많은 사회적 이슈와 직면하고 있다. 에너지, 환경문제, 지속 가능성에 관한 문제들이 이에 해당된다. 이제 기업들은 그들이 속해 있는 곳에서 돋보일 수 있어야 한다. 그러기 위해서는 우선 주주들의 단기 이익 극대화에서 이해 관계자들의 이익을 극대화하는 것으로 목표를 바꾸어야 한다. 그리고 기업은 장기적으로 이익이 되는 사회적으로 옳은 일을 해야 한다.

구글과 수많은 웹사이트, 블로그, 그리고 더 나아가 트위터와 페이스북 같은 SNS 덕분에 기업들은 더 이상 무엇을 숨기거나 감출 수 없다. 제품에서 나온 문제를 은폐하려고 하면 트위터나 블로그를 통하여 걷잡을 수 없이 확산되고 기업 이미지는 타격을 입는다. 윤리경영, 에코 시스템, 친환경 기업 같은 단어들을 많이 쓰는 기업들은 마켓 3.0을 준비하는 기업들이다. 기업은 모든 이해 관계자에게로 초점을 맞추어 그들이 수혜자가 될 수 있도록 해야 한다. 앞으로의 시장에서는 이런 철학을 가진 CEO, 기업, 정부만이 생존할 수 있다는 것이다. 이러한 마켓 3.0 이론은 현재 사업을 영위하는 모든 CEO들이 참고해야 할 이론이다. 앞에서 말한 유통회사인 트레이더 조스도 고객의 영혼을 사로잡지 않았는가. 진정 마켓 3.0 이론을 실천한 기업이라고 할 수 있다.

경쟁 우위를 차지하는
차별화 전략

1984년에서 2002년까지 제약회사 쉐링 프라우Schering-Plough는 100억 달러의 이익을 냈으나, 같은 기간 동안 US스틸steel은 5억 달러의 손실을 보았다. 산업구조의 차이 때문에 이렇게 될 수도 있다. 제약회사는 특허, 제품차별화, 수요급증 등으로 경쟁이 완화되나, 철강산업에서는 공급과잉, 제품의 차별화가 제한되고 저성장으로 경쟁이 치열하다. 제약 소비자는 제품을 잘 변경하지 않는 데 반해, 철강 소비자는 저렴한 제품을 구매한다. 약품 제조에는 노동력이 적게 들어가는 반면, 철강산업에서는 노임이 큰 비중을 차지한다. 1984년에서 2002년까지 미국 내 산업 그룹의 이익률을 보면, 화장품, 담배, 음료수, 제약, 의료공급, 컴퓨터소프트웨어, 출판, 금융, 은행, 소매업, 석유화학, 항공, 국방, 컴퓨터와 주변기기, 자동차부품, 건축자재, 보험,

자동차 및 트럭, 통신, 반도체, 항공, 섬유, 철강, 철도, 제지, 엔터테인먼트 순으로 제약 회사는 일반적으로 제강 회사보다 더 순익이 많다. 하지만 지금은 엔터테인먼트가 상당한 우위에 올라와 있을 것이다. 쉐링 프라우는 타 제약 회사보다 더 비즈니스를 잘하는 회사이고, US 스틸은 타 철강 회사보다 더 못한 회사이다. 산업 내의 이익률의 차이는 산업 간 이익률의 차이보다 더 클 수 있다. 따라서 산업 내 비즈니스 성과에 대해 분석해 볼 필요가 있다.

시장에서 경쟁적 우위를 차지하려면

한 회사가 만약 경쟁사보다 많은 차이를 가지고 있다면, 경쟁적 우위에 있다고 말한다. 그러기 위해서는 첫째로, 독특하고 가치 있는 것을 할 수 있어야 한다. 만약 이 회사가 없으면, 공급자나 소비자가 아쉬워하고 다른 회사가 완전하게 대신할 수 없어야 하는 그런 부가가치를 가지고 있어야 한다. 둘째, 경쟁적 우위는 회사의 생산, 금융, 마케팅, 물류 등 모든 분야가 조화롭게 움직일 때 얻게 된다. 따라서 산업 분석은, 경쟁적 우위를 갖는 데 매우 중요하다. 경쟁적 우위를 갖는 기업들은 자기가 속한 산업의 매력적인 부분을 충분히 활용한다. 산업의 상태가 경쟁적 우위를 갖는 데 큰 영향을 미치기도 한다. 경쟁적 우위를 갖는 기업의 CEO들은 종종 기업가적 통찰력을 가지고 일을 하며 분석적 방법도 적용한다.

가격의 인상에도 불구하고 소비자가 많이 산다거나, 소비자가 적게 사더라도 가격에서 이익을 얻으면 회사는 경쟁적 우위를 차지할 수 있다. 전자는 차별화전략이고, 후자는 저가전략이다. 액센츄어Accenture는 오래된 경험과 연구개발 능력을 보유하고 있어서, 정보통신기술의 컨설팅분야에서 리더로 여겨지고 있다. 연구개발과 직원연수에 수익의 5%를 지출하나, 컨설팅 수주에서 경쟁이 종종 없고 고비용을 받기 때문에 비용을 상쇄한다. 앞에서 예를 들었던 사우스웨스트항공은 고객관리에 초점을 둔 저가 항공이다. 좌석을 지정하지 않고, 식사를 제공하지 않고, 다른 항공사보다 30% 더 여객기를 운항시킨다. 이렇게 함으로 경쟁사보다 매우 저렴한 항공료가 가능했고 지속적인 이익을 낼 수 있었다. 시르크 뒤 솔레이Cirque du Soleil는 서커스와 극장의 개념을 결합하였다. 전통적인 동물, 스타공연과 같은 고비용 부분을 빼버리고 어릿광대, 텐트, 고객 세 가지에 집중했다. 어릿광대의 활동을 세련화 시키고, 텐트를 화려하게 만들고 극장의 요소를 가미하였다. 이 서커스는 엔터테인먼트의 새 범주를 창조했다. 요약하면, 이 회사는 전통적인 서커스 고비용 요소들을 제거하고, 고객이 지불하고자 하는 다른 분야의 가격을 높였다. 2013년 이 회사의 연간 수입은 10억 달러에 이르렀다.

소니의 제품은 품질로는 상을 계속 받았지만 5년 연속 적자를 보았다. 한 시대를 풍미했던 기업들, 유통의 시어즈Sears, 필름제조사 코닥Kodak, 이스턴항공, TWA항공, 증권회사 이에프 허튼EF Hutten은 역사 속으로 사라졌다. 경쟁적 우위를 얻기 위해 저가로 하는 회사와 차별화하는 회사들로 두 가지 전략을 구사하는 회사가 있다. 성공적인 저가로 하는 회사는 월마트, 사우스웨스트 항공, 맥도날드 등이다. 차별화로 성공한 기업은 호텔 체인인 포시즌스Four Seasons, 메르세데스 벤츠Mercedes Benz, 롤렉스Rolex 등이다.

그럼 저가 전략은 어떤 식으로 할까? 동종의 생산품을 다량생산할 때, 양이 늘어나면 평균단가는 떨어지지만 양을 늘려도 더 이상 단가가 떨어지지 않는 양이 있는데, 이 지점을 찾아야 한다. 전자기기 하청업체 폭스콘Foxconn의 롱후아 공장Long Hua Campus을 보자. 40만 근로자가 일하고 있고 15개 공장이 있으며, 기숙사 수용장, 식당, 영화관 등이 있다. 여기에서 다량의 iPad, iPhone 등을 생산하고 있다. 이런 업체는 생산량을 늘려도 더 이상 단가가 떨어지지 않는 지점을 찾을 필요가 있다.

반대로 차별화 전략은 어떻게 할 것인가? 애플 스토어Apple Store나 파텍 필립Patek Philippe 시계와 같이 제품의 외관적 특징을 향상시킬 수 있다. 또한, 인적자원 능력을 향상시키는 것도 가능하다. 싱가포르항공Singapore Airlines은 직원들을 선발, 훈련에 남다른 차별화를 시도했다. 도요타Toyota 생산시스템은 간반(즉시), 가이젠(지속적향상), 지도카(인간지능으로 자동화)를 구현했다.

의사결정권과 정보의 흐름

경쟁 상황에서는 뛰어난 전략과 블록버스터급의 제품, 발전된 첨단 기술을 보유해야만 경쟁적 우위를 점할 수 있다. 또한 탄탄한 전략 실행력이 동반돼야 한다. 그러나 대부분의 기업에서는 조직 개편 같은 구조 변화에만 집중한다. 조직개편은 전략실행의 주요 요소이기는 하지만 그 효과는 단기적이다. 어떤 기업이 경영성과가 나빠 이를 해결하기 위하여 관리자들을 해고했다고 하자. 처음에는 비용은 줄겠지만 일을 해나가기 위한 경험 있는 필요 인력의 감소로 업무 계획 및 수행에 차질을 가져올 수도 있다. 그러나 신입사원은 계속 충원하고 있으니 시간이 지나면 그 계층은 다시 채워진다.

게리 닐슨Gary Neilson, 칼라 마틴Karla Martin, 엘리자베스 파워스 Elizabeth Powers는 조직 개편에서는 아래 두 방법에 집중하는 것이 중요하며 이것이 전략실행의 전형이라고 주장한다. 먼저 누구에게 결정 권한이 있고 누가 조언자 역할을 할지 구체화해야 한다. 새로운 전략에 있어 중요한 요소인 사업 부분간 협력을 위해 관리자들이 네트워크를 구축할 수 있게 지원해줘야 한다. 무엇보다 먼저 '의사결정권'과 '정보의 흐름'의 문제를 해결하고 조직구조 개편과 인센티브 재구성은 그다음 문제라고 말하고 있다.

첫 번째 의사결정권에 대해 생각해 보자. 중소기업에서는 회사의 규모가 작아서 누가 의사결정권이 있는지 명확하다. 그러나 조직이 큰 대기업의 경우 승인과정이 복잡해지고 직원들은 어떤 문제에 대한 의사결정권이 누구에게 있는지 모르는 경우가 있다. 또한 기업 내부에서 경쟁 관계에 있는 부서의 임원들은 회사의 수익성을 떠나 자기에게 유리한 결정을 내리는 경우도 있다. 앞에서 예를 든 양손잡이 조직에서 기존 사업부의 책임자가 혁신사업부를 자기들의 경쟁상대로 보는 경우도 이에 해당된다. 각각의 사업부는 성과목표를 달성하는 데 초점을 두고 본사는 적절한 예산 편성에 더 신경 쓴다. 사업부와 본사가 예산 편성에서 협상이 진행될 때는 결정이 지연되기도 한다. 본사 직원들은 CEO에게 자신의 고과에 대해 더 많이 보고하는 경향이 있으며 이런 모든 문제가 전략 수행에 차질을 가져오고 CEO는 새로운 사람으로 계속 교체시킨다. 한 신임 CEO는 각 사업부서에 비용관리 대신 고객에게 집중해 수익률을 높이라고 지시했다. 또한 새로운 조직 모델을 도입해 각 사업부별로 융통성 있게 예산을 활용하고, 수익에 관한 책임과 목표 달성을 위해 본사 직원에게 권한을 부여했다. 부서간 협력 시스템을 구축해 회사 전체의 글로벌 역량을 키워 나갔으며, 각각의 사업부서 활동을 지원하기 위해 기업 내 기능직을 재배치해 책임소재를 명확히 정의했다. 그 결과 CEO는 각 부서의 상황을 잘 파악할 수 있었고 비즈니스 운영 모델에 변화를 가져왔다. 일방적으로 새로운 모델을 주입하는 것보다 부서 리더들이 새로운 모델을 만들어가는 데 적극적으로 참여하도록 하여 조직 재정비 과정에 투입하는 것이 효과적이었다.

그러나 한국 기업의 실정에서 의사결정권을 명확히 한다고 해서 나쁜 경영 실적이 타개될까 의심스럽다. 경영능력이 있는 기업의 오너가 회사 경영을 장악할 때 가장 효과적이 아닌가 생각이 든다. 전문 경영인은 소신껏 경영실적을 타개하기 위한 방침을 실행하는 데 한계가 있기 때문이다.

두 번째, 관리자들의 네트워크 구축은 변화혁신에서 설명한 양손잡이 조직에서 기존 조직과 혁신 조직의 고위 관리자들이 긴밀한 관계를 구축하라는 것과 일맥상통한다. 각 사업부서는 시장에 관한 최신 정보가 있어야 한다. 일리노이주 피오리아Peoria에 본사를 둔 중장비 제조업체 캐터필러Caterpillar는 본사에 의사결정권이 집중되어 있었으나 의사결정을 위한 필요한 정보는 현장 판매직원들이 대부분 보유하고 있었다. 외부 시장에 대한 정보를 듣지 못하는 고위 경영진은 조직 내부의 문제만 집중적으로 분석했고, 하위 직급에서 이미 결정한 사항에 대해 뒤늦게 비난하다가 빠르게 변화하는 시장 트렌드를 따라가지 못했다. 가격을 무기로 공격하는 고마츠Komatsu에 계속해서 시장을 빼앗겼다. 1982년 창업 이후 6년 만에 처음으로 손실이 났으며 1984년 말 캐터필러의 누적 손실은 10억 달러에 이르렀다. 본사 경영진이 올바른 정보를 수집하기 위한 최고의 방법은 조직 하부에서 올바른 결정을 내리는 것이다. 현장과 밀접한 사람들에게 운영책임을 맡기자 최고 경영진은 좀 더 광범위한 전략문제에 집중할 수 있게 됐다. 이에 따라 캐터필러의 조직 구조는 사업부서별로 재정비되었으며 각 부서별로 수익성에 대한 책임을 지게 됐다.

강력한 권한을 부여 받았던 본사의 관리 부서를 없애고 각 사업 부서에서 직접 제품을 설계하고, 제조 공정 개발 및 스케줄 관리를 담당하며, 가격을 책정했다. 개편 단행 후, 빠른 속도로 의사결정권이 분산됐다. 모든 사업부의 손익은 동일한 기준으로 평가됐으며, 총자산이익률이 성공을 가늠하는 공통적인 지표가 됐다. 본사의 고위 결정권자들은 전략적 선택 및 거래를 위한 정보를 보유하게 됐다. 변화를 시작하고 18개월이 지나자 캐터필러는 새롭게 탄생했다. 캐터필러는 철저하게 변화를 추구했고, 그 변화는 전 세계에서 동시다발적으로 진행됐다. 성장이 침체됐던 회사가 열정이 넘쳐나는 기업으로 탈바꿈했으며 성공적인 글로벌 기업으로 성장했다.

전략실행을 위한 인재 채용

여러분이 주지하는 대로 전략을 바르게 실행하려면 결국 사람을 바르게 써야 한다. 기업은 사람을 어떻게 쓰느냐에 전적으로 달려있다는 것을 다음 사례에서 볼 수 있다. 제너럴모터가 파산 직후 AT&T CEO인 에드 휘태커Ed Whitacre가 회장으로 취임했다. 이때 회사는 완전 마비된 상태였고 변화가 불가능해 보였다. GM은 2009년 6월 1일 파산신고를 하였고 8일 후 백악관은 에드 휘태커를 회장으로 선임했다. 자동차의 문외한인 에드 휘태커는 GM 본사에 가서 GM의 새로운 CEO 프리츠 헨더슨Fritz Henderson을 만났다. 헨더슨은 세계 자동차 업계를 잘 알고 있었고, 모든 숫자를 통달하고 있었다. 사업에 조직이 어떻게 구성되었느냐가 중요하므로 휘태커는 헨더슨에게 GM의 조직도를 보여 달라고 했는데 그는 조직도는 없고 모든 것이 머릿속에 있다고 대답했다. 이것이 휘태커가 느낀 첫 번째 이상신호였다. 두 번째 이상신호는 20여 명에 이르는 고급 임원들이 그에게 보고한다는 것이었다. 어떻게 하루에 이렇게 많은 임원들과 얘기할 수 있단 말인가. 헨더슨은 임원들이 하고 있는 일을 간략하게 설명하지 못했다. 다음은 GM의 부회장인 밥 루츠Bob Lutz였다. 그는 은퇴했다가 전 CEO 릭 왜고너Rick Wagoner에 의해 생산품의 창조적 요소와 고객관리를 위해 재영입되었다. 이것이 무슨 의미인지 휘태커는 알 수 없었다. 루츠의 주된 업무는 주로 조언과 의견을 말하는 것이라고 했는데 이는 GM 이사회에서도 이루어지고 있는 일이었다. 휘태커는 밥 루츠를 퇴진시켜야 한다고 생각했다. 이사회가 열린 날 휘태커는 헨더슨에게 현재 진행되고 있는 일들과 계획이 무엇인지 알고 싶으니 그것만 짧게 말하라고 했다. 그러나 헨더슨은 사실과 숫자를 1시간 동안 나열하기만 하였고 GM의 재정 상태나 세계화 전략에 대해서는 말하지 못했다. 1시간이 지났을 때 휘태커는 헨더슨을 강제로 중단시켰다. 이사회가 끝난 후 토의 끝에 헨더슨은 CEO의 적임자가 아니라는 결론이 내려졌다. 휘태커는 헨더슨에게 90일의 여유를 주겠다고 경고했다. 몇 주가 지나서 휘태커는 헨더슨에게 조직의 재구성이 어떻게 되느냐고 물었고 수입 지출과 딜러 폐쇄에 대해 간략한 발표를 준비하고 사업을 일관성 있게 재구성 하는 것에 관해 말하라고 했다. 그러나 헨더슨은 전체적으로 비즈니스 상태와 무관한 발표를 장시간 했다. 회의가 끝나자 헨더슨에게 새 임원진을 짜서 위임하라고 말했다. 헨더슨은 휘태커가 이 사업을 모른다고 생각하고 있었다. 다음 이사회 때도 헨더슨은 제대로 하지 못했고 이사회는 CEO를 경질해야 되겠다고 생각했다. 헤드헌터로부터 CEO 후보 리스트를 받았다. 그러나 GM은 회생기간임으로 CEO에게 걸맞은 급여를 줄 수 없었다. 200만 달러나 되는 돈이 없었고 내부에서는 지원자가 없었다. 모든 이사들의 눈은 휘태커로 향했다. 휘태커는 임시 CEO가 되기로 했고 헨더슨을 그날로 사직시켰다. 휘태커의 CEO 재임기간은 짧았다. 다시 GM이 기업공개를 했기 때문이다. GM은 이익이 나고 미래가 밝다는 것을 보여줘야 했고 투자자들을 확신시킬 충분한 자료가 있어야 했으며 GM의 주식이 투자자들에게 매력적으로 보이게 해야 했다. 휘태커는 기업공개가 끝날 때까지 CEO로 남기를 원하지 않았고 댄 애커슨Dan Akerson이 회장 겸 CEO로 자원하자 2010년 8월 12일 휘태커는 사직했다. GM은 2분기 실적 13억 달러를 공시했는데 6년 만에 최고 기록이었으며 2분기 연속 성장이었다. 비록 휘태커의 재임 기간은 짧았지만 그가 GM을 회생하여 다시 기업공개를 할 수 있었다는 사실은 이 책에서 일관되게 말하고 있는 '기업은 사람'이라는 것을 다시 한 번 확인시켜주고 있다.

마케팅에 적용하는 새로운 의제

1968년 노스캐롤라이나 대학교North Carolina University의 저널리즘학과 교수였던 매콤스McCombs와 쇼Shaw는 의제agenda를 단순히 사람들의 의견으로 생각하지 않고 특정한 서열을 지닌다고 보았다. 즉 사람들이 중요하다고 여기는 과제는 5~7개에 불과하여 일정기간이 지나면 잊혀진다고 보았다. 일정기간 동안 특정 생각을 지속적으로 하는 데는 매스미디어가 중요한 역할을 한다고 가정했다. 그들은 사람들이 중요하다고 여기는 사건과 신문에 보도된 각 이슈의 횟수를 비교해 보았는데 신문에서 많이 보도한 이슈일수록 사람들이 중요하게 생각한다는 사실을 발견했다. 이것이 의제 설정 이론agenda setting theory으로 마케팅에도 그대로 적용된다.

1960년대에는 "당신의 비누는 다이얼"이라는 로고송의 광고가

TV와 라디오에서 계속 흘러 나왔다. 이러한 광고에 노출된 우리는 비누 하면 다이얼이라는 생각이 뇌리에 깊숙이 박혔다. 디자인보다 중요한 것이 인체공학이라는 "침대는 가구가 아니고 과학이다"라는 광고를 한 에이스 침대는 새로운 침대 선택에 대한 의제를 던졌다.

노이즈 마케팅Noise marketing의 예는 주변에서 쉽게 찾아볼 수 있다. 안 좋은 내용이라도 회자되어 대중의 기억에 남고자 발버둥 친다. 일부러 구설이나 가십거리를 만들어 대중의 이목을 집중시키고 인지도를 높이려 한다. 파스퇴르우유는 처음 나왔을 때 '저온살균 우유'라고 대대적으로 광고했다. 그랬더니 다른 회사가 저온살균보다 고온살균이 좋다고 주장했다. 하지만 이미 그 광고가 뇌리에 박혀 있는 소비자들은 저온살균 쪽이 더 나을 거라고 생각하게 된다.

우리나라 맥주의 양대 산맥은 크라운과 OB이다. 40년 동안 2등인 크라운 맥주가 1위를 노리고 출시한 것이 하이트 맥주이다. 크라운은 '지하 150m에서 100% 천연 암반수로 만드는 맥주는 하이트뿐이다'라고 광고했다. OB는 공정거래위원회에 '암반수가 아니라 지하수다. 150m가 아니라 130m다. 우리도 지하 100m에서 뽑아낸 순수한 물을 사용한다'고 제소했다. 그러자 소비자들이 관심을 갖게 됐다. 소비자들에게는 100m 지하수보다 150m 암반수가 좋아 보였다. 그러면서 전세가 뒤집어진 것이다. 과거에는 고객이 물로 맥주를 선택한 적이 없었다. 어떤 호프가 좋은가를 놓고 따졌는데 이제는 물을 놓고 두 회사가 싸우니 고객의 90%가 물이 좋은 맥주를 선택하게 된 것이다.

1970년대 정부의 낙농업 육성을 위한 우유 소비 장려 정책에 힘입어 개발된 빙그레의 바나나맛 우유는 하루 평균 80만 개 이상, 연 2억 5만 개 이상 판매되고 있다. 1974년에 바나나 우유로 출시했다가 천연 재료를 쓰지 않으면 식품명을 제품에 쓰지 못하도록 하자 2009년부터 바나나과즙 1%을 넣어 바나나맛 우유로 변경했다. 그러자 경쟁사에서는 바나나는 원래 하얗고, 노란 것은 색소를 첨가했기 때문이라고 주장했다. 하지만 '바나나맛 우유'는 부동의 1위를 고수하고 있다.

그렇다면 라면 업계는 어떨까? 1963년 9월 15일에 한국에서 라면이 처음 출시되었다. 당시 전쟁으로 인해 모두가 어렵게 지내던 시절이었다. 1961년 지금의 삼양식품(주) 전중윤 명예회장은 남대문 시장을 지나다가 배고픈 사람들이 꿀꿀이죽을 사먹기 위해 길게 줄을 선 모습을 보게 되었다. 이 광경을 보고 사람들이 싼값으로 배부르게 먹을 수 있는 음식이 없을까 고민했다. 그는 일본의 라면을 떠올리고 라면 제조 기술을 도입하기로 결심했다.

그렇지만 한국에는 외화가 없었고 일본과는 국교가 단절되었던 때여서 라면 제조설비를 도입한다는 것은 거의 불가능한 상태였다. 전 사장도, 정부도 돈이 부족했다. 그는 고민 끝에 당시 중앙정보부장이던 김종필 씨를 찾아갔다. 국민들을 배고픔에서 건져내겠다는 전 회장의 간곡한 호소에 김종필 정보부장은 감동하여 농림부의 지원을 받도록 도와주었다. 신용장을 열고 전 사장이 일본으로 갔지만 일본의 반응은 냉담했다. 일본도 어렵던 시절이었기 때문에 라면 제조설비를 국교가 단절된 한국에 팔려고 나서는 사람은 없었다. 여러 곳을 수소문하다가 전 사장은 묘조Myojo라면 사장을 만나 한국의 어려운 사정을 이야기하며 도와달라고 청하였다. 묘조라면 사장은 다음 날 보자고 하였다. 다시 찾아온 전 회장에게 묘조라면 사장은 자기는 한국에 가본 일이 없고 아직 국교정상화도 안 됐지만 한국 전쟁이 일본 경제를 재건해준 셈이고 우리는 한국 전쟁 덕분에 살아가고 있다고 말했다. 그리고 라면 제조설비를 저가에 제공하고 기술을 무상으로 이전하겠다고 했다. 또한 아무도 알려주지 않았던 면과 수프의 배합 비율도 가르쳐 주었다.

이런 우여곡절을 거쳐서 1963년에 삼양식품이 출시한 닭고기 육수 맛 삼양라면이 국내 최초로 시판되었다. 그리고 1965년에 롯데공업(농심)이 롯데라면을 출시한 이후 1986년에 출시한 신라면은 농심의 대표 브랜드가 되었다. 2011년에는 하얀색 국물 라면이 트렌드로 자리 잡아 팔도가 꼬꼬면을 내서 큰 인기를 끌었다. 삼양은 나가사키짬뽕을, 농심은 후루룩칼국수 등을 출시해 하얀색 국물 라면의 트렌드에 편승해가려고 했다. 그러나 이후 농심은 하얀 국물 라면을 빠르게 철수하고 진짜진짜 맵다 라면을 출시했다. 매운 맛과 순한 맛이 싸울 때는 한국 국민의 매운 맛에 대한 선호도가 분명히 부각되었기 때문이다. 꼬꼬면이 안 팔리자 팔도는 진하고 매운 맛의 남자라면을 냈다. 이는 하얀 국물과 매운맛 국물의 대결에서 졌다는 신호인 셈이었다. 삼양은 따라가기에 급급해 빨간 국물 라면인 나가사키 홍 짬뽕을 냈다. 진라면을 냈던 오뚜기는 담백함, 얼큰한 맛이 주를 이루고 있는 라면 시장에서 참깨라면을 출시해 고소한 맛으로 공략했다.

선두주자들은 새로운 의제로 시장을 점령하려고 노력한다. 마이클 포터는 전략은 첫째, 고객이 아닌 경쟁사를 이기는 것에만 초점을 둔다. 둘째, 미래 고객이 아닌 현재 고객에게만 집중한다. 셋째, 단기 수익에 집착하여 장기 전략을 훼손한다는 특성이 있다고 말했다.

새로운 시장을 찾는
레드오션과 블루오션

시장에는 거대기업 즉 자이언트들이 많이 있다. 그들과 경쟁할 때 그들의 룰로 싸우면 절대 이길 수 없다. 어떻게 하면 작은 기업이 거대한 자이언트를 이길 수 있을까?

비즈니스에서는 불법, 탈법이 아니면서 새로운 방식으로 이기면 된다. 스모에서는 거인에게 지지만 룰을 바꿔 발레댄스로 승부를 겨루면 꼬마가 이길 확률이 커진다. 구약 성경에 다윗과 골리앗의 싸움이 나온다. 다윗이 거인 골리앗과 싸울 때 기존의 전투방식을 택했으면 필패 했을 것이다. 그는 기존의 창과 검으로 싸우는 방식을 버리고 자기만의 전투 방식, 즉 조약돌과 물매를 선택했다. 결국 조약돌을 물매에 걸어 골리앗의 이마에 명중시킴으로 싸움에서 이긴 것이다. 이는 다른 방식으로 싸우면 작은 기업도 대기업에 승리할 수 있다는 것을 의미한다. 힘센 사람이 작은 꼬마를 못 이기면 바보지만 꼬마가 큰 기업을 이기면 전략의 꽃이 된다.

경쟁에서 우위에 서는 레드오션 전략

대표적 레드오션 전략인 본원적 경쟁 전략은 1985년에 하버드 경영대학원 교수인 마이클 포터Michael Porter가 주장한 기업의 전략우위 개념이다. 그는 기업의 전략우위는 자신의 강점을 최대한 활용하는 전략을 상대방보다 먼저 사용함으로써 확보할 수 있으며, 이는 성공적으로 경쟁우위 상황으로 이어질 수 있다고 설명한다. 한 산업 내 선택 가능한 전략적 포지션을 제시하기 위해 논의되는 개념이다. 어떤 기업이 경쟁을 하려면 크게 세 가지 무기가 있어야 한다. 원가경쟁력을 가지고 있거나Cost Leadership Strategy, 경쟁자보다 독특한 가치를 차별화하여 고객에게 제공하거나Differentiation Strategy, 경쟁을 피해서 어떤 영역에 집중을 하는 것Focus Strategy이다. 보통 경영학은 기업 내부 자원의 생산성에 집중하는 경향이 있는데, 포터 교수는 산업경제의 거시적 역학 관계에 주목했다.

한 회사가 10년 혹은 20년 후에 그 분야 최고의 회사가 되려면 어떻게 해야 할까? 최근 기업 경영에서 인기를 모으고 있는 레드오션 전략과 블루오션 전략을 살펴보자. 레드오션 전략은 경쟁에서 싸워 이기는 전략이고 블루오션 전략은 경쟁을 하지 않은 새로운 시장을 만드는 것이다. 1962년에 알프레드 챈들러는 전략이란 조직의 목표를 설정하고 행동의 방침 내지 방향을 설정해 목표를 달성하는데 제 자원을 배분하는 것이라고 앞에서 말한바 있다. 전략이 원래 군사용어이기 때문에 기업 전략이 사용하는 언어는 군사용어로 채워져 있다. 최고 경영자를 뜻하는 CEO는 'Chief Executive Officer'로 'Officer'나 본사나 본부를 뜻하는 'Headquarter'는 원래 군사용어다. 또한 'Troop(병력)', 'Front Line(최전방)' 등의 군대 용어 역시 기업 전략에서 자주 사용되고 있다.

군인 출신들이 정치를 하면 일반인들은 군인 출신이 무얼 알아서 하나 생각하지만 군에서 전략적 사고를 하는 방법을 배우기 때문에 리더로서 업무를 잘 수행할 수 있는 것이다. 박정희 대통령이나 미국의 아이젠하워Eisenhower 대통령은 전략을 세우는 방법과 조직원들을 움직이는 방법을 잘 알고 있다.

전략을 어떻게 수립하느냐 하는 프로세스는 우리가 처한 외부환경을 분석하고 우리의 역량을 분석하고, 우리가 속해 있는 산업에서 SWOT 분석을 해서 회사의 미래 방향을 정하고, 실제 전략들을 도출해서 실행계획을 수립하고 잘 진행되고 있는가를 점검하는 과정으로 구성되어 있는 표준전략의 흐름이다.

레드오션은 오늘날 존재하고 있는 모든 산업, 즉 이미 알려진 시장이다. 레드오션에서는 산업의 경계가 정해져 있으며, 경쟁을 위한 규칙이 잘 이해되고 있다. 기업들은 기존 수요 가운데 더 큰 몫을 차지해 경쟁자보다 앞서려고 애쓴다. 이 시장은 기업들이 많을수록, 수익과 성장에 대한 전망이 어두워진다. 제품은 동질적인 상품으로 변하고, 출혈 경쟁 현상이 나타나게 된다. 불행하게도 대부분의 기업들은 레드오션에 안주하고 있는 것 같다. 레드오션에 초점을 맞춘다는 것은 전쟁에서 제한된 영역에서 성공하기 위해 적군을 격퇴할 필요가 있다는 것을 의미한다. 경쟁이 없는 새로운 시장 창출 역량을 부인한다는 것이다.

경쟁이 없는 시장 블루오션

블루오션 전략은 프랑스 인시아드INSEAD 경영대학원의 김위찬 교수와 르네 마보안Renee Mauborgne 교수가 2005년에 출간한『블루오션 스트라티지Blue Ocean Strategy』에서 주장한 모델이다. 레드오션 전략과는 달리 경쟁이 없는 새로운 시장을 창출하여 가치혁신을 통해 가치제공과 비용절감을 동시에 추구한다. 레드오션 전략은 경쟁이 있는 기존의 시장 공간을 공략한다. 다른 기업과의 경쟁에서 이기기 위해 가치나 비용을 폐기하여 활동체계를 정렬한다. 반면에 블루오션 전략은 경쟁이 없는 새로운 시장 공간을 공략하며 다른 기업과의 경쟁 자체를 무의미하게 만든다. 가치와 비용을 함께 추구하도록 활동체계를 정렬한다.

블루오션은 오늘날 존재하지 않는 모든 산업, 즉 경쟁으로 오염

되지 않았으며 아직 알려지지 않은 시장을 뜻한다. 즉 경쟁자가 없는 곳에서 사업을 하는 방법에 관한 것이다. 새로운 영역의 창조에 관한 것이지, 기존 영역의 분할에 관한 것이 아니다. 블루오션에서는 수요를 두고 다투는 대신 새로운 수요를 창출한다. 따라서 수익성을 갖추고 빠른 속도로 성장할 수 있는 충분한 기회가 있다.

블루오션을 만드는 데는 두 가지 방법이 있다. 먼저 이베이가 온라인 경매 비즈니스를 출범시킨 것처럼 완전히 새로운 산업을 만드는 것이다. 그러나 대부분의 경우 블루오션은 기존 산업의 경계를 변화시킬 때, 레드오션에서 만들어진다. 김위찬과 르네 마보안은 시르크 뒤 솔레이를 사례로 들었다. 시르크 뒤 솔레이는 서커스와 극장을 분리했던 전통적인 경계를 무너뜨림으로, 서커스 산업이라는 레드오션 안에서 새롭고 수익성을 갖춘 블루오션을 만들었다.

업계를 선도하는 첨단 기술이 블루오션을 창출하기 쉽다. 그러나 기술혁신이 블루오션의 특성을 정의하는 것은 아니다. 블루오션이 기술적인 혁신 그 자체의 결과인 경우는 드물다. 블루오션 창출의 기반이 되는 기술이 이미 존재하고 있는 경우가 많다. 포드의 혁명적인 조립 라인도 고기 포장 산업에서 나온 것이다. 대부분의 블루오션은 기존 산업인 레드오션 외부에서가 아니고 내부에서 창출됐다. 산업을 불문하고 블루오션은 존재한다. 블루오션 전략은 매우 강력하기 때문에, 이를 향한 전략적인 이동이 성공하면 수십 년 간 지속되는 브랜드 자산을 구축할 수 있다. 1908년 포드의 모델 T의 출시를 보았던 사람들은 지금 고인이 됐지만 포드의 기업 브랜드는 여전히 영향력을 발휘하고 있다.

미래를 바라보면, 블루오션이 성장을 위한 엔진으로 작용할 것이 분명하다. 기존 시장 즉 레드오션은 대부분 지속적으로 위축되고 있다. 기술적인 진보는 산업의 생산성을 엄청나게 향상시켰고 공급자들은 신제품과 서비스를 생산할 수 있었다. 국가와 지역 사이의 무역장벽이 없어지고, 제품과 가격에 대한 정보를 즉시 전 세계적으로 알 수 있게 되면서, 틈새시장과 독점시장은 사라져 가고 있다. 동시에 선진국에서는 시장 수요가 늘어나지 않고 있다.

최근 국제연합 통계에서는 선진국의 인구 감소를 지적하기도 했다. 따라서 점점 더 많은 산업에서 공급과잉 현상이 나타나고 있다. 이런 상황은 가격전쟁을 야기시키며, 기업의 이익률을 저하시킨다. 최근 연구에 의하면, 미국의 주요 상품 브랜드들이 점점 유사해지면서 소비자들은 가격에 기초해 구매 결정을 내리는 사람들이 늘고 있다. 공급자가 많은 상황에서는 경기에 상관없이 브랜드를 차별화하는 것이 더 어렵다. 미국뿐만 아니라 우리도 마찬가지이다. 마켓에 가서 치약을 구입할 때 브랜드를 보지 않고 대부분 그날 제일 싼 치약을 고른다.

경쟁이 없는 시장을 창출하려는 블루오션 전략도 광의의 경쟁전략이라고 할 수 있다. 사업경쟁은 상대가 있으므로 절대적으로 완벽한, 즉 어떠한 경우에도 반드시 승리할 수 있는 사업 경쟁 전략은 존재하지 않기 때문에 더 많은 좋은 전략을 가진 기업이 승리한다.

종합상사에서는 "알래스카에서 냉장고를 팔았다. 아프리카에서 난로를 팔았다" 등의 이야기를 하는데, 아프리카에 신발 시장조사를 보냈더니 신발 신을 사람이 없으니 시장이 제로라고 한 직원도 있고 신발을 안 신고 다니니 모두가 신발을 신으면 엄청난 시장이 될 거라고 보고한 직원도 있었다고 한다. 더 좋은 제품으로 이기기도 하고 차별화하여 이기기도 하고 또는 시장이 아니라고 보던 것이 새로운 시장이 되어 블루오션이 될 수도 있다.

레드오션 전략은 시장 진출 전략에서 고객을 우선시하나 블루오션 전략은 비고객을 우선시한다. 레드오션 전략은 시장 창출 전략을 틈새시장, 기술혁신, 창조적 파괴로 간주하나 블루오션 전략은 세분화가 아닌 통합, 그리고 기술혁신보다는 가치혁신, 비창조적 파괴도 가능하다. 또한 레드오션 전략은 차별화 및 비용절감과 동일시하지만 블루오션 전략은 차별화와 비용절감을 동시에 추구한다.

마이클 포터가 주장한 본원적 경쟁전략은 블루오션 전략과 대비되는 관점이다. 본래 경쟁은 시장을 확대하고 혁신을 추진한다. 경쟁 없이 시장을 장기간 독점하는 것만큼 나쁜 환경은 없다. 블루오션은 항상 레드오션화의 리스크가 있다. 기업에서 생존은 성장에 우선한다. 새로 해물탕 가게를 열면서 인천 부평의 해물탕 거리에 내는 이유는 무엇일까? 경쟁을 피하려면 다른 곳으로 가야 하는데 왜 이렇게 하는가? 경쟁하면 시장이 확대되는 속성 때문이다. 모여 있으니 혼자 있을 때보다 더 많은 사람이 오며, 몰리는 곳에는 더 많은 사람들이 모여들기 때문이다. '먹자골목'의 비좁은 골목에 새로운 음식점이 계속 비집고 들어오는 이유이다. 그러나 어떤 음식점은 손님이 꽉차고 밖에 줄까지 섰는데, 옆집은 텅텅 비어 있다. '부익부 빈익빈' 현상이 여기에서도 나타난다.

자동차 부품 보쉬Bosch는 부품회사인데 독특한 운영방식을 취한다. 현대자동차가 보쉬에 필요한 부품을 만들어 납품해달라고 하자 보쉬는 다른 데서 사라고 했다는 것이다. 파는 건 자기가 알아서 파니 필요한 건 주문해 사가라는 말이었다. 매출액이 현대자동차와 비슷한데 이 회사는 설립 당시부터 경쟁이 없는 시장을 독점하고 안주하는 것이 최악이라며 경쟁시장을 스스로 찾아간 회사이다.『이상한 나라의 앨리스』라는 책을 보면 붉은 여왕이 앨리스를 데리고 뛰어가는데 한걸음도 나아가지 못한다. 환경이 사람이 달려가는 방향으로 그만큼 움직이고 있기 때문이다. 그래서 앞서가려면 환경의 변화보다 두 배 빨리 달려야 한다. 환경이 앞으로 가니 가만히 있으면 뒤로 가게 되는 것이다.

모방을 통한 창조, 퍼플오션 전략

경쟁 없이 독점하는 회사와 치열한 경쟁 속에서 1등 하는 회사를 비교해 보니 둘 다 1등이지만 경쟁이 없이 독점하는 회사보다 경쟁이 있는 곳에서 일등 하는 기업의 성과가 더 좋은 것으로 나타났다. 우리나라는 지금까지 모방전략을 취해왔다. 삼성은 모방해서는 안 된다고 얘기한다. 글로벌 1등 회사가 되어야 하기 때문이다. 항상 새로운 혁신이 필요하다. 모방을 하려면 창조적 모방을 해야 한다.

차별화시켜서 리스크도 줄이겠다는 블루오션도 많은 비판을 받고 있어 새로운 이론이 나오고 있다. 퍼플오션 전략은 레드오션에서 성공한 아이템을 활용하여 다른 분야에서 블루오션을 개척해나가는 전략을 의미한다. 레드와 블루를 혼합하면 퍼플이 되는 것처럼 포화되어 경쟁이 치열한 레드오션과 무한한 가능성을 가지고 있는 미개척 시장인 블루오션을 혼합한 말이다. 한 분야에서 성공한 것을 다른 분야로 확장시킴으로써 가격과 리스크를 줄이고 수익을 극대화하려는 전략이다.

퍼플오션 전략의 사례를 보자. 식품업계에서 기존의 히트제품이 가진 이미지를 활용해서 새로운 시장을 개척하는 것, 예를 들면 선키스트 오렌지 주스에서 선키스트 사탕을 만들고 선키스트 아이스크림을 만드는 것과 같은 것이다. 또 자일리톨 껌에서 애니타임 캔디, 자일리톨 요구르트, 자일리톨 초콜릿이 나오는 것도 마찬가지이다. 『식객』이라는 만화가 인기를 얻으니, 영화도 만들고 드라마도 나오고 캐릭터도 만든다. 이와 같이 하나의 소재를 다른 장르에 적용해 파급효과를 누리는 것을 원 소스 멀티 유즈One Source Multi Use라고 부른다. 이 퍼플오션은 레드도 블루도 제대로 설명하지 못하고 있다. 진정으로 레드와 블루를 통합하려면 무지개 같은 시각이 되어야 한다. 다양한 전략을 우리가 어떻게 가져다 쓸까 하는 문제이다.

새로운 분야에 진출하려는 기업이나 새로 창업을 하려는 이들은 대개 블루오션을 찾으려고 고심한다. 거리의 곡예사들이 설립한 시르크 뒤 솔레이도 블루오션을 찾아내어 널리 알려진 성공적인 기업이 되었다. 그렇지만 블루오션 창출이 실제로 쉽지만은 않다. 미국의 컨설팅 기업 PwC의 존 스비오클라John Sviokla와 미치코헨Mitch Cohen은 120명의 억만장자를 집중적으로 연구했고 다시 16명을 심층 면접했는데 그중 80%는 의복, 음료, 서비스와 같은 고도의 경쟁이 심한 산업을 재편함으로 자수성가하게 되었다고 그의 저서『자수성가한 억만장자의 효과The Self-made Billionaire Effect』에서 말하고 있다. 완전히 새로운 시장을 찾아내 거대한 부를 쌓기도 하지만, 기존 시장에서 충족되지 않았던 소비자의 욕구를 찾아내 이를 활용할 줄도 알아야 된다는 것이다. 우리가 눈여겨봐야 될 의미 있는 주장이라고 본다.

레드오션과 블루오션은 양자택일의 문제가 아니라 균형과 조화의 문제이다. 오랫동안 해온 레드오션 사업이 있어야 새로운 사업도 시작해 볼 수 있다. 새로운 사업을 해서 잘된다면 모방하는 사람들이 반드시 나타난다. 모방을 못하게 하고 모방이 들어오면 지켜줘야 한다. 이것은 다 경쟁전략이다. 블루오션을 지키는 것은 모두 레드오션 전략이다. 삼성이 돈을 버는 것은 휴대폰과 반도체이다. 반도체도 삼성이 처음 시작할 때 아무도 안 하는 새로운 사업에 뛰어든 것이 아니라 일본과 대만이 버리고 간 집적도 낮은 반도체를 중고 생산시설을 불하받고 기술을 도입하여 사업에 뛰어들었다. 낮은 수준에서 출발했는데 세계 경제가 침체되면서 운이 따랐던 것이다. 그러니 신제품이 잘 안 팔리고 구제품을 자꾸 A/S해서 쓰다 보니 낙후된 제품의 수요를 삼성이 독점한 것이다. 선진기업들은 생산시설을 삼성에 팔고 떠나갔으니 더 이상 이러한 제품을 생산할 수 없었다. 삼성은 돈을 많이 벌고 그 힘으로 제품개발에 투자를 해서 지금은 세계에서 가장 집적도 높은 반도체를 생산해 내고 있다.

레드오션에서 이기면 블루오션으로 찾아가기도 한다. 레드오션과 블루오션은 양자택일의 문제가 아니라 우리가 처해 있는 상황에 따라서 혹은 장단기적인 관점에서 어떻게 균형과 조화를 가지고 살아 나갈까 하는 것이다. 단기적인 지향성이 큰 레드오션 전략과 장기적인 지향성이 큰 블루오션 전략을 균형적으로 취해야 한다. 레드오션 전략은 블루오션 비즈니스를 키우고 지키고 만드는 역할을 수행한다. 전략은 미래를 만들어가는 도구이다.

블루오션을 이룬 사례

블루오션을 창출한 기업은 보통 10~15년 동안 뚜렷한 도전자 없이 혜택을 누린다. 시르크 뒤 솔레이, 홈디포, 페덱스, 사우스웨스트,

CNN 등이 대표적인 사례다. 블루오션 전략이 경제적·인지적으로 상당한 모방 방지벽을 만들어 내기 때문이다. 블루오션을 창출한 기업의 비즈니스모델을 차용하여 실행하는 것은 쉽지 않다. 승용차 여행 비용으로 항공기 여행을 제공하는 사우스웨스트를 따라하는 항공사는 문화적인 측면은 물론 항로, 마케팅, 가격 설정에서 대폭적인 수정을 해야 하는데 기존 항공사 가운데 단시간에 이러한 광범위한 변화를 할 수 있는 업체는 거의 없어서 실패했다는 이야기를 앞에서 한 바 있다. 마이크로소프트는 인튜이트Intuit가 재무 소프트웨어 제품인 퀵큰Quicken으로 만든 블루오션을 차지하려고 1년 이상 애썼지만 인튜이트의 선두 자리를 빼앗을 수 없었다.

1970~1980년대 일본 기업들은 전사적 품질 경영, 지속적인 개선 같은 기법을 사용하여 운영의 효과 면에서 많은 성과를 거두었다. 따라서 일본 제조업체들은 오랫동안 비용과 품질 면에서 강점을 보여 왔다. 그러나 경쟁자가 하는 것과는 다른 활동들을 다른 방식으로 수행하는, 즉 기업이 차별성을 갖고 지속 가능한 경쟁 우위 상태에 도달하는 전략적 포지셔닝strategic positioning을 소니Sony, 캐논 Canon 등 몇몇 기업을 빼고는 거의 개발 못했다. 대부분의 일본 기업들은 제품, 서비스, 공장 배치까지 서로 모방했다. 그러자 운영의 효과 면에서 차이가 없어지면서 일본 기업들은 어려움에 빠져들게 되었다. 이를 극복하기 위해서 일본 기업들은 전략을 배워야 한다.

블루오션의 케이스 스터디로 서커스를 보자 우리나라에는 40년 역사에 동춘서커스가 있다. 하지만 동춘서커스는 "동춘서커스를 살립시다"는 광고를 하면서 근근이 버티고 있다. 그렇다면 경쟁적 우위에서 잠깐 언급한 시르크 뒤 솔레이를 다시 보자. 여기에서는 덜 위험하고 훨씬 세련된 스토리가 있는 서커스를 한다. 동물 보호 트렌드를 반영하고 오페라를 벤치마킹하여 동물은 등장하지 않는 대신 스토리가 있는 아트서커스라는 장르를 창조했다. 인간의 진화과정을 그린 토테미라는 공연이 그 예다.

1984년 설립한 시르크 뒤 솔레이는 전 세계의 많은 도시에서 수십 개의 작품을 상영하면서 관람객 4,000만 명을 끌어들였다. 시르크 뒤 솔레이의 2013년 매출액은 10억 달러인데 이러한 빠른 성장세는 이례적이다. 서커스 산업은 지금까지도 장기 침체에 빠져 있기 때문이다. 스포츠 이벤트, TV, 비디오 게임 같은 대안들이 서커스 산업에 어두운 그림자를 드리우고 있다. 가장 중요한 관객이었던 어린이들은 서커스 공연보다 게임하기를 더 좋아한다. 그리고 동물 보호 단체들은 서커스에서 동물을 이용하는 쇼에 대해 반감이 커지고 있다. 또 관객을 끌어들이는 스타곡예사들이 자신의 입장에서 조건을 정하는 경우가 많아졌다. 그 결과 서커스 산업은 지속적인 관객 감소와 비용 상승으로 타격을 받게 됐다. 더욱이 이 산업의 신규 진입자는 지난 세기 동안 업계 표준을 만들어온 강력한 서커스단들과 경쟁해야 했다. 설립 후 약 10년 동안 시르크 뒤 솔레이는 이렇게 어려운 환경에서 어떻게 매출을 22배나 늘릴 수 있었을까? 핵심적인 아이디어는 시르크 뒤 솔레이 초창기 상연작에 붙었던 "우리는 서커스를 재창조한다"라는 슬로건에 나타나 있다.

　시르크 뒤 솔레이는 기존 서커스 산업 내에서 경쟁하지 않고 경쟁이 없는 시장을 만들어 냈으며 전통적으로 서커스 업계의 고객이 아니었던 전혀 새로운 고객들, 즉 극장이나 오페라, 발레를 찾던 성인과 기업 고객을 끌어들였다. 이들은 과거에 경험하지 못했던 경험을 위해 전통적인 서커스보다 몇 배 비싼 가격을 지불하는 사람들이다. 최근에 하고 있는 시카고 공연을 보자. 주중 티켓 값이 234달러나 한다. VIP 파킹, 특석 시트를 제공하고 공연장 옆에 붙어 있는 텐트에서는 공연 중간에 음식과 칵테일 뷔페를 제공한다. 이 서커스는 라스베이거스에만 6개, 전 세계에서 22개의 서커스가 동시에 돌아간다. DVD, 공연에 나왔던 옷도 팔고 아트갤러리, 식당, 나이트클럽, 피트니스센터도 운영하고 무비스턴트도 하며 특별공연에 초대받아 공연하기도 한다. 양적인 확대와 더불어 질적인 확대를 위해 영화감독 제임스 카메론James Cameron과 함께 3D 모션픽처 영화도 찍었다. 새로운 도약을 모색한 것이다.

　시르크 뒤 솔레이에서 볼 수 있는 전통적인 서커스의 여러 가지 구성 요소 가운데 지속적으로 매력적인 것은 결국 세 가지로 요약된다. 광대, 천막, 고전적인 곡예 공연이다. 그래서 시르크 뒤 솔레이에서는 광대 공연을 계속했다. 대신 이들의 유머를 단순 동작 위주의 익살에서 황홀하고 세련된 스타일로 바꿨다. 다른 서커스단들은 천

막을 포기하고 공연장을 임차하는 경우가 많았다. 그러나 태양의 서커스는 천막이 서커스의 매력을 잘 나타낸다는 사실을 깨닫고, 천막을 업그레이드 했다. 딱딱한 의자는 사라졌고 곡예 공연은 계속했고 예술적인 부분을 추가함으로 공연을 우아하게 만들었다. 전통적인 서커스와는 달리 다양한 주제와 스토리를 기반으로 하는 여러 가지 작품을 보여주고 있다. 브로드웨이와 마찬가지로, 각 작품을 위한 창작음악을 갖고 있다. 이 음악에 따라 공연, 조명, 연기가 진행된다. 전통적인 서커스의 비싼 요소들을 많이 제거하자 대폭적으로 비용절감을 이루었다. 이처럼 차별화와 저비용을 동시에 달성함으로, 연극과 서커스의 레드오션에서 블루오션을 창출하여 경쟁자 없는 새로운 시장을 만든 것이다.

통찰력과 분석력을 통한 전략의 개발

기업의 결정을 엄밀히 살펴보면 장래를 위해 작성했다는 전략의 상당 부분은 과거에 의존하는 경우가 많다. 마치 전쟁에서 장군들이 과거의 전쟁 경험을 살려서 다음 전쟁 준비를 하는 것과 같다. 전쟁에서 겪은 경험은 비즈니스에서 얻은 경험과 많은 경우 일치한다. 위대한 명장이 취한 전술은 분명히 비즈니스의 세계에서도 경쟁에서 살아남을 수 있는 교훈을 주고 있다. 전략은 지혜에서 나오기 때문이다. 이런 관점에서 볼 때 성경에는 수많은 지혜가 담겨 있다.

성경에 나오는 기드온Gideon의 이야기를 보자. 이스라엘이 곡식을 심을 때만 되면 미디안 사람들Midianite이 쳐들어와 약탈을 감행하곤 했다. 기드온은 미디안이 섬기는 바알신의 제단을 헐어 버렸고 단 곁에 있던 아세라 상도 찍어 버렸다. 바알신은 음행의 사교이었고 바알신을 섬기는 것은 우상 숭배였다. 미디안을 대적하기 위해서 기드온에게 많은 사람들이 몰려들었다. 그는 두려워 떠는 자는 돌아가라고 했는데 이때 2만 2천 명이 떠나고 1만 명이 남았다. 하나님은 기드온에게 아직도 인원이 많으니 더 줄이라고 말하셨다. 기드온은 남은 1만 명을 데리고 물가에 내려가서 물을 마시게 하고 물을 마실 때 개가 물을 마시듯이 입을 대고 혀로 핥아 마시는 자들과 손으로 물을 떠서 입에 넣어 마시는 자들을 구분하여 손으로 물을 떠서 마시는 300명을 추렸다. 언제 미디안이 공격할지 모르는 상황에서 머리를 강에 대고 먹는 사람들보다 머리를 들고 시야를 확보하면서 손으로 물을 먹는 지혜를 가진 현명한 사람들을 선택한 것이다. 기드온은 300명을 데리고 밤에 적진을 치기로 했다.

기드온이 적진에 가까이 가서 병사들이 하는 말을 듣게 되었다. 한 병사가 꿈을 꾸었는데 보리떡 한 덩어리가 미디안 진영으로 굴러들어와서 장막을 쳐서 무너뜨리더라는 말을 했다. 그러자 옆에 있는 병사가 그 보리떡이 기드온의 칼날이라고 해몽하는 것을 들었다. 이 말을 들은 기드온은 즉시 병사를 집결시키고 300명을 세 무리로 나누고 손에 빈 항아리를 들리고 항아리 안에 횃불을 감추게 했다. 기드온과 같이 간 300명은 적진에 이르러 나팔을 불고 손에 들었던 항아리를 부수고 횃불을 들고 나팔을 불며 여호와와 기드온의 칼이라고 외쳤다. 미디안 진영은 대부대의 기습을 받았다고 착각하고 서로 칼로 치면서 혼비백산하여 도망쳤다.

이 기드온의 승리에서 우리는 일반적으로 인정되는 전쟁의 여덟 가지 법칙 즉, 목적, 집결, 공격태세, 기동력, 기습, 방어, 전력의 경제성, 협력을 전부 볼 수 있다. 지도자의 명확한 목적, 즉 미디안을 쳐서 없애겠다는 목적은 부하를 집결시킨다. 『손자병법』에 나오는 지피지기知彼知己와 같이 적을 먼저 알기 위해 미디안의 적진을 조사하고 그들의 심리 상태를 파악했다. 그다음 횃불을 항아리에 감추고 나팔을 부는 치밀한 계획을 세웠다. 그리고 대낮에 힘으로 하는 전쟁을 하지 않고 야밤에 기습을 감행하여 적을 혼란에 빠뜨렸다. 그리고 만 명 중에서 지혜로운 자들로 판명된 3%인 300명으로 소수정예 부대를 편성했다. 적절한 무기를 적시에 사용했으며 부하들에게 작전 계획을 충분히 알리고 지휘관이 선두에 나서 지휘했다. 전쟁에서는 전력을 다했으며 복잡하지 않은 간단한 전략을 세웠다.

수많은 경기를 우승으로 이끌어 가장 성공적이고 혁신적인 코치로 평가받는 밥 나이트Bob Knight는 1971년부터 2000년까지 인디아나 대학의 농구 코치를 했다. 그는 경기 시즌이 시작되기 전에 매년 『손자병법』을 읽었다고 한다. 2002년 월드컵을 앞두고 브라질의 루이스 스콜라리Luiz Scolari 감독은 쪽지 한 장을 선수들에게 돌렸다고 한다. 그 쪽지에는 지피지기知彼知己 백전불태百戰不殆 즉 '적을 알고 나를 알면 백 번 싸워도 위태롭지 않다'는 말과, 풍림화산風林火山 즉 '바람처럼 빠르고, 숲처럼 조용하고 불같이 공격하고 산처럼 서 있으라'는 말이 적혀 있었다고 한다. 이 명언 때문인지는 몰라도 브라질 팀은 7전 전승으로 우승했다. 손정의, 빌 게이츠, 맥아더 장군 등은 모두 『손자병법』을 읽고 나름대로 전략을 수립했다고 전한다.

사업가들에게 어떤 전략의 도구를 가지고 있는지 물었다. 가지고 있는 도구가 망치이면 모든 문제가 못처럼 보인다. 그러나 어떨 때는 구부려야 하고 잘라야 하고 붙여야 하는데 아는 것이 망치밖에 없다. 아는 것이 원가절감밖에 없다면 어떻게든 싸게 만들려고만 한다. 품질 개선하는 사람은 식스시그마만 하려고 하고, 영업이 최고라고 생각하는 사람은 계약해서 팔려고만 한다. 자기가 성공한 잘 아는 것만 고집하는데 비즈니스는 그렇게 단순하지 않다. 굉장히 다양한 사양이 있기 때문에 다양한 전략적 도구를 가져야 한다. 따라서 많은 공부를 해야 한다. 많은 전략들을 공부해 놓으면 나중에 이렇게 하면 되는구나 하는 비즈니스의 전략적 통찰이 떠오른다. 새로운 사업 아이디어는 이렇게 떠오른다. 통찰력을 얻은 다음에는 밖을 열심히 보던 시선을 안으로 향해야 한다. 회사의 조직, 문화를 평가한 다음 각자에 맞는 전략을 수립해야 한다.

통찰력의 필요성

전략의 근본은 무엇을 할 것인가 무엇을 하지 않을 것인가를 결정하는 것이다. 전략은 일정한 규율과 명확한 의사소통을 필요로 한다. 전략을 잘 수립하려면 공부하고 생각을 해야 한다. 전략을 잘 수립하려면 가장 중요한 것이 한 나라의 대통령이든 CEO든 개인이든 내공을 쌓아야 한다. 즉 통찰력이 있어야 한다는 말이다. 통찰력이란 사물을 꿰뚫어 보는 것인데 이렇게 되려면 부단한 노력을 기울여야 한다. 애플의 CEO였던 스티브 잡스는 상당한 통찰력의 소유자였다. 그는 기술과 아이디어 창출 능력뿐만 아니라 끝없이 정보기술과 휴머니즘의 결합을 추구했다. 그는 항상 사람들이 가장 좋아하고 편리한 방식으로 정보통신 기기들을 사용할 수 있도록 남보다 한 발앞서 고민하고 이를 현실화했다. 사람들이 좋아하고 편리한 방식을 추구한다는 것은 요즈음 말하는 사용자 중심 디자인consumer oriented design을 구현하려고 노력한 것이다.

스티브 잡스는 "소크라테스와 오후를 한 번만 같이 보낼 수 있다면 나의 모든 기술을 내놓겠다"고 했다. 이 말이 무슨 뜻일까? 소크라테스는 철학자이다. 그러면 철학이란 무엇인가? 철학은 일시적이고, 파편적이고, 연속성이 없는 역사성이 사라진 피상적인 지식이 아니라 영원을 소유한 지혜를 말한다. 스티브 잡스는 소크라테스야말로 이러한 지혜를 가진 사람으로 생각하고 그의 지혜를 듣고 싶어 했던 것이다. 지금같이 복잡하고 혼란스럽고 미래를 예측하기 힘든 이런 상황에서 소크라테스의 지혜가 정말 필요한 것은 아닐까.

이 책의 2장 뒷부분에서 계량분석을 하여 의사결정을 하자는 얘기를 하는데 미래의 예측은 변수가 너무나 많아서 사실 계량적으로 접근하기가 힘든 면이 있다. 그래서 철학적이고 인문학적인 사고방식으로 접근하는 것이 필요하다. 요즈음 인문학에 대해 관심이 많은데 이는 바람직한 현상이다. 너무 기술에만 치우쳐 있으면 인간의 본질을 잃어버리기 때문이다. 스티브 잡스가 말하고 있는 것은 사람의 본질을 파악하자는 것이다. 이를 다루는 것이 철학, 인문학이다.

그럼 통찰력은 어떻게 가질 수 있을까? 산속에 들어가 깊은 수련을 하는 방법도 있을 것이다. 실제로 스티브 잡스는 인도에 가서 수련을 했다고 한다. 일반인들이 할 수 있는 가장 쉬운 방법은 역사를 공부하는 것이라고 생각된다. 얼마 전까지 고유가로 기름 값이 천정부지로 올랐는데 지금은 저유가가 지속되고 있다. 이렇게 되니 브라질, 베네수엘라 같은 나라에서 고유가 시절 대규모 유전 개발에 투자한 회사들은 어떻게 되겠는가? 브라질의 페트로브라스 회사는 고유가가 지속될 것으로 보고 막대한 차입금을 끌어들여 유전 개발 투자를 진행해 왔다. 이것은 주식에서 신용을 써서 투자하는 것과 같다. 주식이 올라가면 이익을 내지만 주가가 떨어지면 깡통계좌가 되는 것이다. 지금 유가가 내려가니 이러한 회사들은 파산 지경에 이르게 되었다. 그렇게 되면 이러한 회사들을 기존 메이저 회사들이 저가에 사들이게 된다. 원유 개발은 초기 투자가 많이 되어서 후에 매입하면 값싸게 살 수 있다. 그런데 이런 현상이 지금 한 번만 발생한 것이 아니다. 과거에도 똑같은 상황이 있었다. 멕시코는 1970년대 후반 대규모 유전을 발견하고 멕시코 정부는 막대한 차입을 통해 이를 개발하기 시작했다. 그러나 1982년 유가가 정점을 찍고 지속적으로 하락하고 글로벌 경제 침체가 됐고 미국의 연방준비제도의 의장인 폴 볼커Paul Volcker는 인플레를 잡는다는 명목으로 금리를 4.5%에서 20%까지 올렸다. 당시 나는 엑손에서 근무하던 때인데 지금도 그 고금리를 기억한다. 집을 사기 위해 높은 모기지 레이트를 감수하느라 많은 사람들이 고생했다. 반면에 돈 있는 사람들은 이자율이 높으니 쾌재를 불렀다. 기업은 정리해고를 하고 휴스턴의 한 석유 회사에서는 연구소의 전원이 해고된 적도 있다. 저유가 고금리가 되니 멕시코는 모라토리움Moratorium 즉 채무 불이행을 선언할 수밖에 없었고 이로 인해 멕시코는 미국의 하청업체 국가가 됐다. 만약 브라질의 페트로브라스의 최고 경영진이 이 멕시코 사태를 공부했더라면 보다 현명한 전략을 수립할 수 있었을 것이고 지금의 위기는 초래되지 않았을지 모른다.

마찬가지로 개인도 통찰력과 분별력이 필요하다. 자기가 하고자 하는 직업에 맞지 않는 엉뚱한 전공을 하고 나중에 전과를 하거나 다시 공부하는 학생들이 있다. 부동산을 구입할 때에도 분별력이 없으니 알짜 부동산을 보지 못한다. 결혼도 마찬가지이다. 정말 자기에게 맞는 사람이 누구인지 모르고 결혼해 이혼을 하는 경우도 많다. 주식도 분별력이 없으니 매입 시기도 모르고 매입 종목도 모르면서 돈 벌겠다고 뛰어든다. 다른 사람의 조언이 필요하기는 하나 분별력이 없는 사람의 조언은 백해무익하다. 어떻게 통찰력과 분별력을 키울 수 있을까? 직접 경험해보면 되는데 모든 경험을 직접 할 수는 없으므로 분별력 있는 다른 사람의 경험을 간접체험 하는 수밖에 없다. CEO나 개인은 끊임없이 공부해야 한다. 많이 읽어서 남의 경험을 내 것으로 해야 한다. 이렇게 머리에 자료가 입력되어 있으면 전략수립이나 의사결정 때 이에 근거하여 바른 전략이나 의사결정을 할 수 있게 된다. 연구 논문을 쓸 때 먼저 관련 논문을 많이 읽으면 머릿속에 무엇을 해야 하는지 떠오르는 것과 같은 이치이다.

마이크로소프트의 빌 게이츠는 젊은 시절 책을 굉장히 많이 읽었다고 한다. 소프트뱅크의 손정의도 병상에서 수많은 책을 읽었고 현대중공업 민계식 전 회장도 책을 굉장히 많이 읽었다고 한다. 그래서 어떤 현상을 보면 이것은 이런 결과를 가져오겠구나 하는 감이 머릿속에 떠오른다고 한다. 그들의 통찰력이 그냥 나온 것이 아니다.

그런데 우리나라 국민들의 독서 현황은 어떤가? 내가 만나온 여러 중소기업 CEO들 중 1년에 책 한 권 읽지 않은 사람들이 수두룩한 것이 지금의 실정이다. 아는 것이 없으면 전략을 수립할 수 없다. 전략을 세우려면 경험이나 지식이 필요하다. 유능한 경험자의 경험을 청취하든지 아니면 책을 읽어 다른 사람의 경험을 아는 것이 그래서 중요하다. 이와 같이 책 읽기가 중요함에도 불구하고 한국인의 35%가 1년에 한 권의 책도 읽지 않는다. 통계청이 발표한 '2014년 생활시간 조사'에 따르면 우리 국민이 하루 평균 책 읽는 시간은 6분이다. 국제 여론 조사 기관 'NOP 월드'가 세계 30개국 3만 명을 대상으로 한 '국민 1인 평균 주간 독서 시간' 조사(2015)에서 한국은

3시간 6분으로 꼴찌였다. 미국 언론이 실시한 여론조사 '여행 중에 호텔에서 주로 하는 일'에서 미국인은 독서를 한다는 대답이 많았는데 한국인은 섹스를 많이 한다는 결과가 보도됐다. 사실 책 읽는 것은 쉬운 일이 아니다. 책을 읽으려면 시간을 내 집중해야 하기 때문에 힘든 것이다. 그럼에도 요즈음 서울을 비롯하여 많은 지역에서 독서 운동이 일어나고 있어 아주 바람직한 일이라고 생각된다.

나는 이스라엘의 텔아비브 대학교와 국제 공동 연구를 하면서 이스라엘을 여러 번 방문하여 유대인들의 생활과 그들이 추구하는 정신세계를 엿볼 수 있는 기회가 있었다. 그들은 어렸을 때부터 토라와 탈무드에 많이 노출된다. 토라는 구약성경의 창세기, 출애굽기, 레위기, 민수기, 신명기를 말한다. 전통적으로 모세가 하나님의 계시를 받아서 썼다고 인정된다. 탈무드는 기원전 500년부터 기원후 500년까지의 구전을 10년 동안 2천 명의 학자들이 편찬한 책으로 인생의 모든 면과 관련되어 있고 지혜와 감수성의 보고라고 할 수 있다. 유대인의 생존과 창의력의 비밀을 탈무드에서 찾을 수 있다고 말한다. 이스라엘인들은 토라와 탈무드를 읽음으로 지혜와 통찰력을 얻는다고 생각한다. 과거의 역사를 공부하니 다시 잘못을 범하게 되지 않는 것이다. 공학에서 말하는 시행오차trial and error를 줄일 수 있게 되는 것이다.

3. 의사결정

직관과 자료분석에 의한
CEO의 의사결정

의사결정은 CEO가 갖추어야 할 자질 가운데 가장 중요하다. 다른 것은 모두 부하 직원에게 위임할 수 있으나 최종 결정은 CEO가 내려야 하기 때문이다. CEO는 수많은 결정을 해야 하는데 어떤 결정을 하는가에 따라 회사의 사활이 걸리기도 한다.

오늘날 기업 역사상 최악의 의사결정이라고 볼 수 있는 것은 IBM의 운영체계에 대한 것이라고 할 수 있다. IBM은 IBM PC의 운영체계를 마이크로소프트에게 맡긴 것이다. IBM은 운영체계를 대수롭게 생각하지 않았고, 마이크로소프트에게 외주를 주어도 좋다는 결정을 했다. 그리하여 IBM PC에 탑재된 MS-DOS는 1981년부터 15년 동안 1억 명 이상의 사용자를 확보했으며, 1985년부터 선보인 마이크로소프트의 윈도우는 사실상 컴퓨터를 사용하는 모든 인류가 사용하는 운영체제가 되었다.

CEO뿐만 아니라 일반인들도 의사결정이 중요하기는 마찬가지이다. 배우자를 어떤 사람으로 선택하느냐, 어떤 직업을 선택하며 어떤 직장에 취직할 것인가와 같은 결정은 한 사람의 인생 항로를 정하는 중요한 결정이 되기도 한다.

또 다른 사례로 많은 어린 학생들을 죽음으로 몰고 간 세월호 사건을 들 수 있다. 이 사건의 근본 원인은 두 가지로 요약할 수 있다. 첫째로 선주의 과도한 욕심으로 배의 선실을 추가공사 함으로 배의 무게중심이 위로 올라간 것이다. 두 번째는 선장의 투철한 직업정신의 결여이다. 만약 선장만 사고 당시 선교bridge에 위치했더라면 또 사고가 났더라도 선장이 바른 의사결정을 하여 선박에서 대피명령만 내렸더라면 이렇게 큰 인명 피해는 피할 수 있었을 것이다.

배의 무게중심 변화로 인한 배의 전복사고는 역사를 살펴보면 쉽게 찾을 수 있다. 한 예로 스웨덴의 바사호Vasa를 들 수 있다. 1620년 당시 스웨덴은 구스타프 아돌프Gustavus Adolphus 왕이 지배하던 시대인데 이 왕은 육지전에서 큰 승리를 거두어 스웨덴을 강국으로 만들었다. 그는 당시 세계 최대의 전함을 만들라는 명을 내려 바사호가 건조되었다. 이 배는 총길이 69m, 최대 폭 11.7m, 높이 52.2m, 배수량 1,201톤의 전함으로 초기 설계시에는 무게 24파운드의 대포를 32문 1열로 하나의 데크에 설치하도록 되어 있었다. 그런데 국왕은 자신의 명예를 드높이기 위하여 하나의 데크를 더 만들어 대포를

32문 추가해서 설치하라고 명령했다. 전함의 구조역학에 무지한 국왕의 명령으로 무게중심이 위로 올라간 상태에서 전함이 건조되었던 것이다. 이 배가 1628년 8월 10일 국왕 및 대신들과 많은 관객이 지켜보는 가운데 처녀출항으로 스톡홀름 항을 떠났다. 약 20분이 지나 1,600m 정도 나아갔을 때 갑자기 우현에서 돌풍이 몰아쳤다. 배는 왼쪽으로 기울여졌고 이때 축포를 쏘기 위하여 열어 놓았던 포구로 바닷물이 들어왔다. 결국 전함은 전복하여 침몰했다. 후에 이 전함은 인양되어 바사박물관에 전시되어 있다. 국왕의 잘못된 의사결정만 없었더라면, 선주의 잘못된 의사결정만 없었더라면 바사호와 세월호의 참변은 막을 수 있었을 것이다.

직관에 의한 방법

의사결정 모드는 두 가지로 나눌 수 있다. 첫째는 직관에 의한 방법이고 두 번째는 자료 분석에 의한 방법이다. 우선 직관에 의한 방법에 대해 살펴보자.

우리는 종종 직관을 어떤 마술과도 같은 현상으로 생각하는데, 예감hunch은 과거의 경험과 지식에서 형성된다. 우리가 어떤 사람을 만나면 그의 외모, 행동, 말투 등에서 그가 어떤 사람인지 직감으로 어느 정도 파악이 된다. 이것은 과거 우리의 경험에 의하여 이루어지는 것이다. 영어로 직감은 'intuition'이라고도 쓰고 숙어로는

'gut feeling'이라고 하는데 직역하면 gut은 사람 몸 안의 내장이고 feeling은 느낌이니 내장 느낌이다. 이게 무슨 말인가? 내장이 느낀다는 말인가? 결론적으로는 그렇다. 우리 몸에는 몸의 세포보다 10배의 많은 박테리아가 있는데 주로 내장에 살고 있다. 우리의 신체적·심리적 행복이 이 박테리아 생태계에 달려 있다. 미생물군 유전체microbiome라고 알려져 있는 이 내장 박테리아가 소화와 신진대사를 조절한다는 사실은 이미 잘 알려져 있다. 그런데 최근 연구 결과에 의하면 이 박테리아는 내장뿐만 아니라 마음에도 영향을 주고 신경발달, 뇌 화학, 정서적 거동, 고통의 자각, 스트레스 시스템을 포함하는 광범위한 우리의 거동에 영향을 준다고 한다. 동물내장의 유익균과 유해균의 균형을 변화시키면 두뇌의 화학적 성질을 변화시켜서 더 대담해지거나 더 초조하게 만들 수 있다. 따라서 유익균으로 기분이나 불안장애를 치료할 수 있는 가능성을 제공한다. 유익균을 스스로 만들어 내든지 아니면 유익균을 투입시켜서 만성위장장애를 치료한다든지 초조와 우울증 치료도 가능하다.

인간의 내장은 두 번째 뇌라고 불릴 만큼 놀랍다. 몸속에 있는 유일한 자율신경을 가진 기관이며 위장에 1억 개의 신경세포가 위장 벽에 꽂혀 있어서 복잡한 네트워크를 형성하고 있다. 출생시 내장은 멸균 상태이나 시간이 지날수록 유전에 의하기도 하고 주변 환경에 의하기도 해서 다양한 박테리아를 내장 속에 성장시키는데 이 박테리아들이 우리가 먹는 음식에서 비타민을 추출하거나 생성하기도 하며, 몸의 면역 시스템을 만든다. 최근 연구 결과에 의하면 이 박테리아들이 배우고 기억하고 기분을 좌우하는 지적인 면에도 영향을 미칠 뿐만 아니라 생리적인 면을 좌우하는 많은 신경화학물질을 만들어 낸다고 한다. 예를 들어 우리의 마음을 평온하게 만드는 세로토닌serotonin의 95%를 내장에서 이 박테리아들이 만들어 낸다. 따라서 심리 상태를 좌우하는데 내장이 중요한 역할을 한다. 그러므로 'gut feeling'은 이러한 과학적인 연구 조사가 있기 이전에 만들어진 표현이지만 아주 적절한 표현이라 할 수 있다.

미국에는 데이팅 업체들이 주관하는 짧은 데이트 미팅이 있다. 10~20명의 남녀 젊은이들이 모여서 짝을 이루게 한 후 적게는 3분 정도의 짧은 만남을 가지게 한다. 그리고 상대방을 다시 만나고 싶으면 카드에 적게 하고 업체 관계자는 그들의 후속 만남을 주선한다. 이러한 일들은 상대가 어울릴 수 있는 사람인지 아닌지를 몇 분 안에 판단할 수 있다는 가정하에 이루어진다.

과거 20년간 이러한 첫인상이 우리에게 무엇을 말해주는가에 대해 많은 조직적인 연구가 이루어졌다. 어떤 경우에는 우리의 직관력이 매우 놀랍다는 결론이 나오고, 어떤 경우 우리의 직관이 바보 같다는 결론도 나왔다.

코네티컷 대학교University of Conneticut의 심리학자인 데이브 케니 Dave Kenny는 1988년에 첫인상에 대한 실험을 했다. 심리학을 수강하는 250명의 학생들을 4그룹으로 나누었다. 그룹에 속해 있는 학생들이 서로 만난 적도 얘기한 적도 없다는 것을 확인한 후 학생들은 자신과 그룹 내에 있는 다른 학생들에 관해서 사회성 즉 외향성인가, 온화한가, 책임감이 있는가, 조용한가, 지적인가의 네 가지 항목에 대해 평가를 했다. 실험 결과를 보면 사회성과 책임감의 두 항목에서는 첫인상과 실제 그 학생의 성격이 잘 일치했고 다른 항목에서는 정확하지 않았다. 그 후 많은 연구자들의 연구에서 한 사람의 사회성을 알아내는 데에는 첫인상이 잘 들어맞는다는 결과를 제시하였고 다른 세 항목에 대해서도 사람들이 잘 감지할 수 있다고 하기도 했지만 결과는 확실하지 않았다. 사람의 사회성은 제일 외부에 있는 성질이어서 쉽게 파악할 수 있다. 어떤 연구자들은 내부에 있는 성질도 파악할 수 있다고 생각한다. 오리건 주립대학교Oregon State University의 심리학자 프랭크 베르니에리Frank Bernieri는 사회성 외의 다른 성질들도 실험 디자인을 잘하면 알아낼 수 있다고 말한다.

대학생들이 교수에게서 받은 첫인상으로 그 교수가 얼마나 잘 가르칠 수 있는지 아닌지를 잘 예측한다는 사실을 터프츠 대학교Tufts University 심리학자 낼리니 암베디Nalini Ambady가 발견한 후 이에 관한 비디오 클립을 만들어 '얇은 조각thin slices'이라고 이름을 붙였다. 그렇다면 모든 사람을 첫인상으로 판단해야 하는가? 그렇게 간단하지 않다. 반대 예도 있기 때문이다. 연쇄살인마도 희생자들에게는 첫인상이 정상적으로 보이는 것처럼 말이다. 외적인 매력이나 외향성이 크게 나타난 카리스마는 사람의 내면을 감출 수 있기 때문에, 아주 잘못 판단할 수도 있다. 하지만 과거 20년간 연구한 결과에 의하면 사람들이 직관 즉 첫인상으로 사람을 평가하는 것이 우리가 생각하는 것보다 훨씬 잘한다는 사실이다. 그러나 개인에 따라 다른 문제임으로 전적으로 직관에 의존해서는 안 된다.

　직관의 힘을 보여주는 한 사례를 보자. 폴 게티 박물관Paul Getty Museum에서 일어난 일이다. 쿠로스kouros란 기원전 6세기경에 그리스에서 제작된 오른발을 앞으로 내고 양손은 내린 옷을 벗은 젊은 남성상을 말하는데 전 세계에 약 200개 정도 있다. 1983년 9월, 한 골동품상이 게티 박물관에 쿠로스 한 개를 들고 와서 진품이라고 하면서 천만 달러에 매입하라고 했다. 또한 이 쿠로스가 진품이라는 것을 증명하는 각종 서류를 제시했다. 박물관 측은 즉시 캘리포니아 대학에 요청해 한 지질학과 교수가 이 남성상을 각종 분석장비를 동원하여 조사하였다. 조사 결과 이 상은 돌로마이트dolomite 재질로 되어 있고 표면은 얇은 방해석calcite으로 되어 있다는 것을 알게 되었고 이는 오래된 상에서 발견되는 것과 일치한다고 했다. 그 후 18개월에 걸친 조사 후에 진품이라고 판단하여 게티 박물관은 이 쿠로스를 구입하여 전시했다. 그로부터 얼마 후 그리스 조각에 대한 세계적인 권위자 한 명이 와서 이 상을 보곤 고개를 갸우뚱하면서 뭔가 이상하다고 하였다. 그 후 뉴욕 시립 미술 박물관 관장을 역임한 사람이 와서 보더니 이건 너무 신선한 느낌이 들어 진품이 아닌 것이 분명하다고 했다. 재조사해 본 결과 상에 대한 서류는 위조된 것이며 가짜라고 판명되었다. 18개월 동안 장구한 시간을 걸쳐서 판단한 결과보다 몇 초 내에 보고 판단한 즉 직관에 의한 판단이 옳은 결과를 가져왔다.

아이오와 대학교에서는 카드게임을 실험을 한 적이 있다. 실험에 참석한 사람들로 하여금 적색카드 두 묶음, 청색카드 두 묶음 중 적색카드 두 장과 청색카드 두 장을 선택하게 했다. 적색카드는 보상은 크나 손실이 크고, 청색카드는 보상은 적으나 손실이 적었다. 일반인의 경우에는 50카드를 선택해보고, 청색카드가 더 낫다는 감을 터득하였고 80카드에 와서야 게임을 어떻게 해야 하는지를 터득했다. 도박꾼의 경우에는 10카드를 선택하는 중 적색카드는 무언가 잘못되었다는 감을 터득했다.

우리의 뇌는 두 개의 상이한 전략을 사용한다. 첫 번째는 의식적 전략을 사용하는데 논리적이고 느리다. 많은 정보를 필요로 하기 때문에 80카드까지 가야 하는 것이다. 두 번째는 10카드에서 이미 움직인다. 이는 의식의 표면 아래에서 작동하며 신속하고 간소하다. 이 뇌의 두 번째 부분은 마치 많은 자료를 빠르게 조용히 처리하는 대형컴퓨터와 같다. 만약 길에서 트럭이 덮친다고 했을 때 우리는 적은 정보로 빠른 판단을 하게 된다. 취직 인터뷰 할 때, 새로운 아이디어에 접할 때, 빠른 결정을 내릴 때, 사람을 초면에 대할 때 우리는 뇌의 두 번째 부분을 사용하게 된다.

무의식은 어떤 상황과 거동을 아주 작은 경험에 근거하여 형태를 찾을 수 있는 능력이 있다. 이를 철학과 심리학에서는 씬 슬라이싱thin slicing이라고 부른다. 이 말은 앞에서 언급한 바와 같이 암베디 교수가 비디오 클립을 만들어 붙인 이름이다. 무의식이 씬 슬라이싱을 하는 것은 관상쟁이가 관상을 보듯이 자동적이고 가속된 빠른 분석을 하는 것이다. 게리 클라인Gary Klein은 신속하게 결정을 내려야 하는 사람들로 간호원, 중환자실 종사자, 소방관 등을 들었다. 이들의 특징은 논리적, 조직적으로 모든 가능성을 검토하지 않는다. 경험과 직감에 의하여 빠른 상황 파악 후 즉시 행동을 한다.

미국 펜타곤에서 밀레니엄챌린지02를 시행하였다. 이것은 청색팀과 적색팀 간의 전쟁게임이었다. 청색팀은 데이터베이스와 방법론을 이용하는 팀이다. 전쟁이 시작되자 적군의 통신을 마비시킬 목적으로 광섬유를 절단하고, 마이크로 웨이브 탑을 파괴하였다. 적색팀은 수천 번의 즉각 결정을 내린 경험이 있는 지휘관인 밴 라이퍼Van Riper가 지휘하는 팀이다. 통신시스템은 모터사이클을 탄 급속 배달병을 이용했다. 그는 부하들의 지혜, 경험, 옳은 판단에 의존했다. 적색팀의 단점은 밴 라이퍼는 그의 군대가 무얼 하는지 확실히 모를 때가 있다는 것이었는데 장점은 부하들이 상관에게 설명 없이 작전하게 함으로 시간을 단축할 수 있었다. 1차전에서는 적색팀이 승리했다. 그러나 2차전에서는 데이터베이스를 이용하는 청색팀이 승리했다. 사막의 여우라고 불리는 롬멜 장군과 패튼 대장군도 분석에 아주 능하였다고 한다. 이 전쟁 게임은 2016년 3월에 열렸던 구글

딥마인드Google DeepMind의 인공지능 바둑 프로그램인 알파고AlphaGo
와 이세돌의 바둑 대결을 떠올리게 한다. 이 게임이 있기 전 많은 사
람들은 이세돌의 우승을 점쳤으나 결과는 알파고의 승리로 끝났다.
바둑은 모든 경우의 수를 생각해서 두어야 하는데 인간의 뇌는 그
모든 경우의 수를 짧은 시간에 해낼 수 없다. 반면 컴퓨터 20대를 연
결한 알파고는 이것이 가능하다. 따라서 인간이 상상할 수 없는 수
를 알파고는 둘 수 있는 것이다. 만약 컴퓨터 한 대와 이세돌과 붙었
으면 이세돌이 이기지 않았을까 하는 생각이 든다. 20명과 싸우는
것이니 지는 것은 당연한 결과이다. 이세돌 9단은 직관과 자료 분석
을 결합하여 바둑을 두었을 것이고 알파고는 철저하게 자료 분석에
의해 두었을 것이다. 앞에서 예로 든 전쟁게임 2차전에서 철저한 자
료 분석에 의거한 청색팀이 이긴 것과 유사하다.

　무의식은 강력한 힘을 지니고 있다. 우리는 흔히 자료분석에 의
한 의사결정을 신뢰하고 있다. 즉 많은 정보를 수집하고 장시간 숙
고하는 것이 낫다고 믿고 있다. 그러나 첫인상과 빠른 판단이 더 나
을 때도 있다. 신속한 결정이 오랜 고민 후 결정한 것과 마찬가지로
좋을 때가 있다는 말이다. 왜 게티 박물관의 전문가는 쿠로스를 보
고 직관적으로 알지 못했을까? 그건 과학적 자료 때문이었다. 또한
신설 박물관임으로 전시품을 확보해야 하니 그 상이 진품이기를 원
하는 감정이 개입되어 의사결정을 했던 것이다.

　몇 년 전 흥행한 영화 중 '관상'이 있었다. 용한 관상쟁이로 한양

에서 소문난 내경은 "사람의 얼굴에는 세상 삼라만상이 모두 다 들어있소이다!"라고 말했다. 인생의 과정이 쌓여 한 사람의 얼굴을 만들기 때문이다. 따라서 관상을 보면 그 사람의 성품, 살아온 과정, 미래의 발전 가능성까지도 엿볼 수 있다고 한다. 내경은 사람을 보는 순간 머릿속으로 마치 컴퓨터가 돌아가는 것과 같이 빠른 속도로 판단했다.

사람 보는 눈이 있다는 것은 무엇을 뜻할까? 사람을 옳게 보기 위해서는 판단을 할 수 있는 데이터베이스가 머릿속에 입력되어 있어야 한다. 이는 이미 수많은 분석을 한 경험이 머릿속에 있을 때 가능한 것이다. 삼성의 이병철 회장은 임원을 승진시킬 때 혹은 신입사원을 뽑을 때 관상을 중시했다고 한다. 인사부장이 "회장님, 신입사원 면접은 저희들에게 맡기시지요" 했더니 이 회장은 "당신들은 사원을 뽑지만 나는 미래의 사장을 뽑으려 한다"고 대답했다고 한다.

직관에 의하여 뛰어난 판단을 한 사례를 하나 살펴보자. 2009년 1월 15일 US 항공의 비행기 한 대가 노스캐롤라이나North Carolina의 샬럿Charlotte 공항으로 가기 위해 뉴욕의 라과디아LaGuardia 공항을 이륙했다. 그런데 이륙한지 얼마 되지 않아서 새떼와 충돌하여 엔진이 꺼지고 말았다. 라과디아 공항으로 돌아가는 것과 뉴저지New Jersey의 티터보로Teterboro 공항으로 가는 것 둘 다 불가능하다고 판단한 셀렌버거Sullenberger 기장은 차가운 허드슨Hudson 강에 비행기를 불시착시켰다. 셀렌버거 기장의 직관에 의한 올바른 판단이 155명의 탑

승객을 모두 살렸던 것이다.

우리는 거대한 테마에 너무 많이 집중하고 특수성에는 잘 집중하지 않는 경향이 있다. 우리는 우리의 본능을 중시해야 한다. 지평선을 쌍안경으로 보는 것을 중단하고 강력한 현미경을 통해 의사결정을 검토할 필요가 있다. 눈 깜짝하는 시간에 얻어지는 정보가 수개월 분석하여 얻은 정보만큼 가치 있을 수 있다. 이것이 직관의 가치인 것이다. 그러나 무의식은 강력한 힘이기는 하나 틀리기 쉽다. 빠른 판단과 첫인상은 조절 가능하므로 무의식 반응을 다스리고 교육하여야 한다.

자료분석에 의한 방법

의사결정은 두 가지 방법으로 할 수 있다고 말했는데 때로는 위에서 말한 바와 같이 직관에 의한 판단이 요구될 때도 있다. 그러나 많은 경우 CEO의 판단은 계량분석에 의하여 올바른 판단이 가능하다. 따라서 CEO는 계량분석을 알아야 한다.

아마존Amazon.com 사장인 제프 베조스Jeff Bezos는 "미지의 바다에서 어려움을 겪는 기업이 되느냐 아니면 세계적으로 성공한 기업이 되느냐는 데이터와 정보의 활용 여부에 달려 있다. 이 세상의 미래 주인은 계량분석에 뛰어난 기업들, 즉 사물들이 관련되어 있다는 것을 알 뿐만 아니라 왜, 그리고 어떻게 관련되어 있는지를 아는 기업들이다"라고 말했다. 넷플릭스Netflix의 리드 헤이스팅스Reed Hastings는 "우리는 과거보다 더 훨씬 넓은 영역에서 합리적이고 계량분석적이며 데이터에 더 의존하고 있다. 기업, 정부, 사회는 믿음에 근거한 방식에서 사실에 근거한 의사결정으로 바뀌어 가고 있다. 당신의 기업은 이런 근본적인 전환에 대해 준비가 되어 있는가?"라고 묻고 있다.

계량분석이란 데이터를 체계적으로 수집하여 통계 분석과 계량적 분석을 함으로 설명 모델, 예측 모델을 만드는 것인데, 여기에서 얻은 통찰력을 바탕으로 전략을 수립하고 의사결정에 활용할 수 있다. 즉 사실에 근거한 의사결정과 경영을 할 수 있게 되고 운영의 효율성을 증대시킬 수 있으므로 차별적 경쟁우위 수단이 될 수 있다. 관심을 받기 원하는 고객의 요구가 증대됨으로 분석을 바탕으로 한 상품 및 서비스를 차별화할 수 있다.

그럼 계량분석이 왜 필요한가? 과거에 존재하던 지리적 이점과 시장 보호를 위한 법적 규제도 사라지고 글로벌화 됨으로 기업은 차별적 경쟁 우위를 확보하고 유지해야 한다. 또한 한 회사에서 좋은 제품이 나오면 타사의 급속한 복제로 인하여 독점적 기술이 사라지고 있다. 즉 제품과 서비스의 획기적 혁신이 매우 어려워지고 있다는 것이다. 따라서 차별적 경쟁 우위 수단이 필요하게 되었다. 방대한 데이터, 전사적 자원관리Enterprise Resource Planning(ERP), 판매시점관리Point of Sale(POS), 웹사이트 등을 이용할 수 있고 기술에 익숙한 경영자가 되어야 하며 컴퓨터와 소프트웨어 기능을 확장해야 한다.

구글, 아마존, 캐피털 원Capital One, 매리어트Marriott, UPS, 시저스 Caesar's, 하라스Harrah's, 테스코Tesco, MCI, 이베이Ebay 등이 계량분석을 사용하여 그들의 영역을 지배한 기업들이다. 그들은 고객이 어떤 제품을 원하는지, 얼마나 가격을 지불할지를 알고 있으며 평생 몇 개나 구매할지, 어떤 것들이 그들로 하여금 더 구매하게 만드는지도 안다. 그들은 보상금과 경영자본회전율이 얼마나 되는지 알며, 직원들이 얼마나 실적을 내는지 그리고 개인의 실적이 급여에 얼마나 반영되는지 재고는 적절한지를 알며, 수요와 공급의 문제도 예측한다. 분석기반 경쟁기업에서는 이러한 모든 것들이 최고 경영진에서부터 모든 계층의 의사결정에 영향을 미친다. 소비재, 금융, 소매, 여행, 연예 등 다양한 분야에서 분석기반 경쟁기업들은 리더가 되어 있다. 분석적 경영에 의하여 캐피털 원은 기업공개 이후 매년 수익이 증가했으며 아마존은 대규모로 인프라에 투자하는데도 불구하고 흑자를 내며 온라인 소매를 지배하게 되었다. 프로야구에서 통계의 힘을 입증한 덕분에 스포츠에서는 보스턴 레드삭스Boston Red Sox, 오클랜드 에이Oakland A의 극적인 승리가 가능하게 했다. 오클랜드 에이가 경제적인 제약 속에서도 이룬 많은 승리는 마이클 루이스Michael Lewis의 베스트셀러와 영화 '머니볼Moneyball'에 잘 그려져 있다. 우리나라에서도 히딩크 감독이 분석을 도입하여 한국축구 대표팀을 2002한일월드컵에서 4강으로 이끈 바 있다. 세계적인 호텔 리조트 기업인 매리어트 인터내셔널Marriott International은 창업 초기인

1950년대부터 2인용 객실의 적정 요금을 책정하기 위해 호텔 주차장에 들어오는 차에 몇 명이 타고 있는지를 기록하기 시작했는데 이제는 객실의 최적 가격을 결정하는 것은 물론 회의 시설과 음식 공급에도 계량분석을 이용한다.

분석적 경영자의 특징은 분석과 사실에 근거해 의사결정을 한다는 것이다. CEO는 계량적 분석 능력이 있어야 하며 계량적 습관을 키워야 한다. 숫자를 요구하고 숫자를 의심할 수 있어야 한다. 1997년, 리드 헤이스팅스는 영화 비디오 '아폴로13'을 대여한 후 연체하였는데 연체료를 40달러나 내게 되었다. 그는 이에 대하여 불만을 품고 비디오 대여점을 헬스클럽처럼 운영할 수 있지 않을까 생각하고 넷플릭스Netflix를 설립했다. 넷플릭스는 차별화 정책을 실시하였다. 수수료 내는 것을 매달 정액제로 하고, DVD 대여를 무제한 이용하게 하였으며 연체료도 없앴다. 온라인으로 영화 DVD를 주문하고 우편으로 무료배달 및 반납하게 했다. 당시 미국의 비디오 시장을 지배하고 있던 오프라인 공룡업체인 블록버스터사Blockbuster, Inc.는 인터넷 기반 회사인 넷플릭스의 실패를 예상했지만 넷플릭스는 예상을 뒤엎고 큰 성공을 거두었다. 넷플릭스의 성공 이유는 계량분석에 기반을 두었기 덕분이다. '시네매치Cinematch'라는 영화 추천 엔진을 만들어 분야별로 영화를 분류하고, 영화등급을 매기고 감상 후기를 올리도록 하였으며, 고객 대여 이력과 대여 순위 분석으로 고객 개인별로 영화를 추천하도록 했다. 이러한 노력의 결과로 1999

년 500만 달러 매출의 회사에서 2013년 회원수 3,120만 명이 되었고, 2015년에는 67.8억 달러의 매출을 올렸고 2016년에는 7,500만 명의 회원수를 가진 가장 성공한 닷컴기업 중 하나가 되었다. 최근에는 우리나라에서도 사업을 시작하기 시작했다.

1980년대 후반 리처드 페어뱅크Richard Fairbank와 나이젤 모리스 Nigel Morris는 모든 고객을 동등하게 취급하고 하나의 카드로 모든 것을 하려고 하는 당시 신용카드 산업의 문제점을 인식하게 되었다. 그 후 2년간 수천 건의 계량분석 테스트를 통하여 거액을 대출받아 천천히 갚는 고객을 바탕으로 한 최초의 채무 이전 카드를 출시하여 엄청난 성공을 거두었다. 그 후 그들은 1996년에 캐피털 원Capital One 을 설립하여 개인 맞춤형 신용카드를 제공하였고, 최초의 대중 맞춤형 마케팅과 서비스를 실시하였을 뿐만 아니라, 약관이 다른 6천 개의 신용카드를 제공하고 계량분석을 기반으로 한 최고의 고객을 찾아 서비스하는 전략을 구사하였다. 새로운 기회에 대한 반복적인 테스트, 학습, 대응을 하였고 신제품, 신시장, 신모델에 대한 실험을 하루 300회 꼴로 3만 번 하였다. 매달 고객의 전화문의가 250만 통 이상 오는데, 짧은 시간에 응대하고, 정확한 서비스를 제공했다. 즉 고객이 카드번호를 입력하면 컴퓨터 알고리즘을 0.1초 만에 작동시켜 자동 응답·연결을 했다. 지금은 이러한 서비스가 일반적으로 사용되지만 당시는 드문 서비스였다. 이러한 노력의 결과로 전화로 인한 판매 서비스는 연 100만 건에 이르렀다. 2005년 이 회사의 수익은

18억 달러였는데 2015년 수익은 234억 달러로 증가했다.

아마존에는 엄청난 종류의 상품이 있다. 임의의 카테고리 14개를 정해 월마트닷컴Walmart.com의 품목수와 비교해보니 15배나 더 많았다고 한다. 수천만 종의 품목에 대한 상품정보가 상세히 분석되어 있고 구매할 고객정보도 상세하게 알고 있다. 고객의 신상정보, 구매내역은 물론 고객이 검색하고 평가하는 모든 행위가 저장되어 있다. 고객이 아마존에 들어오면 아마존의 추천 시스템이 작동하기 시작한다. 이 추천 시스템은 개인 기록에 의하여 유용한 정보와 상품을 추천해 준다. 이러한 추천 시스템 때문에 구매율이 상승하게 되는 것이다. 아마존은 반복 구매하는 고객들에게 서비스를 집중한다.

그럼 왜 한국에서 계량분석이 필요한가? 전자, 자동차, 이동통신, 게임, 전자태그Radio-Frequency Identification(RFID) 등에서 데이터 생산 장비 및 서비스가 발달되어 있다. 그리고 계량적으로 훈련된 많은 인력이 있는데 수요는 다른 어느 나라보다 많다. 우리는 중국과 경쟁해야 하므로 빅데이터 생산 방법을 사용하여야 하고 최고의 경영기법을 사용할 필요가 있다. 계량분석의 핵심기능은 과거에 발생한 일을 보고받고, 현재 발생 중인 일을 경보로 받고, 미래에 발생할 일을 추정하는 것이다. 과거에 이런 일이 어떻게, 왜 발생했는가에 대하여 모형화하고 현재 할 수 있는 최선의 행동을 추천하고 미래에 일어날 일에 대한 최선의 결과를 예측하는 것이다. 보고 과정은 표준보고인 무슨 일이 일어났는가, 임의보고인 얼마나 많이 얼마나 자주 어디에서 일어났는가, 심층질의인 정확하게 어디가 문제인가, 경보인 어떤 행동을 취해야 할까로 이루어진다. 분석 과정은 통계분석인 왜 이런 일이 일어날까, 예측 추정과 예측모델링인 이런 트렌드가 지속된다면 다음엔 무슨 일이 일어날까, 최적화인 최선의 결과는 무엇일까로 이루어진다.

계량분석 대상 산업으로는 금융, 운송, 유통, 인터넷, 숙박, 여행, 게임 등과 패션, 헤드헌팅, 경영 컨설팅 등과 같은 적용가능 잠재력이 많은 분야이다. 대상 영역으로서는 전사적 자원 관리Enerprise Resource Planning(ERP), 재무 및 회계, 마케팅, 생산, 공급망 관리Supply Chain Management(SCM), M&A 그리고 인사, 연구개발, 고객관계관리 Customer Relation Management(CRM) 등을 들 수 있다. 계량적 분석으로 성공한 기업들은 수익 경영을 잘한 매리어트, 평생의 가치를 중시한 캐나다 로열뱅크Royal Bank of Canada, 운영·물류·고객 관리를 중시한 UPS, 고객 충성도와 인터넷 식품판매를 중시한 테스코, 정보중심 전략을 중시한 캐피털 원, 페이지 랭크와 광고를 중시한 구글, 고객 구입 방법을 중시한 이베이 등이 있다.

계량분석으로 성공한 기업의 사례를 살펴보자. 미국에서 가장 일하기 원하는 회사의 하나로 여겨지는 구글은 검색엔진회사로 출발하여 거대 미디어 기업으로 초고속 성장한 회사인데 전적으로 계량분석에 기반을 두고 성장한 기업이고 계량분석을 활용한 최고 기업이다. 기존의 검색엔진은 각 웹페이지에서 해당 검색어를 많이 포함한 순서에 따라 순위를 매겼다. 그러나 구글은 세밀한 공식을 사용하여 사이트의 중요도와 링크수를 계산하여 페이지 랭크를 매겨서 인터넷의 모든 페이지를 페이지 랭크 순위에 따라 미리 정열한 뒤에 해당 검색어가 입력되면 그 순위별로 검색어가 포함된 모든 페이지들을 나열하게 했다. 이렇게 유용한 정보를 빠르게 습득할 수 있게 함으로 페이지 랭크는 검색엔진의 대명사가 되었다. 또한 구글은 검색 기반 광고를 했고 광고주에게 해당 광고의 효과를 즉시 확인할 수 있는 무료 툴을 제공했다. 구글에서는 분석이 구글의 조직문화로 자리 잡고 있다. 새로운 제안이나 아이디어가 나오면 데이터를 사용하여 분석하고 테스트한다. 인력 충원에도 계량모델을 사용하여 능력 있고 회사의 분위기에 맞는 사람을 선발하여 인터뷰를 한다.

테스코는 1995년 클럽 카드Club card를 시작했는데 고객의 정보를 수집했고, 고객 보상(구매 금액의 1%)을 시작했다. 최고 수익을 내는 쿠폰을 만들었으며 고객에 맞게 맞춤식 상품 홍보를 했다. 철저한 분석에 의하여 상품 쿠폰을 발행함으로 테스코의 쿠폰 사용율은 업계의 평균인 2%보다 높은 20~50%에 이르고 이로 인해 고객충성도, 재무성과가 상승했다. 인터넷 비즈니스의 성공으로 약 100만 가구에게 식품을 배달하는 세계 최대의 인터넷 식품 판매회사가 되었으며 현재는 가구, 음악, 보험 등으로 그 사업 영역을 확대하고 있다.

세계 최고 기업들의 사훈에는 다음과 같은 문구들이 공통적으로 적혀 있다. '우리는 누구보다 고객을 잘 이해한다', '우리는 누구보다

고객을 위하는 일에 앞장선다', '우리는 누구보다 고객에게 최고의 가치를 제공하기 위해 최선을 다한다.' 고객을 가장 깊고 넓게 이해하고, 고객에 맞춤식 제품과 서비스를 제공하려면, 계량분석을 하지 않으면 안 된다는 것을 알 수 있고 실제로 계량분석에 기반을 둔 기업들이 세계 최고의 기업들로 성공함을 우리는 볼 수 있다.

계량분석 경쟁기업의 로드맵road map을 살펴보자. 1단계는 분석으로 경쟁하기 어려운 기업이다. 2단계는 국지적 분석을 하는 기업이다. 3단계는 분석에 열의를 보이는 기업이다. 4단계는 분석적 기업이다. 5단계는 분석기반 경쟁자들이다. 실행 경로를 살펴보면 초기 투자 수준이 낮을 때에는, 외부 서비스 없이 자체 부서 내 분석을 한다. 작은 단계부터 테스트하고 학습하는 접근법을 채택한다. 경험적 증거를 제공함으로 국지적 통찰력과 성과를 축적한다. 그다음 더 높은 단계로의 추진력을 구축한다. 전사적인 관점이 없으면 소소한 제안에 그쳐서 계량분석은 한계에 봉착하고 만다. 성과와 경쟁력에서 실질적 향상이 있도록 해야 한다.

분석기반 경쟁기업의 특징

어떤 회사라도 직원당 평균 수익 같은 간단한 통계적 데이터는 만들어 낼 수 있다. 그러나 분석기반 경쟁기업은 통계를 훨씬 넘어선다. 그들은 예측 모델을 사용하여 가장 이익이 되는 고객들, 수익성이 있을 것 같은 고객들 그리고 떠나갈 고객들을 찾아낸다. 그들은 공급망을 최적화하므로 예기치 못한 문제가 발생할 것도 체크한다. 운영비용과 기업의 수익을 연계하는 복잡한 모델을 사용하여 고객과의 거래에 따른 가능한 최고의 수익을 내기 위한 가격을 실시간으로 설정한다.

분석기반 경쟁기업은 효과적인 개입전략의 총체적 영향을 측정하기 위해 실험을 하기도 한다. 앞에서 말했듯이 캐피털 원은 이자율이라든지 여러 변수를 달리하여 1년에 3만 번 이상의 실험을 한다. 분석기반 경쟁기업들은 전통적으로 과학보다는 예술에 의존하던 마케팅을 포함한 대부분의 비즈니스 기능이 정교한 정량적 기술에 의해 향상된다는 것을 알고 있다. UPS는 통계적 기술을 사용하여 포장물의 이동을 추적하므로 고객의 감소 혹은 문제 발생 가능성을 평가한다. 분석기반 경쟁기업들은 이런 모든 행동들을 '정보기반 전략' 혹은 '정보 기반 고객 관리'라는 하나의 계획에 따른 것이다. P&G는 조업, 공급망, 판매, 소비자 연구, 마케팅을 분석하는 100여 명 이상의 팀을 운영하므로 현안에 대한 여러 문제를 해결한다.

데이터는 모든 계량분석에 꼭 있어야 하는 것이다. 이 데이터는 깨끗하고 양질이고 집적되어 있어야 하고 저장되어 있는 곳에 접근 가능해야 하며 무언가 새롭고 중요한 것이어야 한다. 또한 데이터는 점점 커지기 때문에 통제할 수 있어야 한다. 델Dell은 각 지역별로 델 제품 판매에 대한 컴퓨터 제조시의 프린트와 TV, 라디오에 광고가 나가기 전과 후의 판매기록을 포함하는 150만 자료를 포함하는 데이터베이스를 구축했다. 이 자료는 각 지역에서 모든 매체에 광고를 어떻게 해야 할지에 대해 도움을 준다. 기업은 기구의 조직 면에서 더 중심화되고 분석가들을 잘 다루어야 하고 분석에 사용되는 컴퓨터와 소프트웨어를 잘 갖추어야 함은 물론 적절한 자원 배분을 해야 하며 분석을 응용하는 포트폴리오를 잘 다루어야 한다. 그리고 분석 서비스를 IT, 재정, 전략 팀들과 공유해야 한다.

분석경쟁을 도입하는 기업들은 기업의 문화, 프로세스, 행동과 기술에 있어서 많은 변화를 가져오는데, 1장에서 보듯이 열정적인 CEO가 양손잡이 조직을 만드는 것과 같이 분석기반 경쟁기업으로 만들려면 계량분석에 열정을 가진 CEO가 있어야 가능하다. 하라의 러브맨, 아마존의 제프 베조스, 캐피털 원의 리처드 페어뱅크 같은 CEO가 그런 사람들이다. 사라 리 베이커리Sara Lee Bakery 그룹의 전임 CEO였던 배리 베라차Barry Beracha는 퇴임하기 전에 그의 개인과 조직의 철학을 요약한 "우리는 하나님을 믿는다. 다른 사람들은 데이터를 가져오라"는 문구를 그의 책상에 붙여 놓았다. 그는 직원들에게 '데이터 개data dog'라고 불릴 만큼 어떤 결정을 하기 전에 데이터를 집요하게 요구했다.

분석기반 경쟁기업에서는 분석이 기업의 전략적이고 차별적인 역량을 뒷받침해주며 기업은 전사적 차원의 데이터 관리 및 분석 활동을 한다. 분석을 전략적, 경쟁적으로 활용하며 경영진이 이에 몰입한다. 즉 경영진이 분석적 접근방법을 취할 의지가 있고 직원들이 분석적으로 행동하게끔 밀어붙일 용기가 있고 계량분석가와 토론할 수 있는 능력을 배양하는 것이다. 이런 기업들의 조직 문화를 보면 사원들은 각종 발표회와 경연을 하고 각종 보고를 하고 교육을 받으며 리더는 인프라를 구축하고 사원들을 자극하고 격려한다.

시저스Caesars의 개리 러브맨Gary Loveman은 "우리가 생각하는가 아니면 아는가?", "해고되는 세 가지 방법은 절도, 성적 희롱, 컨트롤 그룹 없이 실험하는 것"이라고 했다. 아마존의 제프 베조스는 "우리는 데이터를 결코 버리지 않는다"라고 했다. 이와 같이 분석기반 기업의 CEO들은 데이터의 중요성을 강조했다. 분석적 경영자의 특징은 분석과 사실에 근거한 의사결정을 신봉한다는 것이며 분석 결과에 따라 행동할 의사가 있다. 데이터, 전문가, 분석적 기업문화와 같은 인프라를 구축하며 분석 도구 및 방법을 이해하고 있다. 최소한의 계량분석의 기초를 알고 있으며, 계량분석가와 토론할 수 있는 능력을 가지고 있고 능력 중심주의로 인사를 관리할 의사가 있다.

이러한 기업들은 하나의 주요한 전략적 목표와 이차적인 전략적 목표를 선정하였다. 시저스의 경우는 충성심과 서비스를, 테스코는 충성심, 인터넷 고객, 은행과의 업무를, P&G는 경영진의 미래지향적인 경영을 정하였다. 또한 사용자 그룹을 전략적 목표로 삼기도 하는데 월마트는 분야별 매니저와 공급회사, 오웬스 앤 마이너Owens

231
2장 CEO에게 필요한 세 가지

& Minor는 공급망 매니저supply chain managers와 병원을 선정했다. 가장 좋은 초기 타겟target은 충분히 분석되지 못한 상당한 양의 데이터를 가진 부서나 사업 성공에 중요한 부서, 분석의 중요성을 이해한 관리자가 있는 부서 또는 분석 기술을 가진 사람들을 일부 갖춘 부서가 될 수 있다.

물론 모든 의사결정이 계량분석에 의해서만 이루어져야 되는 것은 아니다. 특히 인사 문제에 관련해서는 직감이나 개인에게 얽힌 일화 등으로 결정되는 경우가 많으나 사원 채용에서도 많은 기업들이 계량분석에 의존하는 경향이 늘어나고 있다. 그러나 인간은 사람의 인성에 대해서 단순한 관찰로 빠르고 놀랍게도 정확한 평가를 할 수 있다는 연구 결과가 나와 있다. 그렇다면 계량분석의 마인드를 가진 리더들은 언제 숫자로 경영해야 할지 언제 담력으로 경영해야 할지를 아는 것이 중요하다는 것이다.

개량분석 개발 프로그램의 배경은 다음과 같다. 계량적 분석을 경영 전략의 핵심으로 삼으려는 것이 글로벌 추세이다. 경쟁의 심화와 고객의 기대증대, 데이터의 홍수 속에서 합리적으로 경영을 하려면 정교한 계량적 분석을 바탕으로 한 효율적 의사결정이 필수적이다. 데이터를 수집 및 관리하고 계량적 분석을 한 후 의사결정에 활용하여 차별적 경쟁우위를 달성할 수 있다. 직원에 대한 계량분석의 능력을 개발하는 교육이 필요하며 관행적·경험적 업무처리에서 벗어나 계량적·통계적으로 업무를 계획하고 문제를 해결하는 능력의 배양이 필요하다.

개량분석 개발 프로그램의 과정 목표는 다음과 같다. 논리적·분석적·통계적·창의적 사고법을 훈련하고 계량적 문제해결 방법을 습득한다. 업무의 다양한 문제를 계량적으로 분석하여 해결하는 능력을 배양한다. 개인의 현안 과제를 계량적으로 수행하여 보고서 작성 및 발표를 한다.

그럼 어떠한 자기 계발을 선택할 것인가? 직무와 직접적인 관련이 있어야 할 것이며, 시간과 노력의 투자대비 효율적이어야 한다. 차별적 능력이 있어야 하며 저비용이면 좋을 것이다. 장기적으로 비전이 있어야 하며, 창의성 함양이라는 부수 효과가 있어야 한다. 요즈음 많은 회사에서 면접 때 영어 테스트를 필수로 하는데 어떻게 보면 영어보다 계량적 분석 능력이 더 중요할 수도 있다. 말로 그치는 것이 아니라 수치를 댈 수 있기 때문이다. 그런 능력을 갖기 위해서는 계량분석을 하고 결과 즉 숫자를 해석하고 이에 의해서 의사결정을 하는 법을 배워야 한다.

계량적 분석의 6단계는 문제 인식, 관련 연구 분석, 모델링(변수 선정), 자료 수집(측정), 자료 분석, 결과 제시이다. 첫째는 문제 인식의 단계이다. 이 단계에서는 개인 혹은 기업의 현안 문제를 인식하고 문제가 무엇인지, 어떻게 해결할 수 있는가 또한 문제 해결을 통해서 무엇을 달성할 수 있는가를 인식한다. 둘째는 관련 연구 조사 단계이다. 이 단계에서는 직·간접적으로 관련된 지식을 조사한다.

책, 논문, 보고서, 잡지 등을 읽고 정리하며 중요 내용을 파악한다. 셋째는 모형화하는 단계이다. 즉 변수 선정을 하는 단계이다. 관련된 변수만으로 문제를 재구성한다. 넷째는 자료를 수집하는 단계이다. 전 단계에서 선정된 변수들을 측정하는 것이다. 회사 내에 있는 2차 자료를 수집하고 관찰, 설문조사, 실험을 통하여 문제의 성격, 변수 특징을 조사하고 자료와 측정치를 모은다. 다섯째는 자료 분석 단계이다. 입수된 자료에 어떤 패턴이 있는지 즉 변수간의 관련성을 파악하는 것이다. 자료 분석은 간단한 도표를 사용하는 기초적인 방법에서부터 복잡한 통계 모형까지 문제의 성격이나 복잡성에 따라 다양한 방법이 사용된다. 여섯째는 결과 제시의 단계인데 주요 결과를 일목요연하게 요약하며 바람직한 의사결정의 방향을 제시한다. 발표 및 토론, 보고서, 논문을 제시하는 단계이다.

계량적 분석의 첫 번째 사례로 우리가 백의의 천사라고 부르는 플로렌스 나이팅게일Florence Nightingale을 들 수 있다. 그녀가 계량적 분석의 시초라는 사실을 아는 사람들은 많지 않을뿐더러, 간호학을 전공하는 학생들조차 이 사실을 잘 모른다. 그녀는 1853년부터 1856년까지 계속된 크림 전쟁에서 영국군 야전병원은 부상 군인들을 치료하는 곳이라기보다는 오히려 2차 감염의 위험으로 인해 부상자들의 죽음을 재촉하는 지옥 같은 곳이라는 문제 인식을 하였다. 그녀는 병원 내의 더러운 위생시설이 중요한 사망 유발 요인으로 판단하고 병실을 청결하게 하고 뜨거운 물을 세탁에 사용하였다. 또한 그녀는 기록의 중요성을 인식하고 체계적으로 환자들의 의무기록을 관리하며 관련 연구 조사를 하였다. 그녀는 체계적으로 부상자의 자료를 기록, 수집함으로 부상 내용, 치료 내용, 추가 질병 감염 여부, 치료 결과를 변수를 선정했다. 입원 환자들에 대한 의무기록표를 작성하고 상처, 질병, 치료, 치료 결과 등을 꼼꼼히 기록했으며 월별로 종합해 사망자수와 사망 원인을 기록함으로 자료 수집을 하였다. 또한 분석을 통해 위생 개선에 따른 원인별 사망률의 감소를 확인하기도 했다. 그리고 질병 원인별 사망률 변화를 여러 색깔로 표시하는 일종의 파이pic 형태의 그림을 이용하여 결과를 제시했다. 영국 신문은 이 충격적 사실을 대대적으로 보도했으며 정부는 병원의 위생 개혁에 대한 대책을 마련했다. 결과적으로 나이팅게일이 도착한 지 6개월 만에 사망률은 급격하게 감소했으며 2년 만에 전쟁이 끝나서 귀국했을 때 나이팅게일은 이미 유명인사가 되어 있었다.

두 번째 사례로서 워싱턴 대학교의 심리학 교수 존 고트만John Gottman과 수학 교수인 제임스 머레이James Murray를 보자. 이 교수들은 신혼부부에게 15분간 대화를 시킨 후 그 대화에 수학모델을 적용·분석하여 결과를 얻음으로 이혼 없이 오래 살 수 있을 것인가를 정확히 예측했다. 문제 인식과정은 다음과 같다. 미국의 경우 이혼율이 크게 증가했기 때문에 신혼부부의 미래를 예측할 수 있는 모델 개발이 필요했다. 부부 관계 연구는 심리학, 가정학 등 다양한 영역이 겹치는 분야이나 모델링을 통해 이혼 예측을 시도한 예는 없었다. 모형화를 해 부부간 논쟁이 결혼 파국의 중요한 변수가 될 수 있다고 판단해서 이혼을 예측할 수 있는 부부간 대화의 패턴을 정립했다. 그다음 변수를 측정했는데 신혼부부 700쌍을 대상으로 방 안에서 마주 앉힌 뒤 평소 둘 사이를 틀어지게 하는 주제를 잡아서 15분간 대화를 시켰다. 그리고 녹음된 대화를 바탕으로 자료 분석을 했다. 700쌍의 신혼부부를 유효부부, 회피부부, 불안정 부부, 적대적 부부, 적대적인 고립부부로 분류하여 유효부부와 회피부부는 이혼을 하지 않고 적대적 부부와 적대적인 고립 부부는 이혼을 하고 불안정 부부는 행복하지 않은 생활이지만 결혼은 유지한다고 예측했다. 예측의 정확성을 확인하기 위해 4년 뒤에 확인해 본 결과 놀랍게도 예측은 94% 적중하였다. 약간 오차가 있었던 이유는 이혼은 하지 않은 상태로 결혼을 유지하리라고 예상했던 불안정한 부부 중 일부가 실제로는 이혼을 했기 때문이었다. 이 결과를 그들은 『결혼의 수학 : 동적 비선형 모델The Mathematics of Marriage: Dynamic Nonlinear Models』이라는 책으로 출간했다.

그들의 수학적 분석 결과에서 얻은 요점은 '배우자의 불쾌한 말을 무시하고 넘기는 게 결혼생활의 파탄을 막는 최선의 비결'이라는 것이다. 나 역시 그들의 결과에 전적으로 동감한다. 사실 결혼생활의 많은 문제는 부부간의 사소한 대화에서 시작된다. 옷을 아무데나 벗어 놓는다, 청소를 안 한다와 같은 말들에서부터 불화가 시작되고 부부 싸움으로 연결되는 것이다. 일단 싸움이 시작되면 서로가 지금의 문제에서 온갖 과거의 문제까지 다 들추어낸다. 거의 문제의 발단은 말에서 시작한다고 볼 수 있다. 그러므로 사소한 일은 그냥 넘어 가줄 수 있는 넉넉한 마음, 아량을 갖는 것이 다투지 않게 한다. 실제로 언니가 계속 잔소리를 하는 게 고민인 동생에게 즉문즉설로 유명한 법륜 스님은 그냥 무시하라고 조언하기도 했다. 그러나 상대방의 말을 무시하고 지내려면 수행을 많이 해 자기를 완전히 제어할 수 있어야 하므로 보통 사람들은 이것을 실행하기가 대단히 어렵다.

세상에 잘 알려진 악처로 소크라테스의 부인과 링컨 대통령의 부인이 있다. 소크라테스의 부인은 남편이 허구한 날 돈을 벌어오지는 않고 광장에 나가서 사람들과 이야기하는데 시간을 다 소비하니 화가 날 법도 하다. 어느 부인이 좋게 말하겠는가? 그러나 이러한 악처들에게도 긍정적인 면이 있다. 만약 소크라테스의 부인이 정말 좋은 사람이었다면 소크라테스가 광장에서 시간을 보냈겠는가? 소크라테스를 철학자로 만든 것은 그의 부인이라고 볼 수도 있다. 링컨의 부인 메리 토드Mary Todd는 남편에게 커피잔을 던질 정도였으니 굉장히 신경질적인 사람이었음이 틀림없다. 그러나 그녀의 생애를 보면 링컨이 정치에 입문하여 대통령이 되기까지 굉장히 내조했다는 것을 알 수 있다. 어쩌면 남편을 위대한 사람으로 만들겠다는 메리 토드의 야망이 링컨을 대통령이 되게끔 몰아붙였을 수도 있다.

의사결정 전반부에서 말한 직관이란 판단, 추리 등의 사유작용을 거치지 않고 대상을 직접적으로 파악하는 작용을 말하는데, 아무런 근거도 없고 이유도 설명할 수 없지만 그럴 것이라는 확신이 드는 것을 말한다. 자기 전문 분야에서 오랫동안 수많은 계량적 분석을 반복했을 때 이러한 직관의 능력을 갖게 된다. 변수를 측정해서 분석해보지도 않고도 계량적 분석의 오랜 경험을 통해서 변수 간의 관계를 즉각적으로 판단할 정도가 되면 저절로 직관이 생긴다. 철학자 헤겔Hegel은 "고도로 분석적인 사유를 하는 사람만이 순수하고 진정한 직관을 소유할 수 있다"고 했다. 고도로 분석적인 사유는 수많은 계량적 분석의 경험에서 나온다.

그러면 계량적 분석 능력을 키우려면 무엇을 어떻게 해야 할까? 얼마 전에 음대 교수와 이야기를 나눈 적이 있다. 음악을 하는 사람은 대체로 예술 활동을 가족보다 우선순위에 놓고 살고 있다고 한다. 즉 피아노 치는 것이 그 자신이며 이것을 빼 놓고 자신을 생각할 수 없을 정도로 평생 몰입한다고 한다. 그래서 하루도 빼지 않고 매일 피아노를 쳐야 한다고 했다. 최고의 경지에 오르려면 어느 분야든 꾸준히 연습해야 한다. 계량적 분석 능력도 꾸준한 연습이 필요하다. 아리스토텔레스Aristoteles는 "탁월함은 하나의 행위에서 나오는 것이 아니라 습관에서 나온다. 네가 반복적으로 행하는 그것이 바로 너다"라고 했다. 반복적으로 행하는 그 무엇이 바로 그 사람의 모습인 것이다. 사고에서 태도가 나오고 태도가 행동이 되고 행동이 습관이 되고 습관이 인격을 만들고 인격이 운명을 만든다.

계량적 태도를 키우려면 숫자를 두려워하지 않아야 한다. 우리는 알게 모르게 숫자가 나오면 그대로 믿는 경향이 있다. 숫자를 의심하지도 않는다. 모르는 것은 바로 검색해서 찾아보거나 질문을 해야 하는데 한국인의 정서에서는 숫자를 캐묻고 질문을 하면 까다롭다는 소리를 듣는다. 이러니 평소에 숫자를 요구하지도 않고 관련성을 체크해 보기 위한 노력도 기울이지 않고 숫자를 의심하지도 질문도 안 한다.

초등학교에서 영어를 가르치는 한 미국인 여교사가 말하길 초등학교 1학년 아이들에게 질문을 하면 서로 대답을 하겠다고 손을 든다고 한다. 그러나 학년이 올라가 4학년 이상만 되어도 슬슬 친구 눈치 보고 손을 드는 학생 수가 줄어든다고 한다. 나는 대학교에서는 아예 대답하는 학생이 없다고 했다. 질문을 하면 자신이 무지하다는 것을 남에게 보인다고 생각해 되도록 질문을 안 하는 경향이 한국인에게는 엿보인다. 이것은 허례허식을 중시하는 한국인의 의식구조와도 연관이 있다.

또한 두루뭉술하게 넘어가는 것이 좋다는 생각이 팽배해 있는 것도 원인이다. 우리는 과거부터 숫자에 능한 사람을 중시하지 않았고 좋은 문장을 많이 구사하는 즉 글재주가 많은 사람이 과거 시험 제도를 통하여 인재로 등용되었다. 이러한 정신적 배경이 아직도 작용하고 있다고 생각된다. 음식을 할 때에도 서양에서는 정량하여 넣는 데 반하여 우리는 적당히 넣는다. 시골 초가집을 보면 문이 좀 비뚤어져도 전혀 개의치 않는다. 정확한 것을 중시하지 않기 때문이다. 지금이라도 호기심을 항상 갖고 사물을 보자. 계량적 태도는 계량적 분석의 지식에서 나온다. 기본적 분석 기법 사용을 연습하자. 계량적 마인드를 자신의 것으로 만들 수 있다면 그것은 자신의 강력한 경쟁력이 될 수 있다.

상황에 따른
올바른 의사결정

인생은 의사결정의 연속이다. 매 순간 어떤 의사결정을 하느냐에 따라 한 회사 혹은 한 사람의 운명이 결정된다. 비즈니스에서나 개인이나 의사결정 과정은 동일하다. 때로는 직관에 의해 결정하는 것이 옳을 때도 있고 때로는 자료 분석에 의해 이루어지는 것이 옳을 때도 있다. 직관에 의한 판단, 자료 분석에 의한 판단을 상황에 따라 적절히 이용하는 것이 바람직하다.

분석과 직관을 같이 활용하라

직관에 의한 판단도 노력에 의하여 향상시킬 수 있다. 직관에 의해 바른 판단을 하려면 평소에 많은 경험을 머리에 입력시켜 놓아야 한다. 그러면 어떤 결정을 할 때 입력해 놓은 정보를 끄집어내 작동시켜 빠른 시간에 결정을 할 수 있게 된다. 직관에 의한 판단도 자료 분석에 의한 판단 못지않게 중요하다.

올바른 결정에 도달하기 위해서는 그 과정에서 감정에 휘둘리지 않아야 한다. 인천공항공사 이채욱 전 사장이 중동에 공항 소프트웨어를 수출할 때 어떤 의사결정 과정을 거쳤는지 살펴보자.

우선 관련 정보를 모아보니 처음 올라온 보고서는 부정적인 내용 일색이었다. 판단을 위해 주한 미국 상공 회의소AMCHAM Korea 회장을 역임한 제프리 존스Jeffrey Jones, 하태윤 주이라크 대사 등 전문가의 조언을 구하니 그들의 의견은 달랐다. 심지어 "영국 런던보다 안전하다"는 말까지 나왔다. 이채욱 사장은 이러한 내용을 종합해 직원 파견을 최종 결정했다. 중동에 공항 소프트웨어를 수출하는 일은 회사와 국가의 장래에 중요한 일이며, 공항은 한 국가에서 가장 보안이 철저하고 안전한 곳이라는 결론을 내렸다.

인천공항공사는 2009년 2월 이라크 아르빌Arbil 공항과 3,150만 달러 상당의 위탁 운영 계약을 했다. 인천공항의 운영 노하우를 수출하기 위한 글로벌 전략이었다. 직원 31명도 파견하기로 했다. 이라크전과 테러 위험 때문에 아르빌 공항에 대한 사내 인식은 부정적이어서 사지死地나 다름없는 곳에 직원을 보낼 수 없다는 반대 의견도 적지 않았다. 하지만 이채욱 사장은 8월 말 〈동아비즈니스리뷰〉와의 인터뷰에서 "각종 통계, 자료를 어떻게 활용하느냐에 따라 의사결정이 달라질 수 있다"며 "100% 완벽한 정보를 얻기는 힘들기 때문에 70%의 자료와 30%의 직관으로 신속하게 의사결정을 해야 한다"고 말했다.

리더가 통계나 자료를 지나치게 맹신하거나 정보가 부족하다는 이유로 의사결정을 머뭇거려서는 안 된다는 얘기다. 데이터 분석과 직관을 같이 사용한 좋은 예이다.

3장

실천하는 CEO

일류기업 CEO의
성공 사례

성공하는 경영자의 내적 특징을 보면 오늘 할 일을 내일로 미루지 않는다. 그리고 겉으로는 여유가 있는 것 같이 보이지만 내면은 급한 면이 있다. 이러한 면이 일을 추진하게 만드는 것이다. 내가 여러 회사에서 CEO를 해본 경험이 있는 분에게 경영자가 갖추어야 할 덕목이 뭐라고 생각하느냐고 물었을 때 그분은 "CEO는 감정 컨트롤을 할 수 있어야 됩니다. 아무리 화가 나도 얼굴에 드러내지 않을 수 있어야 됩니다"라고 말했다. 그 후 여러 지도자를 이러한 면으로 눈여겨보았다. 한 리더는 부하 직원이 자기에게 불리한 얘기를 하니 단번에 얼굴색이 변했다. 그 모습을 보고 '이 사람은 리더가 될 자격이 없는 사람이구나'라는 생각이 들었다.

또한 상대방의 장점을 볼 수 있어야 한다. 그래야 각각의 장점을 모은 팀을 구성해서 일을 잘 진행하게 할 수 있다. CEO의 머리가 좋은가 나쁜가는 별 문제가 되지 않는다. 사람을 잘 활용할 수 있는가 없는가가 중요하다. 상대의 단점만 보는 경영자는 결코 좋은 팀을 구성할 수 없다. 상대방의 장점을 볼 수 있다는 것은 상대방의 장점을 칭찬할 수 있어야 한다는 말이다. 왜 칭찬을 하는가? 사람은 자신의 성과를 인정해주는 사람을 위해 열심히 일하기 때문이다. 누구에게 칭찬을 할까? 고 성과자는 성과에 대해, 저 성과자는 작은 진전에 대해 칭찬해야 한다. 무엇을 칭찬할까? 구체적인 기준 설정을 공유해야 한다. 언제 칭찬할까? 그때그때 즉시 해야 한다. 어디에서 할까? 불특정 다수보다는 개인의 성과에 대해 구체적으로 칭찬해야 한다.

그리고 자신의 성공에 대해 다른 곳에서 성공 요인을 찾을 수 있어야 한다. 성공한 CEO가 "어떻게 성공했느냐?"는 질문에 "운이 좋아 됐지요. 부하직원이 열심히 해서 된 것이지요"라고 대답하는 것이 이런 맥락이다. 실패했을 때는 무엇이 부족했는지 자신을 되돌아볼 수 있어야 한다. 성공한 CEO들의 면모를 살펴보자.

성공한 CEO ① 월마트의 샘 월튼

짐 콜린스는 CEO의 포기하지 않는 불굴의 의지를 실패와 추락을 이겨내는 암벽 등반에 비유했다. 바로 월마트를 창업한 샘 월튼이 그러한 불굴의 의지를 가지고 있었다. 월마트는 1991년 당시 최대 소매 업체였던 케이마트를 추월했다. 샘 월튼의 방법은 다음과 같다. 첫째, 리테일 링크Retail Link라는 추적시스템을 도입하고 상품에 바코드를 부착해 고객 성향을 파악하고 상품을 기획했다. 둘째, 매일 저가 Everyday low price의 전략을 폈다. 셋째, 그는 "옆 가게보다 모든 물건을 약간 싸게 팔면 성공한다"는 경영 철학을 실천했다. 넷째, 한곳에서 모든 쇼핑을 마칠 수 있게 했다. 다섯째, 혁신을 중시했다. 여섯째, 친환경 경영을 했다. 일곱째, 접근 가능성을 중시해 도시 외곽에 대형 매장을 세웠다.

월마트와 샘스클럽 본사는 아칸소 주 벤톤빌Bentonville에 있다. 이 본사를 방문했을 때 가장 놀란 점은 소박한 단층 건물이라는 사실이었다. 세계 최대의 유통업체 본사였기 때문에 누구나가 고층빌딩을 기대하겠지만 예상을 빗나갔다. 여기에서 샘 월튼의 검약 정신이 그대로 보였다. 아칸소는 미국에서 상당히 낙후한 주로 알려져 있는데 이런 주의 작은 도시에서 세계 제일의 유통업체가 탄생했다는 사실에 경외감마저 들었다. 월마트와 샘스클럽 본사를 들어서면 벽에 다음과 같은 샘 월튼의 10가지 비즈니스 룰이 적혀 있다.

- Commit to your business. Believe in it more than anything else.

(너의 비즈니스에 전력투구하라. 다른 무엇보다 너의 비즈니스를 믿어라.)

- Share your profits with all your Associates, and treat them as partners.

(너의 이익을 너의 동료와 이익을 공유하고 그들을 파트너로 대하라.)

- Motivate your partners. (너의 동료를 동기 부여하라.)

- Communicate everything you possibly can to your partners.

(너의 파트너와 가능한 모든 것에 대해 의사소통하라.)

- Appreciate everything your Associates do for the business.

(너의 동료가 비즈니스에 대해 하는 모든 것에 대해 감사하라.)

- Celebrate your success and find humor in your failures.

(너의 성공을 축하하고 실패에 대해 관대하라.)

- Listen to everyone in your company, and figure out ways to get them talking. (너의 회사의 모든 사람에게서 배우고 그들이 얘기하게 하라.)

- Exceed your customer's expectations.

(너의 고객의 기대를 넘어서라.)

- Control your expenses than your competitors.

(너의 경쟁자들보다 경비를 아껴라.)

- Go to the other way. Ignore the conventional wisdom.

(다른 길로 가라. 전통적인 지혜를 무시하라.)

월마트는 소매와 관련된 거의 모든 분야에서 스스로의 운명을 개척하고 기준을 제시해온 기업이다. 소매유통업 분야의 법칙을 만들고 그 자신의 필요에 따라 그 법칙을 변경하기도 했다. 진주만 공격에서 살아남아 유명한 경영작가가 되었던 얼 나이팅게일Earl

Nightingale은 "당신이 늘 생각하는 당신의 모습이 당신의 미래가 된다"라고 말했다. 세계 최고의 소매기업을 만들겠다는 일념으로 샘월튼은 무모하다 싶을 정도로 많은 모험을 감행했다. 그는 지속적으로 혁신을 생각했고 다른 경쟁자들보다 더 많은 고민과 일을 했고 결과적으로 더 큰 결과를 얻었다. 그의 경영방법이 특별한 것은 아니었다. 그는 점포를 일일이 방문했고 직원들과 대화하며 고객의 의견을 듣는 현장경영을 했다. 남부의 변두리에 새 점포들을 열기 시작했을 때 모두 반대하였으나 그는 자신의 성공에 대한 비전을 마음속에 품고 있었다. 그는 자신의 꿈을 이룰 수 있다는 강한 신념을 갖고 있었고 꿈을 위해 과감하게 위험을 감수하는 사람이었다.

1991년 월마트의 매출은 시어즈를 능가하여 미국 최대 소매기업이 됐고 결국 세계 최대 소매 기업이 됐다. 2003~2004년에는 〈포춘〉에 미국에서 가장 존경받는 기업 1위에 올랐다. 월튼이 추구하는 가치는 고객을 위해 옳은 일을 하고, 직원들의 복지에 관심을 갖고, 정직한 거래를 하고, 고객에게 이익을 돌려주고, 비용을 고려하고, 기업운영 방식을 개선하는 것 등이었다. 그는 상대방으로부터 뭔가 항상 배우려는 자세를 가지고 있었다. 이 배우려는 자세는 정주영 회장에게서도 마쓰시다 고노스케 회장에게서도 볼 수 있는 탁월한 CEO의 공통점이었다. 이 점은 꼭 기업인이 아니더라도 개인도 배워야 할 점이다. 어제보다 오늘이 나아져야 하고 내일은 더 나아져야 한다. 항상 배우려는 자세는 얼마나 좋은 자세인가. 월마트 본사에는 샘 월튼이 사용하던 집무실도 보존해 전시하고 있는데 그의 사무실은 울산의 현대중공업 내 정주영 박물관에 있는 정주영 회장의 사무실과 매우 닮은 점이 있었다. 그는 대기업의 대표이지만 옷차림이 아주 검소해 정주영 회장을 연상하게 했다. 부하직원의 실패에 관대하라는 샘 월튼의 정신은 정주영 회장에게서도 찾아볼 수 있다. 정주영 회장은 부하 직원이 새로운 것을 시도하다가 실패해도 나무라지 않았다. 오히려 도전정신을 높이 샀다. 지금의 경영자들은 어떤가? 실패를 용납하지 않는다. 그러니 누가 개혁을 하고 새로운 것을 시도해 보겠는가? 그저 현재의 자리에 안주하려고만 한다.

또한 샘 월튼의 전통적인 지혜를 무시하라는 정신은 정주영 회장의 "해봤어?"정신과 일맥상통한다. 안 된다는 생각을 버리고 도전신을 가지라는 것이다. 정주영 회장의 성공비결로는 내 몸이 담보라는 정신, 신용이 생명, 사소한 약속이라도 철저히 지키는 점, 검소함, 새벽에 하루를 시작하는 것, 독특한 아이디어를 낸다는 것, 목표를 정하고 신념 있게 밀어붙이는 점 등이 있다.

성공한 CEO ② 도요타의 도요타 에이지

원대한 목표를 추구하는 도전정신을 가진 도요타 자동차의 도요타 에이지를 보자. 1983년 8월 도요타 본사 회의실에 긴장감이 흐르는 임원들 사이로 도요타 에이지 회장이 들어 왔다. 이날 회의의 핵심

주제는 '프리미엄 브랜드 설립'이었다. 도요타의 미래를 위해 필요하다는 의견도 있었고 많은 투자비용과 낮은 성공가능성을 얘기하는 회의적인 주장도 있었다. 당시 도요타 자동차는 세계 소형차 시장점유율 1위(8.1%)를 기록하고 있었다. 내가 미국 유학하던 1970년대 후반 미국에서 일본 소형차의 인기는 절대적이었다. 중고차도 가격이 잘 떨어지지 않았고 오일 쇼크를 만나 일본 소형차는 더욱 인기가 상승하였다. 하지만 도요타 에이지 회장은 현실에 안주하지 않고 "우리는 더 큰 꿈이 있다. 메르세데스 벤츠와 BMW에 필적할 만한 세계 최고의 자동차를 만들고 싶다"고 말했다.

6년 동안의 노력 끝에 1989년 렉서스가 나오고 세계적인 명품 브랜드가 되었으며, 고급차 시장에서 1위를 달리고 있던 GM의 캐딜락을 제쳤다. 도요타 에이지의 이러한 결정은 도요타를 메르세데스 벤츠와 맞붙을 수 있는 위치로 올려놓았다.

성공한 CEO ③ IBM의 톰 왓슨 주니어

과감한 투자를 감행한 IBM의 톰 왓슨 주니어Tom Watson Junior를 보자. 1888년 미국 정부에서는 대규모 통계조사를 하기 위한 새로운 방법을 공모했는데 그때 역무원이었던 홀러리스Hollerith의 천공카드 시스템 아이디어가 당선되었다. 이를 계기로 그는 태블레이팅 머신Tabulating Machine이라는 회사를 창립했다. 1911년 태블레이팅 머신은 저울업체인 컴퓨팅 스케일 코퍼레이션Computing Scale Corp.과 저장장치 전문회사인 ITRThe International Time Recording Co.과 합병하여 IBM의 전신인 CTRComputing Tabulating Recording Corp.이 탄생되었다. 1914년 오늘날에도 가장 존경받는 토마스 왓슨이 사장으로 선임되며 이 회사는 새로운 전기를 마련한다. 토마스 왓슨은 고증학교 졸업 후 회사의 경리로 시작했으나 외부 활동을 좋아해 영업사원이 되었다. 사무기기업체 NCR에서 그는 놀라운 영업실적을 기록하며 승진을 거듭했다. 그러나 경쟁업체들의 반독점금지법 소송으로 왓슨은 징역형을 받고 NCR과 소원해졌다. 1914년에 적자로 허덕이는 CTR에 왓슨이 CEO로 취임하고 'Think'라는 슬로건을 통해 직원들에게 생각을 강조했고 회사 제품의 기술혁신을 이루어 냈다. 1914년 400만 달러 매출은 1920년 1,400만 달러로 급증하고 흑자 반전되었다. 그는 세계공황 때에도 직원을 한 명도 해고하지 않아서 IBM의 평생고용신화를 이어갔다. 왓슨은 고객들에 대한 존경의 표시로 직원들에게 짙은 양복에 하얀 셔츠로 넥타이를 꼭 매게 했다.

토마스 왓슨은 컴퓨터 시대를 맞이하여 회사에 새로운 인물이 필요하다고 생각하여 1955년 그의 아들 톰 왓슨 주니어에게 사장직을 승계했다. 톰 왓슨 주니어는 회사의 미래는 컴퓨터에 달려 있다고 생각하고 연 수입의 3분의 1을 컴퓨터 개발에 투입시키는 모험을 감행함으로 1964년에 IBM360을 개발했다. IBM360은 정부, 연구소, 기업 등 많은 곳에서 사용되어 IBM이 컴퓨터 시장을 독점하게 되었고 경쟁기업인 버로우즈Burroughs Corp.는 패망하게 되었다.

내가 한국에서 대학을 다닐 때에는 컴퓨터 코딩만 배우고 실제로 컴퓨터는 돌려 보지 못하고 미국 유학을 떠났다. 1975년 미국에 도착하니 모든 과목에서 컴퓨터가 활발하게 이용되고 있었다. 당시에는 프로그램을 짜고 카드에 천공을 하여 카드덱을 만든 다음 대학의 전산센터로 가서 카드덱을 맡겼다. 한두 시간 기다리면 컴퓨터를 돌린 결과를 받는데 보통 에러가 난다. 그러면 수정해서 또 카드덱을 맡겼고 어떤 때에는 이 작업이 밤새도록 이어질 때도 있었다. 나중에는 온라인 단말기가 나와서 이 카드 천공작업은 더 이상 하지 않게 되었고 카드를 천공하는 직종도 사라지게 되었다.

당시 한국에서는 모두 공대에서 계산을 슬라이드 룰러slide ruler를 써서 했는데 1975년에 미국 유학 당시 미국에서는 놀랍게도 모두 계산기를 쓰고 있었다. 나도 프로그램 가능한 소형 HP 계산기를 400달러를 주고 샀는데 당시 도시의 평균 근로자 임금이 월 400달러이니 이 계산기가 얼마나 비쌌는지 알 수 있다. 그런데 1년이 지나니 200달러가 되고 또 그다음 해에는 100달러가 되고 해마다 50%씩 값이 떨어지는 것을 볼 수 있었다.

성공한 CEO ④ 인텔의 앤디 그로브

과감한 혁신을 감행한 인텔의 앤디 그로브의 사례도 살펴보자.

2016년 3월에 세상을 떠난 앤디 그로브는 헝가리 부다페스트에서 태어나 원래 이름은 안드라스 그로브였다. 그의 아버지 조지 그로브는 유가공 회사를 운영하는 식품회사를 운영했는데 거래처 가게 집 딸과 결혼해 낳은 아이가 앤디 그로브이다. 그는 유복한 집안에 태어났으나 어린 시절 몸이 약했고 4살 때 심장수술을 받던 중 부작용으로 청력의 40%를 잃었다. 제2차 세계대전이 발발해 유대인인 앤디 그로브는 생활이 어려워졌고 그 후 헝가리에서 민주화 운동이 일어나자 그는 미국으로 보내졌다.

인텔의 창립 과정을 알아보기 전에 실리콘 밸리의 탄생과정을 알아보자. 트랜지스터는 전기신호를 증폭해주는 장치이다. 최초의 컴퓨터인 에니악Eniac은 진공관을 써야 하기 때문에 방 하나를 가득 채우는 크기였지만 트랜지스터를 사용함으로 컴퓨터가 소형화 되었다. 기술의 발전으로 트랜지스터 크기는 날로 작아지고 있다. 마이크로프로세서 안에서 트랜지스터는 전기신호를 받아내는 역할을 하며 마이크로프로세서 안에 들어가는 트랜지스터의 수에 따라 마이크로프로세서의 성능이 좌우된다. 인텔을 창업한 고든 무어Gordon Moore는 1년 6개월마다 CPU 속에 들어가는 트랜지스터의 수가 두 배씩 늘어난다고 했는데, 이를 '무어의 법칙Moore's law'이라고 한다. 한국의 삼성전자의 기술을 총괄했던 황창규 사장이 제시한 황의 법칙Hwang's Law도 있다. 2002년 2월 미국 샌프란시스코에서 열렸던 국제반도체회로 학술회의ISSCC에서 그는 '메모리 신성장론'을 발표하였는데, 무어의 법칙과 달리 메모리반도체의 집적도가 1년에 두 배씩 늘어난다는 이론이었다. 그는 이에 맞는 제품을 개발하여 이론을 입증하는 데 성공했다. 그런데 2008년에 삼성이 128GB짜리 NAND 플래시 메모리를 발표하지 않아 이 법칙이 깨졌다. 이는 당연한 결과이다. 모든 성장곡선은 끝없이 올라가지 않는다. 일정기간 올라가면 성장이 둔해지고 급기야는 수평으로 눕게 된다. 즉 플래토 plateau 영역에 들어가는 것이다. 이는 자연에서 반드시 일어나는 현상이다.

실리콘 밸리를 탄생시킨 데는 스탠포드 대학교Stanford University의 프레데릭 터먼Frederik Terman 교수의 노력이 절대적이었다. 그는 학부는 화학을, 석사는 전기공학을 스탠포드에서 했다. 그의 아버지 루이스 터먼Lewis Terman은 스탠포드 대학교의 심리학 교수였는데 IQ테스트를 미국에서 대중화한 사람이었다. 1950년대만 해도 뉴욕을 중심으로 한 미국 동부는 대기업들이 몰려 있어서 많은 일자리가 있었지만 캘리포니아를 중심으로 하는 서부에는 일자리가 없었다. 스탠포드의 터먼 교수는 제자들이 일자리를 찾아 고향을 떠나는 것이 안타까웠다. 대학 주변에 연구시설을 마련하여 좋은 아이디어를 가진 젊은이들이 회사를 창업해 훌륭한 기업가로 성장하도록 돕고 싶었다. 그가 첫 번째 길러낸 기업인이 윌리엄 휴렛William Hewlett과 데이비드 패커드David Packard이다. 그들이 538달러의 자본금으로 차고에서 시작한 HP는 현재 15만 명의 고용인과 매출 890억 달러의 대기업으로 발전했다. 터먼 교수는 1930년대 창업한 HP가 성과를 내자 1950년대에 이르러 대학교 주변에 벤처 기업을 육성시키고자 했다. 트랜지스터를 개발한 공로로 노벨물리학상을 받은 윌리엄 쇼클리William Shockley를 스탠포드 대학의 교수로 영입했고 근처에 쇼클리 반도체 연구소를 창업했다. 노벨 수상자가 회사를 만든다니 많은 인재들이 모여들었다. 윌리엄 쇼클리는 연구에는 뛰어났지만 인간관계와 리더십은 부족했다. 상품개발이 늦어지고 회사의 수익은 나지 않고 연구비만 들어가니 쇼클리 교수는 부하 직원들에게 수시로 화풀이를 했다. 이때 회사 운영에 불만을 가진 8명의 직원이 있었다. 1957년 회사를 사직한 8명의 직원들은 상용화 제품은 만들지 못했지만 뛰어난 능력과 자질을 가진 사람들이었다. 그러나 서부에서는 이들을 받아줄 회사가 없었다. 이들은 회사를 창업하기로 하고 동부 지역의 페어차일드Fairchild 그룹과 접촉하여 150만 달러의 투자를 받아서 페어차일드 반도체Fairchild Semiconductor라는 회사를 세웠다.

이 회사는 실리콘 소재를 이용해 트랜지스터 개발을 상업화 했다. 그 후 페어차일드 반도체는 승승장구했다. 회사는 성장했지만 제품을 개발한 사람들에게는 이익이 돌아가지 않자 여덟 명 중 리더 역할을 했던 로버트 노이스Robert Noyce와 고든 무어Gordon Moore만 빼고 나머지는 회사를 이직했다. 노이스는 무어와 사업을 같이 하기로 했다. 이들은 이미 잘 알려진 스타였기 때문에 이들이 창업한다는 말에 전국에서 투자자들이 몰려들었다. 냅킨에 적은 몇 가지 메모만으로 하루 만에 250만 달러를 투자받았다. 이렇게 하여 1968년에 인텔이 창업되었다. 인텔에 첫 번째로 스카우트 된 사람이 앤디 그로브였다. 앤디 그로브는 로버트 노이스, 고든 무어와 함께 완벽한 삼두 체제를 이루어 인텔의 성장을 견인했다. 하나의 기판에 여러 개의 트랜지스터를 집적하는 기술에 있어서는 로버트 노이스가 세계 최고의 기술자였다. 이 기술을 바탕으로 세상에 없던 새로운 제품을 개발하려 했는데 그 첫 번째가 세계 최초의 메모리칩 개발이었다. 로버트 노이스는 메모리칩의 개념과 설계회로를 작성했고 앤디 그로브는 제조 업무를 맡았다. 시제품과 대량생산에는 상당한 기술적 괴리가 있었기 때문에 고든 무어는 제품개발의 문제점을 해결하는 역할을 했다. 노이스와 무어는 연구실의 몇 사람과 상대했지만 앤디 그로브는 회사의 모든 업무와 직원을 관할했다. 초기에 메모리를 만들면 10개 중 9개가 불량이었다. 각고의 시행착오 끝에 불량률을 50%로 줄였다. 당시에는 이 수치도 획기적인 것이었다. 그때에는 미세먼지가 없어야 된다는 것조차 몰랐다. 나중에 이를 알고 방진복을 고안했고 지금은 반도체 공정 다루는 기업이나 실험실에 클린룸clean room이 필수가 되었다.

인텔의 창업자는 아니지만 오늘의 인텔을 만든 사람은 앤디 그로브이다. 로버트 노이스는 회사 업무보다 취미 생활을 즐겼고 무어는 하루 종일 연구만 하는 사람이었다. 회사의 모든 업무는 앤디 그로브가 책임을 졌다. 인텔은 메모리칩 시장을 개척한 산파 역할을 했기 때문에 인텔이 곧 메모리였다.

인텔은 1970년대 초반만 해도 전 세계 메모리 점유율 90%에 이익률이 50%가 넘는 회사였다. 그러나 1980년대에 일본 업체들이 저가로 메모리 시장에 대대적인 공략을 하자 인텔의 시장점유율은 5% 정도로 급락했다. 치열한 경쟁으로 인해 인텔의 시장점유율이 잠식당했을 뿐만 아니라 메모리칩 가격과 수익까지도 낮아졌다. 인텔은 그동안 성장세를 타며 수익성 있는 마이크로프로세서 사업도 추진해 왔다. 하지만 최고 경영자들은 손실이 누적되고 있음에도 불구하고 계속해서 메모리 사업을 인텔의 핵심 사업으로 규정하고 있었다. 이때 앤디 그로브 회장은 혁신을 단행했다. 그는 창업자인 고든 무어에게 만일 이사회에서 자신들을 아웃사이더 즉 외부에서 영입된 경영자로 대체할 경우 어떤 일이 발생할지 상상해 보자고 제안했다. 즉 자신과 고든 무어가 이사회에 의해서 퇴출되고 다시 영입된 아웃사이더라면 어떤 결론을 내리겠느냐고 제안한 것이다. 그리고 그들이 만약 영입된 아웃사이더라면 메모리 사업을 접으라고 할 것이라는 결론에 도달했다. 그들은 이를 행동으로 옮겼고, 1985년에 주력사업인 메모리 반도체 사업을 접고 회사의 주력 사업을 마이크로프로세서 사업으로 전환하기로 과감하게 결정했다. 펜티엄 시리즈를 대표로 하는 마이크로프로세서가 주력제품으로 개인용 PC의 70% 이상을 장악하고 있어서 세계에서 가장 영향력 있는 IT기업이 된 것이다. 현재 인텔은 전 세계 60개국에 9만 9천 명이 고용되어 있으며 380억 달러가 넘는 매출에 120억 달러의 높은 순이익을 달성하는 세계 최고의 반도체 기업이 되었다. 1997년 〈타임〉지는 올해의 인물로 앤디 그로브를 선정했다. 앤디 그로브는 디지털 시대의 선구자였고 디지털 혁명을 이끈 주인공이었다. 미국의 첨단산업에서 누리는 성과들이 앤디 그로브가 있었기 때문에 가능하다고 할 정도로 오늘날의 디지털 시대를 창조한 주역이라 할 수 있다.

펩시의 로저 엔리코Roger Enrico도 물러날 때와 나아갈 때를 알았다. 코카콜라와 맛으로 정면승부를 했을 때 펩시는 참담한 패배를 맛보았다. 엔리코는 콜라의 간접 유통망으로 KFC, 버거킹 등을 확보 영업의 다각화를 모색했다. 탄산음료가 아닌 스낵, 유통 사업 등이 차지하는 비중을 80%로 늘림으로 전체 기업의 매출과 순이익 측면에서 당당히 코카콜라를 누른 것이다.

직원의 잠재력을 발견하는 CEO

킴벌리클라크Kimberly-Clark의 CEO인 토마스 포크Thomas Falk는 말단 세일즈 직원, 젊은 엄마 직원, 나이 어린 회계사를 그의 멘토로 삼았다. 회계사로부터는 물건 고르는 법, 경제적인 측면을 어떻게 따지는지 등을 배웠다. 예를 들어 마트에서 물건을 사기 전에 휴대폰으로 가격 비교하는 것처럼 어떤 점이 직원들의 업무를 방해하는지, 어떤 원칙이 고루한지 등을 배웠다. CEO의 기본적 자질에서 말단 직원의 말을 메모할 만큼 순수해야 한다고 말했는데 포크 회장이 바로 그런 사람이다. 젊은 엄마 직원으로부터는 엄마와 직장인 두 가지 역할이 얼마나 어려운지를 알았다. 회사가 무엇을 제공해야 하는지를 알고 바로 적용했다. 이러한 것들이 이 회사가 가장 일하고 싶은 회사에 상위권을 유지하는 비결이다. 말단 세일즈 직원에게서는 그들에게게 무엇이 필요한지를 배웠다. 상사에게 바라는 것, 어떤 원칙들이 개선되어야 하는지, 직원들이 처한 현실을 직시하고 직원들의 마음을 헤아리고 일반 소비자들의 마음을 엿보게 된다. 이러한 역멘토링Reverse mentoring은 킴벌리클라크의 혁신 도구로서 상사가 현실을 직시할 수 있고 혼자서는 생각해 낼 수 없는 새로운 아이디어를 발굴할 수 있는 장점이 있다.

킴벌리클라크의 다른 혁신도구로는 맘프러너Mompreneur(Mom과 Enterpreneur의 합성어)이다. 아이용품과 여성용품을 주로 하는 이 회사에 가장 중요한 고객은 엄마이다. 엄마들을 회사로 초청해 아이디어를 듣고, 그중 혁신적인 아이디어를 사업화 할 수 있도록 경제적 도움을 주기도 한다. 이 방법은 우리나라에서도 여러 기업이 채용하고 있다. 또한 이 회사의 특징은 컬처잼Culture Jam인데 전 세계 5만 8,000명의 직원이 함께 소통하는 것이다. 2만 5천 명이 동시에 진행하는 온라인 채팅을 바탕으로 영감을 얻는다. 주제별로 여러 개의 채팅 룸을 설치하고 임원들은 각각의 채팅 룸에서 전 세계 직원들과 대화를 나눈다. 이러한 것들이 지난 140년 동안 기저귀, 티슈 등 생활용품 분야에서 세계시장을 선도한 비결이다.

한국의 행복지수 현주소를 살펴보자. 유엔이 발표한 '2015 세계행복보고서'에 따르면 전 세계 158개 국가를 상대로 국민의 행복도를 조사한 결과 10점 만점에 우리나라는 5.984로 47위를 기록했다. 헨리 스튜어트Henry Stuart가 창업한 해피Happy는 25년 역사에, 30명 직원을 두고, 연매출 51억 원의 소규모 IT전문 교육업체이다. 그러나 영국에서 일하기 좋은 직장 20곳에 5년 연속 등재되었다. 해피의 선정 이유는 다음과 같다. 직원에 대한 믿음과 자유가 있다. 신뢰를 받고 있다고 느끼고 어느 정도 자유를 허용하여 가장 좋은 성과를 내게 한다. 사소한 업무에 참견 받고 보스에게 일일이 보고하는 것을 직원들은 싫어한다. 직원들에게 일정한 가이드라인을 제시하고 직원이 해법을 찾도록 하는 것이 좋다. 경영진의 역할은 회사의 비전 확립이고 사내소통이다. 직원들이 행복하다고 느낄 때 뛰어난 성과를 얻을 수 있다. 직원들을 행복하게 만들고 잠재력을 최대한 발휘하는 것이 CEO의 역할이다. 일과 삶의 균형을 유지하게 만들어야 한다. 해피에서는 직원이 주당 40시간을 일하고 그 이상은 스스로 멈춘다. 일과 생활의 균형을 이루기 위해서이다. 스스로 근무 시간을 정하며 업무 시작 전에 아이디어를 승인하는 사전승인pre-approval 제도를 운영한다. 업무에 대한 명확한 가이드라인만 주고 일은 스스로 하게 하며 관리자를 훌륭한 코치로 재교육시킨다. 모든 직원의 연봉을 공개하며 직원들이 직접 자신의 관리자를 뽑는다. 직원들은 스스로를 6개월 간격으로 평가한다. 직원을 뽑는 기준은 학위, 자격증보다는 태도를 중시한다. 우리가 자녀 교육을 할 때 자녀들의 태도가 중요한 것처럼 기업에서도 직원들의 태도가 중요하다. 이들은 회사가 어려울 때 소통으로 비용절감에 성공했다.

제트블루 항공사는 저가 항공사로 경영을 잘하고 있다. 한 기자가 제트블루와 다른 항공사와의 차이점이 무엇인지 제트블루의 부사장 빈센트 스테이빌Vincent Stabile에게 물었다. 그는 "우리는 고객이 대접받기를 바라는 대로 직원들을 대우한다"고 말했다. 직원들은 회사로부터 받은 대우와 신뢰, 회사와 일에 대한 감정을 고객에게 되돌려 주기 때문이다. 즉 행복한 직원들은 고객을 행복하게 만들고 수익을 가져온다. 불행한 직원들은 고객들을 불행하게 만들고 수익도 낼 수 없게 된다. 고객들은 직원들이 행복한지 아닌지 금방 알아차린다. 따라서 직원들이 행복하도록 CEO는 신경을 써야 한다.

일하기 좋은 직장은 에너지가 충만하고 직원들이 자신의 아이디어를 직접수행가능한 곳이다. 3~4단계의 경영진 승인을 거치지 않으며, 관리자가 간섭 대신 지원과 조언을 해주는 곳이다. 일하기 좋은 직장은 혁신적인 분위기를 이끌어내지 못한다는 말이 있지만 실제로는 그 반대이다. 고어의 회사 조직은 상사나 부하가 없는 완전한 수평 조직이며 직위도, 서열도, 권위도, 보스도, 관리자도, 피고용인도, 표준화된 고정 업무도, 지시도 없이 회사를 운영하고 있다. 이회사는 미국에서 일하기 좋은 회사로 2015년에 17위를 기록했다. 미국에서 가장 일하기 좋은 기업은 구글이다. 구글은 가장 혁신적인 기업으로 잘 알려져 있다. 혁신적인 기업들은 자신들의 성과가 직원들의 행복에서 나온다는 사실을 알고 있다. 미국의 그리스식 요거트 초바니Chobani의 함디 울루카야Hamdi Ulukaya 회장은 터키의 작은 마을에서 태어났는데 영어를 배우러 미국에 왔다가 미국에서 시판하고 있는 요거트의 맛을 혹평하는 아버지를 보고 그리스식 요거트 제조 회사를 설립해서 성공한 기업으로 성장시켰다. 그는 자신이 가지고 있는 회사 지분의 10%를 직원들에게 배분하기로 했다. 음식산업에서 창업자 소유의 주식 배분은 드문 경우인데 직원의 행복을 중시한 결정이라고 생각된다.

해피의 고객사인 한 IT기업의 예를 보자. 일하기 좋은 직장을 만들고자 노력했더니 18개월 만에 매출과 직원 수가 두 배 증가하였다. 직원들을 행복하게 만들고 역할을 충실히 하게 도우면 실적도 좋아진다. 그러나 직원들의 행복에 초점을 둔 CEO는 100명 중 1명이라는 게 현실이다. 영국의 유명 유통업체 존 루이스John Lewis 사장은 임원회의 때 회사 재무에 관해서는 30분 쓰고, 나머지는 직원들의 사내문화에 대해 논의한다고 한다.

그가 말한 행복한 직장 만들기 10계명을 보자.

직원을 믿어라.

당신의 직원들을 기분 좋게 해줘라.

명쾌한 가이드라인과 자유를 주어라.

개방적이고 투명한 직장을 만들어라.

태도를 보고 뽑은 뒤 기술을 가르쳐라.

실수를 축하해줘라.

사회와 상호 이익관계를 형성하라.

일을 사랑하고 삶을 얻어라.

전문성보다는 직원 관리에 능한 관리자를 뽑아라.

노스웨스턴 대학교, 켈로그 경영대학원의 키스 머니건 교수는 아무것도 안 하는 리더의 효과를 강조하고 있다. 관리자는 직원을 지원, 조언하는 훌륭한 코치 역할을 해야 한다. 기업들은 업무능력이 뛰어난 사람을 관리자로 선정하는데 이는 좋지 않은 방식이다. 관리자는 사람을 잘 관리하는 사람으로 선정해야 한다. 일일이 간섭하지 말고 결정만 하라는 것이다.

미국의 드와이트 아이젠하워Dwight Eisenhower는 노르망디Normandy 상륙작전을 성공적으로 지휘한 유명한 장군으로서 미국의 34대 대통령에 당선되었다. 아이젠하워 대통령은 아무것도 하지 않는 걸로 유명했고 골프를 대단히 좋아했다. 그러나 그가 정말 아무것도 하지 않았는가? 그는 노르망디 상륙작전과 같은 거대한 작전을 수행하면서 전략을 수립할 줄 알고 사람을 쓸 줄 알았으며 바른 의사결정을 하는 능력도 갖추었다. 그야말로 대통령이 갖추어야 할 자질을 스스로 갖춘 사람이다. 그는 밑의 사람을 토론시키고 결론을 도출하는 작업을 했다. 갑과 을이 반대되는 의견을 냈을 때 조율하는 역할을 했다. 그는 "내가 대통령으로서 하는 일은 각료들의 말을 들어보고 결정하는 일이 내 주업무이다"라고 말했다.

해외에서 성공한 한국인 CEO

2011년부터 2013년까지 KBS에서 방영한 '글로벌 성공시대'에서 미국 및 외국에서 사업으로 성공한 CEO들을 취재해 보여주었다. 그들의 공통점은 부하직원들에게 인간적인 따뜻함을 보여주는 모습이었다. 그중의 몇몇 사례를 살펴보자.

신학철 3M 수석부회장은 샐러리맨의 신화이다. 가난한 농부의 아들로 태어나 어학연수조차 한 적이 없었는데, 한국 3M의 평사원에서 시작해 필리핀 3M 사장을 거쳐 미국으로 발령이 났다. 미국에 가서 의사소통을 위해 영자 신문을 통독했다고 하며 미팅에서 발표할 때 짧은 시간에 의사를 정확히 전달하는 능력을 터득했다고 한다. 그는 고객과 소통을 가장 중요시 했다. 기술 개발이 되어도 그 기술이 협력회사의 이익 창출에 도움이 되어야 한다고 주장했고, 미국에서 한국식 정을 중시하는 경영을 해 부하직원을 감동시켰다. 최근 그는 시카고의 켈로그 경영대학원의 강연에서 "어떤 일을 하든 늘 배우려는 자세가 필요하며 무슨 일이든 스스로 부딪혀 보려는 용기가 필요하다. 인생의 변곡점이 왔을 때 기회를 잡을 수 있는 준비가 되어 있어야 한다. 또한 도전정신과 혁신의 자세를 갖고 자신만의 핵심 역량core competency을 찾고 발전해나가길 바란다"고 강조했다. 이는 대학생과 같은 젊은이들이 명심해야 할 좋은 조언이다.

티모시 하스 앤 어소시에이츠Timothy Haahs & Associates사의 하형록 사장은 목사인 아버지가 미국 유학을 가게 되자 초등학교 6학년 때

도미하여 고생을 했다. 영어가 부족하니 공학과 과학에 관심을 가지게 되어, 대학 진학 때 주변의 권유로 설계를 전공하고 대학 졸업 후 주차장을 설계하는 회사에 입사하여 승승장구했다. 29세에 부사장으로 승진했으나 심장이식 수술을 두 번이나 했고, 생존 확률은 25%였지만 결국 살아났다. 그때 그는 다시 살면 어떻게 살까 돌아보게 되었다.

하형록 사장은 차고에서 다시 회사를 시작했다. 이제는 '나만 잘사는 것이 아니고 모두 잘사는 회사를 만들겠다'는 목표로 회사를 운영했다. 회사가 점점 커져서 미국 주차장 설계를 선도하는 회사가됐다. 주차장을 사람 중심으로 설계하여, 쇼핑할 수 있는 가게도 입주시키고, 위험이 없도록 설계했다. 경제 위기시 다른 회사는 10% 인력을 감축할 때, 이를 대비해서 돈을 적립해 놓았기 때문에 인력 감축도 하지 않았다. 금요일 낮에는 매주 전 종업원이 식사를 같이 하는 파티를 한다. 직원들을 위해 보육원nursery을 운영하고 회사의 수익금 일부를 사회의 어려운 분야에 나누어 펜실베이니아에서 가장 일하기 좋은 회사에 뽑혔다. 그는 취업에 실패해 용기를 잃은 한국 대학생들을 미국에 초청하여 삶의 체험을 시킴으로 삶을 깨닫게 하는 프로그램도 진행한 바 있다.

인도네시아의 신발왕 송창근 회장은 울산대학교가 배출한 훌륭한 CEO로 뽑힌 사람이다. 그의 말을 들어보자. "막연히 꾸어온 꿈을 언제까지 어떻게 이루어 내겠다는 미래설계를 구체화 한다면 원하는 것을 성취할 수 있다", "남의 것을 모방해 창출하는 창의, 꿈을 구체화 하는 비전, 누구에게서나 인정받는 신뢰 이 세 가지가 성공의 열쇠이다", "조직에서 아랫사람이 한 명만 있어도 CEO다." 이 말은 내가 이 책에서 말하고 있는 넓은 의미의 CEO의 정의, 즉 '주변의 두세 사람에게 영향을 미치는 사람이 CEO다'라는 말과 매우 일치한다. 송창근 회장은 "CEO는 조직원을 잘 보살피고 하루 300번 이상 웃는 긍정적인 마인드를 가져야 한다"고 말했다. 그는 인도네시아에서 종업원들을 위해 많은 복지시설을 만들어 운영하고 직원들의 집을 방문해서 어려운 환경의 집도 고쳐주는 등 많은 인간적인 따뜻함을 보여주는 경영을 하고 있다.

내 경험으로 보면 미국 회사는 일반적으로 인간적인 따뜻함이 없다. 직원들은 회사 실적이 나빠지면 핑크 슬립pink slip을 받아야 한다. 핑크 슬립은 미국 포드사에서 분홍색 종이로 해고 통보를 한 데에서 유래되었다. 석별의 정을 나눌 기회도 안 주고 바로 짐 싸서 나가야 한다. 냉혹하기 짝이 없다. 그러나 미국은 직원들의 근로정신이 철저하다. 이는 사회구조에 기인한 것이다. 직장을 잃으면 집의 대출금을 못 내고 집이 파탄나기 때문이다. 따라서 상관의 명령에 깍듯이 복종한다. 하지만 한국 사람으로 외국에서 기업에 성공한 사람은 인간적인 따뜻함으로 직원들을 대하고 한국적인 정을 중시하는 분위기로 회사를 운영하고 있다. 이렇게 하니 직원들의 회사에 충성심이 높아지고 생산성이 올라가는 것이다.

이제까지 긴 글로 CEO의 자질, 변화혁신, 전략수립과 의사결정에 관해 살펴보았다. CEO는 어떤 자질을 갖추어야 하느냐부터 시작해서 CEO의 절대적인 두 가지 임무에 대해 논하였다. 리더는 왜 변화혁신해야 하는가라는 주제에서는 혁신하는 방법으로 개방형 혁신에 대해 설명하였고, 혁신하기 위한 좋은 조직인 양손잡이 조직과 각각의 사례를 소개하였다. 다음으로 전략을 정의하고 차별화 전략의 사례를 짚어 보았다. 마지막으로 CEO에게 가장 중요한, 의사결정을 어떻게 할까에서는 직관과 자료분석방법에 대해 알아보았고 성공한 CEO들의 예도 들었다.

우리가 나가야 할 산업의 방향이나 개인적인 경험을 바탕으로 한 영어교육 방법 및 자녀 교육에 대해서는 못다한 말이 많이 남아 있는데 이는 다음 기회에 다루기로 하겠다.

나는 한국 전쟁이 일어난 해에 태어났는데 내가 어렸을 때에는 모든 것이 낙후되어 있었다. 당시 나에게는 미국이 천국 같이 보였다. 나는 대학 1학년 때 미국으로 유학을 가겠다는 전략을 세웠다. 이 전략을 세우지 않았다면 나는 한국에서 평범한 회사원으로 평생을 보냈을 것이다. 모든 의사결정은 이 전략을 효과적으로 실행하기 위해서 내렸다. 학교 성적을 올리기 위해 열심히 공부하였고 영어 공부도 쉬지 않았다. 대학 재학 시절 그 흔한 미팅에 한 번도 가지 않았다.

대학 졸업 후에는 해군 간부후보생으로 입교하여 4개월의 지옥 훈련을 이겨내고 3년간 해군 장교로 복무했다. 이때에도 도미 유학의 전략수립은 내 마음속에 계속 유지되어 있어서 토플과 문교부 유학시험 준비를 계속했다. 당시에는 달러가 귀한 때라 국가에서 유학생 수를 문교부 유학시험으로 통제했다. 봄에 한 번, 가을에 한 번 보게 했는데, 한 번에 약 400명이 지원하면 약 20명 정도 합격했다. 따라서 1년에 약 40명 정도가 해외 유학을 할 수 있었다.

나는 군에 있을 때 토플 시험에서 우수한 성적을 거두었고 문교부 유학 시험도 한 번에 합격했다. 그 후 미국의 여러 대학에 리서치 어시스턴트쉽을 요청해서 사우스다코타 공대South Dakota School of Mines and Technology에서 얻게 되고 전역 다음 달에 미국으로 유학을 떠났다. 군대를 전역해 이처럼 빨리 유학 떠난 사람도 찾아보기 어려울 것이다. 유학 가서도 만 30세에 박사학위를 취득했다. 나의 전략 수립과 바른 의사결정이 빛나는 순간이었다.

나는 미국에서 박사학위를 취득한 후 엑손에서 근무하고 있었는데 당시 재미과학자 유치프로그램이 활발하게 진행되고 있었다. 미국에서 사는 것도 편하겠지만 고국에서 일하는 것이 더 의미 있겠다고 판단하여 이 프로그램으로 귀국하였다. 귀국해서 광명시 소하리에 있는 기아자동차 중앙연구소에서 처음 근무하게 되었다. 당시에는 미국에서 박사학위를 딴 사람이 산업체에 근무한 예가 거의 없던 때라 과학기술처에서 연구개발 심사를 할 때는 산업체 제1주자라고 나에게 연락해서 여러 번 국책과제의 연구심사를 하곤 했다.

그러던 중 현대차 신차 발표회에서 우연히 정주영 회장과 인연이 닿았다. 같은 고향 분으로 부모님과도 서로 잘 아는 사이였다. 당시는 미국에서 박사학위를 취득한 사람들이 귀한 때라 정주영 회장은 조심스럽게 현대로 옮기기를 권했지만 쉽게 결정할 수 있는 문제가 아니었다. 사실 기아에 입사하고 4개월째에 카이스트로부터 제안을 받았지만 의리를 지키느라 가지 못한 상황이었다. 나중에 정주영 회장을 다시 만났을 때 그런 이야기를 무심코 하자 "그러면 울산대학교로 오라"고 했다. 당시 나는 울산대학교가 현대 그룹에 속해 있는지도 모르고 있었다.

정주영 회장과 같이 비행기를 타고 울산에 가서 방어진에 있는 현대중공업의 영빈관에 머물면서 울산대학교를 방문한 것으로 울산대학교와의 인연의 시작되었다. 인재를 구하겠다는 정주영 회장의 각별한 인재 사랑이 여기에 잘 나타나 있다. 내가 본 정주영 회장은 매우 소탈한 분이셨다. 저녁 늦게 직원들과 술자리를 하다가도 새벽 같이 아침에 일어나 테니스를 한다. 이것이 현대 스피릿이라고 했다. 그의 저서 『시련은 있어도 실패는 없다』에서 정주영 회장은 다음과 같이 말하고 있다.

매일이 새로워야 한다. 어제와 같은 오늘, 오늘과 같은 내일을 사는 것은 사는 것이 아니라 죽은 것이다. 오늘은 어제보다 한 걸음 더 발전해야 하고 내일은 오늘보다 또 한 테두리 커지고 새로워져야 한다. 이것이 가치 있는 삶이며 이것만이 인류사회를 성숙, 발전시킬 수 있다.

정주영 회장은 변화혁신의 중요성을 크게 깨닫고 몸소 실천한 분이다.

사실 나와 동시대에 미국에서 박사학위를 받은 사람 중 지방대에 있는 사람은 한 사람도 없다. 모두 서울에 있다. 하지만 나는 지방의 울산대학교에 재직하면서 학교의 발전에 나름대로 많은 노력을 기울였다. 연구 활동에 총력을 기울여 미국에서 열리는 국제 학회에 매년 논문을 발표했고, SCI 논문을 해마다 두 세편 꾸준히 발표했다. 국제공동연구도 활발하게 진행하며 폴란드 바르샤바 대학교, 독일의 브라운슈바이크 공대, 스위스의 EPFL, 오스트레일리아의 뉴잉글랜드 대학교, 이스라엘의 텔아비브 대학교와 공동연구를 했다. 과학기술부에 의해서 각 도에서 하나만 선정하는 전통기술 첨단화 연구실로 선정되어 많은 공정혁신에 관한 연구를 수행하여 우수한 연구 결과를 얻었다. 학생들의 영어 실력 향상을 위해 전공과목은 모두 영어로 강의했다.(짧고 재미있는 강의가 공개된 것도 있으니 관심 있는 분들은 들어보기 바란다.)

또한 산업대학원의 원장으로 대학의 행정에도 기여했으며 테크노 CEO프로그램을 직접 운영하여 울산 소재 CEO들의 경영 마인드의 고취를 위해 노력했다. 그리고 그 프로그램을 통해 나는 경영에 관해 많은 공부를 하게 되었고 결국 재료공학에서 경영전략으로 몸소 변화혁신을 실천하게 되었다. 학교를 발전시켜 달라는 정주영 회장과의 약속을 지키게 되어서 기쁘다. 끝까지 이 책을 읽어준 여러분 모두 CEO사피엔스가 되어 쇄락하지 말고 지속 성장하기를 기원한다.

| 참고 문헌 |

■ 국내 자료

〈경상일보〉, "현장리더의 중요성", 김선규 저, 2014. 8. 19.

『세계는 넓고 할 일은 많다』, 김우중 저, 김영사, 1989.

한국CFO라운드 테이블 강연 자료, 김현철, 2016. 5. 18.

『3년 후 한국은 없다』, 공병호 저, 21세기북스, 2016.

〈동아비즈니스리뷰〉, "CEO 이채욱 사장의 의사결정 노하우", 박용, 동아일보사, 2009. 9. issue2(41호).

〈시카고 중앙일보〉, "3M 수석 부회장 강연 성황", 2016. 5. 6.

글로벌 성공시대(www.kbs.co.kr/1tv/sisa/successage).

〈동아비즈니스리뷰〉, Brand Immortality-43년째 베스트셀러 『수학의 정석』 홍성대 이 사장 "쉼없는 개혁이 4000만권 신화 이뤘다", 신성미, 동아일보사, 35호(2009. 6. issue2).

『오일의 공포』, 손지우·이종헌 저, 프리이코노믹스, 2015.

『선대인의 빅 픽처』, 선대인 저, 웅진지식하우스, 2015.

위키백과, 도고 헤이하치로.

『월마트 방식』, 마이클 버그달 저, 김원호 역, 고려닷컴, 2004.

『좋은 기업을 넘어 위대한 기업으로』, 짐 콜린스 저, 이무열 역, 김영사, 2011.

『피터 드러커 현대 경영의 정신』, 존 플래허티 저, 송경모 역, 예지, 2002.

정보통신산업진흥원, IT R&D 정책 동향, 2011.

『시련은 있어도 실패는 없다』, 정주영 저, 제삼기획, 2009.

『2030 대담한 도전』, 최윤식 저, 지식노마드, 2016.

『사장의 일』, 하마구치 다카노리 저, 김하경 역, 쌤앤파커스, 2013.

〈헤럴드경제〉, "디즈니 공주님들의 투표, 신데렐라 백설공주 제치고 엘사가 1등", 문영규, 2014. 4. 30.

■ 외국 자료

Associated Press, "Trader Joe's Targets 'Educated' Buyer," Seattle Post-Intelligencer, August 29, 2003.

Alfred Chandler, "Strategy and Structure," MIT press, 1962.

Alfred Chandler, "The Enduring Logic of Industrial Success," Harvard Business Review, 68, 2, 1990.

BBBA Innovation Center, Microsoft buys LindedIn: A decision driven by Satya Nadella, June 16, 2016.

Beth Kowitt, "Inside the Secret World of Trader Joe's" Fortune, August 23, 2010.

Beverly Fortune, "Lexington celebrates grand opening of Trader Joe's," Lexington Herald-Leader, June 29, 2012.

Bill Gates, It's not always a Eureka Moment, gatenotes, The Blog of Bill Gates, September 29, 2011.

Brad Pitt Moneyball, Drama directed by Bennett Miller, Sony Pictures, 2011.

Brad Tuttle, "How Two German-Owned Sister Supermarket Brands Became Hot Trendsetters in the U.S.," Time, July 29, 2013.

Charles A. O'Reilly, Michael L. Tushman, The Ambidextrous Organization, Harvard Business Review, Harvard Business School, April 2004.

Christopher Palmeri, "Trader Joe's Recipe for Success," Businessweek, February 20, 2008.

Chris Vancour, "The woman behind Utah's Trader Joe's Facebook page," ABC 4 News UTAH.com, June 6, 2012.

Compusat, Value Line, Marakon Associates Analysis.

Daisuke Wakabayashi, Apple Engineer Recalls the iPhone's Birth, The Wall Street Journal, March 25, 2014.

Daniel Pink, Drive: The Surprising Truth About What Motivates Us, Riverhead, 2009.

David J. Rogers, Waging Business Warfare: Lessons from the Military Masters in Achieving Corporate Superiority, Scribner, 1987.

Donald Norman Sull, Revival of the Fittest, Harvard Business School, 2003.

Gary Neilson, Karla Martin, Elizabeth Powers, "The Secrets to Successful Strategy Execution," Harvard Business Review, June 2008.

H. Chesbrough, Managing Open Innovation, Research-Technology Management, 47, 1, 2004.

H. W. Chesbrough, Melissa M. Appleyard, Open Innovation Strategy, California Management Review, 50, 1, 2007.

H. W. Chesbrough, Open innovation : The new imperative for creating and profiting from technology, Harvard Business School Press, 2003.

H. Chesbrough, Sabine Brunswicker, A fad or a phenomenon? The adoption of open innovation practices in large firms, Research-Technology Management, 57, 2, 2014.

H. W. Chesbrough, Open Source Innovation : Rethinking Your Business to Grow and Compete in a New Era, Josey-Bass, 2011.

Haley Bissegger, "Salt Lake Trader Joe's open doors to Utah," The Digital Universe, December 3, 2012.

Jacquelyn Smith, "The Best Companies to Work For in 2013," Forbes, December 12, 2012.

John Chambers, Welcome Keynote 2015 San Diego(https://www.ciscolive.com).

IMD World Competitiveness Center, IMD World Competitiveness Yearbook Ranking 2016, Switzerland, 2016.

Igor Ansoff, Corporate Strategy, Mc Graw-Hill, 1965.

Kenneth R. Andrews, The Concept of Corporate Strategy, Irwin, 1987.

K. J. Boudreau, K. R. Lakhani, How to manage outside innovation, MIT Sloan Management Review, 50, 4, 2009.

Lea Winerman, "Thin slices of life," Monitor on Psychology, Vol. 36, No. 5, 2005.

Lewis Lazare, "Cirque du Soleil's extravagant method of boosting revenue for its Chicago engagement," Chicago Business Journal, 08. 25, 2015.

Linda A. Hill, Greg Brandeau, Emily Truelove, Kent Lineback, Collective Genius, The Art and Practice of Leading Innovations, Harvard Business Review Press, June, 2014.

Luciana Shen, Fortune website, *"Here's One CEO who Probably Justified His $94 Million Payday,"* May 25, 2016.

Malcolm Gladwell, Blink, Little Brown and Company, 2005.

Michael Bergdahl, What I learned from San Walton, John Wiley & Sons, Inc. 2004.

Michael M. Lewis, Moneyball : The Art of Winning an Unfair Game, W. W. Norton, 2003.

Michael Porter, Corporate Strategy, Free Press, 1980.

Nehemia Scott, Ambidextrous Strategies and Innovation Priorities: Adequately Priming the Pump for Continual Innovation, Technology Innovation Management Review, Talent First Network, July 2014.

Michael L. Tushman, Wendy K. Smith, Andy Binns, The Ambidextrous CEO, Harvard Business Review, Harvard Business School, June 2011.

Morton Deutsch, Harold B. Gerard, A Study of normative and informational social influences upon individual judgement, The Journal of Abnormal and Social Psychology, 51(3), 1955.

P. M. Gollwitzer, et al., When intention go public does social reality widen then the intention-behavior gap?, Psychol. Sci. Vol. 20, No. 5, 2009.

Patt Morrison, *"Everybody's got a Trader Joe's story and the original one belongs to the original Joe, Joe Coulombe,"* Los Angeles Times, May 7, 2011.

Paul Hodgson, *"Top CEO make more than 300 times average worker,"* Fortune website, June 22, 2015.

Philip Kotler, Hermawan Kartajaya, Iwan Setiawan, Marketing 3.0: From Products to Customers to the Human Spirit, John Wiley & Sons, 2010.

Ranking The Brands.com, Fortune Global 500, 2015.

S. C. Hayes, I. Rosenfarb, E. Wulfert, E. Munt, R. D. Zettle, Z. Korn, Self-reinforcement effects, Journal of Applied Behavior Analysis, 18, 1985.

Siri Carpenter, That gut feeling, Monitor on Psychology, Vol. 43, No. 8, American Psychological Association, 2012.

Steven Johnson, Where good ideas come from, Penguin, 2011.

Thad Moore, *"Trader Joe's draw traffic, hubbub over weekend,"* The Daily Gamecock, March 25, 2013.

Thomas Davenport, Competing on analytics, Harvard Business Review, 84, 1 2006.

W. Chan Kim, Renee Mauborgne, "Blue Ocean Strategy" Harvard Business School Publishing Corporation, 2005.

What Oprah Learned from Jim Carrey/Oprah's Life class-YouTube(http://www.youtue. com/watch?v=nPU5bjLZXO).

Wikipedia, the free encyclopedia(https://en.wikipidia.org/wiki/Main_page 30).

CEO사피엔스의 탄생

— 변화혁신, 전략수립, 의사결정의 3종 신기

1판 1쇄 인쇄 2016년 8월 25일
1판 1쇄 발행 2016년 9월 01일

지은이   김선규

펴낸이   한기호
책임편집   오선이
펴낸곳   어른의시간
출판등록   제2014-000331호(2014년 12월 11일)
주소   121-839 서울시 마포구 동교로 12안길 14(서교동) 삼성빌딩 A동 3층
전화   02-336-5675
팩스   02-337-5347
이메일   kpm@kpm21.co.kr
홈페이지   kpm@kpm21.co.kr
인쇄   예림인쇄 전화 031-901-6495 팩스 031-901-6479
총판   송인서적 전화 031-950-0900 팩스 031-950-0955

ISBN 979-11-87438-01-4 03320

이 도서의 국립중앙도서관 출판예정도서목록(CIP)은 서지정보유통지원시스템 홈페이지(http://seoji.nl.go.
kr)와 국가자료공동목록시스템(http://www.nl.go.kr/kolisnet)에서 이용하실 수 있습니다.(CIP제어번호:
CIP2016020446)

어른의시간은 한국출판마케팅연구소의 임프린트입니다.
책값은 뒤표지에 있습니다.